■2005年度国家社科基金专项资助西部项目。批准号：05XFX006

■西北民族大学重点学术著作资助项目

蒙藏传统法律文化比较研究

杨士宏 著

中国社会科学出版社

图书在版编目（CIP）数据

蒙藏传统法律文化比较研究／杨士宏著.—北京：中国社会科学出版社，
2014.9
ISBN 978 - 7 - 5161 - 4009 - 3

Ⅰ.①蒙…　Ⅱ.①杨…　Ⅲ.①蒙古族—司法制度—研究—中国②藏族—
司法制度—研究—中国　Ⅳ.①D922.154

中国版本图书馆 CIP 数据核字（2014）第 040075 号

出 版 人　赵剑英
责任编辑　孔继萍
责任校对　李　莉
责任印制　王炳图

出　　　版　中国社会科学出版社
社　　　址　北京鼓楼西大街甲 158 号（邮编 100720）
网　　　址　http://www.csspw.cn
　　　　　　中文域名：中国社科网　　　010 - 64070619
发 行 部　010 - 84083685
门 市 部　010 - 84029450
经　　　销　新华书店及其他书店

印刷装订　北京市兴怀印刷厂
版　　次　2014 年 9 月第 1 版
印　　次　2014 年 9 月第 1 次印刷

开　　本　710×1000　1/16
印　　张　17.25
插　　页　2
字　　数　285 千字
定　　价　49.00 元

目　录

前　言

　　近年来有学者提出了社会评估这一理论概念。社会评估涉及的方面很多，不乏社会稳定、经济发展、文化繁荣等方面的内容。其中，法律是社会评估体系中不可或缺的重要指标之一。蒙藏法律文化源远流长，影响久远。学术界对蒙藏文化的研究成果多集中在民族关系、宗教文化等方面，而内容丰富的传统法律文化则尚未引起学术界的广泛关注，比较研究则更加薄弱。因此，我们要重视和加强对蒙藏传统法律文化法的比较研究，寻求二者在不同时期依法整合社会的历史轨迹。

　　传统习惯法是蒙藏民族各部落加以确认或制定，并通过部落组织赋予其强制力，保证在本部落实施并靠盟誓约定方式调节内外关系的具有法律效力的社会规范。习惯法是蒙藏民族文化的聚合体，其中既有宗教信仰、伦理道德、乡规民约、风俗习惯的诸多成分，又有蒙古汗国和元朝、吐蕃和西藏地方政府时期所颁行的法律、政令遗存的影子；习惯法是历史的产物，它集中反映了传统的法律思想和法制观念，且具有长期性、群众性、复杂性的基本特征；习惯法与蒙藏民族的传统文化、共同心理素质、宗教信仰、伦理道德、价值观念、行为规范等交织在一起；习惯法作为一种文化现象，它从不同的侧面反映了蒙藏传统的人生观、道德观、价值观和法律观；习惯法中有关生产性的内容较多，对维护正常的生产秩序、保护集体和个人的经济利益仍然发挥着不可低估的作用。所以，在制定民族区域自治法时有必要进行研究、借鉴和参考。

　　蒙藏民族是具有悠久历史和灿烂文化的民族，客观存在的许多道德崇尚、宗教习俗、文化观念等构成了每个社会成员共同遵守的行为准则，并以习惯法为载体传承下来，从而形成了特征鲜明的习惯法体系。我们既要看到习惯法落后的一面，也要承认其中有合理成分的客观存在，应批判继承，为推进和完善蒙藏地区的社会主义法制建设服务。

绪　论

　　中华大地九州方圆。华夏四夷——南蛮、西羌、东夷、北狄，民族多元，形成一体。以夏为轴心向外辐射，以夏为向心力向内凝聚。纵观蒙藏族社会发展的轨迹，也不外乎这一规律。

　　蒙古族和藏族同属黄色人种，根据对青藏高原林芝地区考古发现的古人类化石的研究，生活在青藏高原上的包括藏族先民在内的古代民族，均属亚蒙古人种。青藏和蒙古高原高差有别，青藏高原的藏族和蒙古高原的联系，据有关文献资料显示，其线索可以追溯到吐蕃王朝初期。《敦煌本吐蕃历史文书》赞普传记记载，松赞干布之父囊日论赞攻灭赤邦松时，赤邦松之子莽布支逃往突厥。吐蕃王朝建立后，当时北方的突厥、回纥都与吐蕃有通使关系。《敦煌本吐蕃历史文书》大事纪年中有突厥可汗到吐蕃致礼的记载。在蒙古国境内发现的古突厥文《厥特勒碑》中，有吐蕃使者参加突厥可汗葬礼的记载。吐蕃占领河西、陇右、安西等四镇后，曾与突厥、回纥发生战争。到蒙古汗国时期，蒙古又在征伐西夏的战争中与藏族发生了直接的关系。

　　吐蕃王朝崩溃以后，不复统一的部落意识加上意识形态领域教派意识的分歧，没有哪一个王系或宗派能解决或协调西藏社会的内部矛盾和斗争。这时，在政治方面，地处吐蕃本土以外的甘、青、川、滇等地方势力不断与中央王朝发生着各种关系；在文化方面，藏传佛教后弘期的星火从这里开始点燃，以此为纽带，将吐蕃与中原地区联系起来。吐蕃社会内部的裂变及时代的孕育，藏族社会必将需要有一个更大的核心政体来维系。到了公元 1240 年，成吉思汗孙西凉王阔端（窝阔台之子）

派大将多达那波进军西藏，在深感武力不敌或征服高原游牧民族有很大困难时，最后采取了利用宗教势力施行羁縻的策略，以便进一步控制西藏。是时，在藏传佛教诸教派中唯独萨迦派较有势力，故于1244年邀请萨迦班智达贡嘎坚参及其侄子八思巴携同弟子前往凉州会晤阔端。萨班审时度势，以洋洋万言发出《告吐蕃人民书》，接受了元朝的要求。接着于1244年在元朝中央设立掌管全国佛教事务和藏族地方行政事务的机关——总制院。至此，藏族内部事务完全置于中央集权的管辖之下。并于1268年核查人口，设立驿站，在萨迦设本钦一名，由中央任命卫藏地方的十三万户。于是"万户"则成为中央王朝的命官，西藏地方建制就这样确定并沿袭下来。1288年改总制院为宣政院，宣政院以下管理全国各藏区事务而由中央任命的高级官员是"宣慰使"，机构名称为"宣慰使司"或"宣慰司"。其中兼摄军权者称"宣慰使司都元帅府"，设有吐蕃等处宣慰使司都元帅府（辖甘、青、四川阿坝及甘孜的部分地方）；吐蕃等路宣慰使司都元府（辖前后藏、阿里三卫等地）。其次还设宣慰司、万户、千户、百户等基层政权组织，[1] 从而使元朝中央的权威辐射到各基层政权。

西藏自归入元朝版图以后，蒙藏文化互相影响更加广泛，涉及政治、经济、宗教、法律、文化诸方面。

蒙藏民族，一个长期生活在平均海拔1580米的蒙古高原，一个则休养生息在平均海拔高度在4000米以上的青藏高原。两个高原之间虽然高差有别，但以其广袤博大的草原精神和艰辛的生存环境培育出蒙古族、藏族两个民族类似的高原文明。马背是培育勤劳、勇敢、彪悍的民族精神的摇篮；"古列延"和"草哇"（部落）是组成蒙藏古代社会的基本单位；"约孙"（yusun）和"域乘"（yul-krims——地方习惯法）作为最基本的社会秩序的整合力或控制效力；畜牧业生产是其主要的经济类型。蒙藏民族的先民们敬畏自然，确信万物有灵，崇拜天地等自然物，信仰萨满教、苯教，重鬼右巫，崇尚念咒、驱鬼、禳祓等仪式。随着蒙古族、藏族民族共同体的形成并先后建立了国家政权。一个继承了中华民族的法统，实现了中华民族的空前统一；一个完成了青藏高原的民族大融合。两个民族的

---

① 黄奋生：《藏族史略》，民族出版社1985年版，第183—186页。

统治者根据其政治、经济、文化发展的需要，对意识形态领域的信仰问题，先后做了精心而艰难的抉择，各自放弃了自己固有的原始信仰而改信外来佛教，佛教"十善法"文化则成为蒙藏统治阶级立法的基本理念。佛教文化的传入不仅改变了蒙古人、藏族人的价值观、人生观，同时佛教文化又成为蒙藏文化交流的媒介和铺垫，且在体制方面表现出政教合一的相同模式。但在蒙藏地区，政教合一体制又有其多样性，一般有政权支配教权和教权支配政权的两种模式。另外，而在一些相对独立的部落，要么是土司、土官、头人等世俗政权支配教权，要么是以僧纲为主的寺院由教权支配世俗政权。此外，还有"政教分离"的个案。

另外，蒙藏两个民族，吐蕃在公元8世纪中叶其政权彻底崩溃，整个社会复陷入部落或部落联盟等不相统属的局面；蒙古族也没有摆脱这一历史覆辙，在明推翻元朝之后，蒙古社会也相继出现部落割据的局面，到公元16世纪末，蒙古地区仍处于分裂状态。根据文献记载，可知当时全蒙古分为漠南蒙古、漠北蒙古和漠西蒙古三大部分。这三大部蒙古相互之间在政治上没有隶属关系，而且每一部又分许多游牧团体，如卫拉特、土尔扈特、卡尔梅克、和硕特等部。因此，蒙藏社会在维护部落集团的稳定方面又回归到习惯法"约孙"和"域乘"的范畴。

"部落"这一原始社会的组织形式，在历史的发展过程中从形式到内容虽有不少变化，但它的组织功能则基本没有发生根本的改变。蒙古族、藏族的形成和发展始终与其部落形成和巩固相始终。"部落"与部落联盟、血缘与地缘、政权与神权的多重矛盾与统一，为部落的存在提供了有效的制度安排和社会结构。

西藏归入元朝以后，为实现蒙古统治者如成吉思汗的札撒所指出的"他（汗）要为他们（商贾）提供安全与安乐，使他们头戴金饰，就像人们通常头顶瓷瓶一样，遍历境内无虞"，即商贾通行、货流其畅、路不拾遗、夜不闭户、人民安居乐业的施政理想，藏族的《十五法典》，《十六法典》，《十三法典》中均有类似的内容和法律诉求。

蒙古族、藏族社会发展的时间、空间虽然有差别，但同一社会现象或文化现象在不同时期、不同民族中的跨越式表现轨迹，是因为其雷同的经济基础和社会形态决定了对社会整合力的相同需求。如罚畜刑则是蒙藏法律文化的共同特点。《大札撒》规定："丢马的人不管从谁处找到丢失之马，罚此人一九；如果不能给九畜，杀其人。"① 且这一规定成为后来蒙藏习惯法中罚畜的基数和标准，即以九的倍数处罚，以九为一组，罚九的倍数决定罚畜的数量。所以蒙古法律对藏区习惯法及成文法的制定产生了较大的影响。

藏文文献《红史》记载："元代西藏执行的法律实际上是元朝的法律。"在《郎氏家族史》一书中讲得更为具体，称"从1240年蒙古军队入藏，就开始推行蒙古法度"。在蒙古人内部施行的法律叫蒙古法，其内容主要有部落习惯法和成吉思汗及其以后相继颁发的《札撒》等。

在藏族习惯法受到蒙古法律影响的同时，蒙古法律同样受到藏传佛教和藏族习惯法的影响。

蒙藏民族均在历史上建立过国家政权。但由于吐蕃政权的崩溃及地方势力的长期割据，没有完成向封建制的彻底过渡，而是滞留在封建农奴制社会阶段；蒙古族则在蒙古汗国的基础上，继承了中华民族传统的国家政体，建立了元朝，实现了全中国的统一，顺利地进入封建社会。因此，二者在传统法律文化的遗存方面存在着差异。前者能够不断适应法文化之演进，后者则对法制文明的进程带来制约和影响。我们试图通过对两种不同文化背景下形成的习惯法的立法理念、立法特色、法律效力及其影响进行比较研究，寻求传统与现代、国法与习惯法产生冲突的真正原因，进而探讨少数民族法律文化与民族地区社会主义法制建设相适应的有效途径。

---

① 何金山、关其戈：《论古代蒙古罚畜刑》，《内蒙古社会科学》（汉文版）2003年第6期，第20页。

第 一 章

蒙古族与藏族的文化关系

一　蒙藏关系的确立

在中国历史上，各族人民都做出了自己的贡献。共同创造了光辉灿烂的中华民族的物质文化和精神文明。在中华民族这一大家庭中，蒙古族和藏族人民在不同的历史时期，在政治、经济、文化、科学等方面，为祖国的统一和国内民族的团结起过重大的作用。特别是 13 世纪的蒙藏关系，对于今天的多民族国家的形成和发展起到了特殊的历史作用。近年来，国内外学术界对蒙藏关系的研究已取得了多方面的成果，但这些研究成果大都侧重于蒙藏民族之间的政治关系、宗教关系的研究，对蒙藏民族之间广义文化上的密切关系则涉及较少。事实上，蒙藏两个民族自蒙元时期西藏归入祖国版图、政治上建立隶属关系以来，在政治、经济、文化等方面建起了千丝万缕的联系。尤其是通过藏传佛教这一媒介，在原有基础上搭起了宗教与文化的桥梁。

早在 13 世纪初，以成吉思汗为首的蒙古族统治者，在完成统一当时游牧于蒙古高原上的各蒙古语族部落、建立蒙古汗国后，为更进一步完成统一大业，准备进军南下统一中国。当时，在蒙古汗国建国并统一中国之前，建国不久的蒙古汗国的南部有金、西夏以及宋。以成吉思汗为首的蒙古族统治阶级在当时要想统一封建割据的中国，必须首先统一其南部的金和西夏，然后统一宋。蒙古与金之前就有矛盾，成吉思汗统一蒙古诸部，建立了强大的大蒙古汗国，岂容南部世敌金的存在。因此，在 1206 年蒙古汗国建立之初，即议伐金。1225 年，成吉思汗亲率大军南下，对金展开了大规模的进攻，迫使金国迁都汴京（今开封）。之后，蒙古军队兵分两路，成吉思汗派其名将哲别等人带东路军攻金。自己亲率西路军攻打西夏。1227 年，成吉思汗攻打西夏时病逝。当年西夏被蒙古所灭。公元1229 年 8 月，其子窝阔台继汗位。

1234 年金被灭亡后，以窝阔台为首的蒙古族统治者开始着手统一全中国的大业。1235 年春，蒙古军队分兵东西两路伐宋，西路由皇子阔端王率领。当时，河西地区属阔端王辖区，是蒙古西征的必经之路，也是蒙古人与西藏、中亚等地区发生联系的主要通道。因此，阔端王大军要南下，首先要把西藏在内的藏区纳入蒙古汗国的版图。为了解情况，阔端于1239 年派遣多达宁波对西藏进行了首次小规模的军事行动，也是第一次直接接触。当时西藏的实际情况则处于政权割据、教派林立、互不统属的松散局面。①

二 蒙藏关系的发展

（一）蒙藏关系的缔结

由于研究者所应用的史料不同，有关蒙古族与藏族初次接触的时间产生了不同的观点。藏文史料中对成吉思汗是否到过藏区没有明确的记载，而蒙古文史料则认为蒙古族与藏族的最早接触是从成吉思汗时期开始的。汉文史料的记载也透露了"成吉思汗曾到过东印度国"② 的信息。而后来学术界普遍认为，蒙古族与西藏之间的最早接触是从阔端王开始的。成吉思汗西征时虽有路过一些藏区的可能，但没有建立什么关系。在阔端王与萨迦班智达在政治上建立隶属关系之前，蒙古人对西藏的情况有所了解，西藏政教界上层人物对蒙古军队的情况也有所闻。看来蒙古族与藏族之间的一些局部接触和文化交流在大蒙古汗国建立之前就已存在。《蒙古秘史》中出现的人名、官衔名中证实，在铁木真统一蒙古高原各部之前，当时的克烈部王罕之弟就有藏语头衔"敢不"（疑即"贡布"之音译，意

---

① 冯承钧：《多桑蒙古史》，上海书店出版社 2000 版，第 1 卷第 4 章。
② 《元史·太祖本纪》。

为"怙主"——笔者），而且当时还有一些蒙古人取藏语名。① 但蒙藏民族之间的全面交往，还是从阔端与萨迦班智达于 1247 年凉州（今武威）会盟时开始的。多达宁波从西藏返回后，向阔端王汇报了在西藏所了解到的一些情况，他说："在边地西藏，僧伽组织以噶当派最大，顾惜脸面以达垅噶举派的领袖最甚，排场华丽以止贡噶举派的京俄为最，教法以萨迦班智达最精通。迎请何人请示明谕。"② 可以看出，萨迦班智达是个学识渊博的佛教僧人。结果阔端选萨班为西藏事务的谈判代表并迎请至凉州。他到凉州后"讲经说法，大转法轮。并收服了使蒙古阔端汗（王）患龙病的龙魔"，③ 由此赢得了阔端的赏识。在萨迦班智达到凉州之前，在阔端王座前除原有的蒙古萨满巫师之外，还有几位藏族僧人和基督教教士。举行祈愿法会时，萨满和基督教教士坐在僧众的首位。萨迦班智达到凉州后，阔端王对藏传佛教有了进一步的认识，并皈依藏传佛教。阔端下令，在以后的祈愿法会上由萨迦班智达坐在众僧的首位。这说明，当时在阔端的权力范围内，藏传佛教受到了高度的重视和信任，为以后藏传佛教传入蒙古社会打下了坚实的基础。在整个元朝，历代蒙古皇帝均利用萨迦派的势力来巩固对西藏的统治。

阔端和萨迦班智达的凉州会见，协商了西藏归顺蒙古汗国的问题，在取得共识的基础上发表了《萨迦班智达致蕃人书》。

萨迦班智达在信中叙述了他"顾念操蕃语之众，来霍尔（指蒙古——引者）地方"的原因，如何受到阔端王的优待以及阔端对佛教的虔诚，并奉劝西藏各地的僧俗领主归顺蒙古是大势所趋。他还在信中谈了蒙古军队的强大、归顺的好处和拒不归顺的恶果。他说："此霍尔之军旅无算，窃以为部洲已悉入其辖土矣。顺彼者与彼共苦乐，心怀厌恶不遵功令而空言归顺则不许，且终有因而覆灭者。"并举例说畏吾儿之境未遭涂炭而昌盛逾前，金国、西夏等国终遭覆灭的事实。他还在信中谈到了西藏

---

① 嘎尔迪：《蒙古语中的藏语借词》，《蒙古语文》1991 年第 2 期。

② 王辅仁、陈庆英：《蒙藏民族关系史略》，中国社会科学出版社 1985 年版，第 117 页。

③ 智观巴·员却乎丹巴绕吉：《安多政教史》，甘肃民族出版社 1980 年版，第 48 页。

归顺蒙古的条件，"西藏地区僧俗官员和百姓属民都要承认自己是蒙古的臣民，世俗行政事务由蒙古派人来管理，宗教和寺院僧人的事务由蒙古委派萨迦派的领袖人物主持。……若能遵行功令，则尔等之地，召萨迦之金字、银字使者来，吾任之为达鲁花赤极为妥当。此事可广事宣谕，应派干练之使者从事之。另将各地官员姓名、部众数字、贡物之量缮写三份。一送吾处，一放萨迦，一由各地长官执掌。并书志某已降，某未降，若未分别，则恐于未降者之祸殃及已降者"。①

从《萨迦班智达致蕃人书》中可以看出，通过阔端和萨迦班智达的谈判，明确了西藏是大蒙古汗国的属地，西藏各地的僧俗官员和百姓都是蒙古大汗的臣民，履行大蒙古汗国民应尽的义务，在西藏僧俗官员和教派中萨迦派占据主导地位。

1251年萨迦班智达和阔端两人前后卒于凉州。他们对祖国疆域的扩大和统一，对蒙藏族政治、经济、文化的交流奠定了坚实的基础。从此，蒙藏两个民族在近千年的交往中渐渐走上了宗教、文化的融合之旅。

阔端和萨迦班智达前后逝世，这时蒙古汗国第三任大汗贵由于1248年病故，在经过汗国内部激烈的权力斗争之后，拖雷的长子蒙哥于1251年登上了汗位。蒙哥登汗位后，为更进一步了解西藏的政治、经济、人口、宗教等诸方面的情况，派人进藏清查户口。据八思巴致卫藏地区高僧大德信函："蒙哥汗即位之诏书，已向各方宣布，境内各处平安。尤其是向各地方宣布了对僧人免除兵差，劳役，贡赋，使臣们不得在僧舍住宿，不得向僧人们摊派乌拉。使僧人们依照教法为朕告天祝寿，所有僧人之事俱由萨迦派掌领之良善诏书。皇帝并宣谕于我：'已派金字使臣去吐蕃各处清查户口，划定地界，汝可遣僧人同往。'为此，我已派遣格西多吉同与格西松布等率领随从前往，详细情形可询问彼等。"② 蒙哥汗为了加强对西藏的统治，除了依靠萨迦派之外，还试图在噶玛举派中发展其支持者，并封噶玛噶举派的教主噶玛拔希为"国师"。

蒙哥汗去世后，其弟忽必烈继承大汗位。当时，与忽必烈关系十分密切的吐蕃僧人有萨迦班智达的侄子八思巴。八思巴又名逻追坚赞，1244

---

① 蔡巴·贡噶多吉：《红史》，民族出版社1988年版，第48页。
② 《萨迦五祖全集》，德格木刻版，第320页。

年（10 岁）时随其伯父萨迦班智达贡噶坚赞前往凉州。在途中于拉萨大昭寺出家并授沙弥戒，到凉州后从其伯父受到良好的佛学等教育，号称神童（藏语称"八思巴"）。八思巴和忽必烈于 1251 年在六盘山（忽必烈军营里）相遇，忽必烈十分喜欢年仅 17 岁的八思巴，并与其建立了施主与福田的关系，尊八思巴为上师。① 不久，八思巴因得到伯父萨迦班智达病重的消息而离开忽必烈军营返回凉州。萨迦班智达去世后八思巴成为萨迦派教主，与忽必烈的关系则更加密切。

1260 年，忽必烈继承了大汗位，八思巴得到封赏。"世祖皇帝登基，建元中统，尊为国师，授以玉印，任中原法主，统天下教门。"② 从此，八思巴始掌管元朝宗教事务。1264 年夏，为了处理藏区事务，八思巴奉命返回西藏。1267 年夏，八思巴带领众多随员离开萨迦，经两年时间于 1269 年回到元大都。

1270 年，元世祖忽必烈将八思巴的封号从"国师"升为"帝师"。据《萨迦世系》记载："大师再到朝廷后，于 36 岁时（公元 1270），当皇帝再次请求灌顶时，将西夏甲郭王的玉印改制六棱玉印。连诏书一并赐予。封为普天之下大地之上，西天佛子化身佛陀，创制文字、护持国政、精通五明班智达八思巴帝师。"③ 从此，元朝历代皇帝都封有帝师。"帝师"是元朝为西藏佛教界特别设置的一个职位。"帝师"有双重特权，不仅是宗教方面的领袖，而且在政治上是中央的高级官员之一，朝廷的重大政治活动帝师必须参加，元朝中央政府对西藏的人事安排一般都经过帝师的推荐，由皇帝直接任命。在元代，随着忽必烈与八思巴关系的不断加强，随着"国师、帝师"制度的建立，整个蒙古民族与藏民族之间的政治、经济、文化交流则更加广泛，不断巩固。其间，元朝中央政府通过扶持藏传佛教萨迦派势力进一步巩固了对西藏的统治。与此同时，萨迦派也依靠元朝中央政府的支持在藏区乃至整个中国扩大了自己的影响。

---

① 蔡巴·贡喝多吉：《红史》，民族出版社 1988 年版，第 48 页。

② 《大正大藏经》卷 49，第 207 页。

③ 《萨迦世系》，第 102—103、127—128 页。

（二）元朝的治藏方略

13世纪前，西藏地方割据势力和宗教集团紧密结合，"政教合一"制度已显端倪。元朝统一西藏后，采用"帝师之制与诏敕并行于西土"① 的政教合一制度。当时，元朝中央政府设有4大机构：中书省、御史台、枢密院、总制院。总制院后改为宣政院，主要掌管全国佛教和藏族地区的军事、行政事务。宣政院下设3个宣慰使司都元帅府，分别是吐蕃等处宣慰使司都元帅府、吐蕃等路宣慰使司元帅府和乌思藏纳里速古鲁孙等三路宣慰使司都元帅府。在这3个宣慰使司都元帅府下设有13个万户机构。万户有万户府和万户长；万户下设有千户机构，千户有千户长。万户、千户制是成吉思汗时期的行政机构，也是军事组织，忽必烈汗时被推行到藏区。当时，宣政院使、宣慰使司都元帅、万户长和一些重要的千户长都由帝师举荐，朝廷任命。这不仅调动了西藏各级地方官员的积极性，而且加强了中央政府的统治权威。

除此，从忽必烈开始，对藏区采取派遣官员、清查户口，并设置"甲姆"（路）机构等政治措施。"甲姆"的设置依据各地的物产和人口情况，它的主要任务是保障军、政命令的畅通，责令当地人民为差役提供生活及其他物品；遇到战争，"甲姆"又是军事系统的重要组成部分，负责军事情报的递送及后勤保障。"甲姆"本是"甲姆"机构的最高长官，在各地"甲姆"之下又有小"甲姆"，后来还设了"马甲姆"。"马甲姆"专司出兵或提供军事供应。以上组织机构的设置，说明元朝不仅对藏族地方拥有主权，而且体现出蒙古族制度文化对藏族社会的广泛影响。

（三）藏族文化的影响

随着蒙藏民族之间文化的双向交流，藏族文化渐渐地传入蒙古民族之中。萨迦班智达和阔端会晤后，在蒙藏民族当中萨迦班智达贡噶坚参给蒙古人创造文字的传说流传至今。尽管对此问题学术界有不同看法，认为萨

① 《元史》第202卷，《列传》第89页。

迦班智达不是蒙古文字的创造者，但他是第一位研究回鹘体蒙古文字的人，对蒙古文字的规范和蒙古语的发展起到了重要的作用，同时推进了蒙藏文化的广泛交流。之后，八思巴继任藏传佛教萨迦派第5代祖师，并在忽必烈汗时任国师和帝师。八思巴对元朝在西藏的政治统治和藏传佛教在蒙古地区的广泛传播起到了特殊的作用，而且对蒙藏文化的交流有极为重大的贡献。元世祖忽必烈任其为帝师之后，他的一项重要工作是奉皇帝之命创制一种拼音文字，当时称为"蒙古新字"，《元史》等史籍中称为"蒙古国字"或"元朝字"。该文字在形体上与藏文字母大同小异，像方体文字，因而也得名为"方体字"。该文字为八思巴所制，所以也称"八思巴文字"。八思巴所创制的文字，对元代蒙古族社会文明的进步起到了积极的作用。在元代，统治阶级特别重视该文字的学习和使用，八思巴文字给后人留下了很多宝贵资料，这不仅给研究元代蒙藏文化交流提供了重要的历史线索，而且对研究元代的政治、经济、文化等都有重要的参考价值。元代随着蒙藏民族政治、经济、宗教文化的深入交往，一些蒙古人也开始学习藏文和藏语。这些人大多数是藏传佛教的僧人（蒙古人俗称喇嘛）。在元朝皇室成员信奉藏传佛教后，整个元代把诵经、刻经、译经作为本民族文化教育的一种手段。在朝廷中，一些官员精通几种语言文字，而且受皇帝之命翻译了梵文佛经和藏文佛经。从此把佛典中的哲学、伦理、文学、语言、历算、医疗知识以及价值观念复制或灌输给蒙古贵族及其子孙。由于在蒙古族历史上，第一部语法书和第一次文字改革都是由藏族僧人完成的，因此，其语言的发展受藏语语法名词术语的影响较深。[1]藏传佛教建筑文化艺术早在蒙古汗国时期就传入蒙古地区，后来佛教建筑成为上都的一大建筑特色。此外，蒙古族医学也不同程度地受到藏族医学文化的影响。在藏文史料和《元史》中曾多处提到喇嘛治病的情况，说明藏医学对元代蒙古族医学文化的发展起到了一定的积极作用。总之，元代是蒙古族和藏族政治、经济和文化科学发展的非常时期，其间以形成的共同信仰为纽带，促进了蒙藏民族文化之融合及近千年的友好交往，而且对中华多民族国家的形成和发展做出了重要的历史贡献。

---

① 嘎尔迪：《蒙藏文化交流研究》，甘肃民族出版社1986年版，第60—64页。

三 明代蒙古族与藏族的宗教文化关系

元朝灭亡之后，由于政治及交通等方面的原因，蒙古族和藏族的交往曾出现了一段时间的冷落。明初退居蒙古大草原的蒙古人由于经过明军的几次征伐，失去了与西藏地区的联系。退居本土的蒙古统治阶级，为了寻求各自的利益不断发动内部战争，给广大的蒙古民众带来了极大的灾难。明初瓦剌的也先汗虽然一度统一过蒙古全境，但也先被害后这一暂时的统一就不复存在了。在这种历史条件下，也先汗后蒙古封建主为了强化对其辖区的统治，控制战乱不息的各蒙古部落，安定蒙古社会，试图寻找一种新的精神力量为其服务。与此同时，元末明初，藏族地区的政治形势也出现了新的变化，由于元朝的灭亡，在整个元代得到元朝统治阶级扶植的藏传佛教萨迦派势力也难以控制广大藏族地区的政治稳定和宗教派别的角逐，教派之间的矛盾激烈而复杂。在这种历史条件下，新兴的藏传佛教格鲁派势力为了扩充自己的力量，与北方草原上的蒙古族在政治和宗教上建立新的联盟，完成这一历史任务的是明代蒙古族的杰出领袖俺答汗和藏传佛教格鲁派著名领袖锁南嘉措。锁南嘉措即第三世达赖喇嘛。达赖喇嘛是明代蒙古俺答汗封给锁南嘉措的尊号。

在明朝的中前期，蒙古地区经过一段时间的战乱，到 15 世纪 40 年代，成吉思汗的后裔达延汗一度统一了漠南蒙古各部，并把它划为左右两翼。但是时间不久，由于内外矛盾的加剧，左右两翼之间又发生了矛盾，这样一度统一的漠南蒙古又走向了分裂。经过一段时间，后来达延汗之孙、土默特部的俺答汗经苦心经营又取得了统一漠南蒙古各部的胜利。俺答汗取得统一漠南蒙古各部的胜利之后，为了扩大自己的势力，首先进军青海等地，据《明史·西番诸卫传》、《全边略记》卷五、《甘肃略》等记载，明嘉靖三十八至三十九年间，俺答汗主要活动在今青海地区。其间在青海地区主要征服了撒里畏兀儿，并遣军侵入西康等地。1566 年（嘉靖四十五年），俺答汗侄孙彻辰洪台吉进兵藏族地区，并派人向那里的头领和大喇嘛提出"尔等若归附于我，我等共此经教。不然，我即加兵于尔，彼甚畏惧，互相商议，已逾三日。二弟谏言：'何须久待，立即进兵。'彻辰洪台吉云：'诘朝日出时，有喇嘛三人来谒。……于是，收服三部落图伯特"。① 后来，彻辰洪台吉为了政治、军事上的需要首先皈依了藏传佛教格鲁派。时隔几年，俺答汗再一次来到青海，亲自接触并在阿兴等人的规劝下皈依了藏传佛教；同时还接受阿兴喇嘛的建议，准备邀请锁南嘉措到蒙古地区传教。因此俺答汗征得明朝政府的同意，在青海湖边建仰华寺。② 1577 年 11 月锁南嘉措从拉萨哲蚌寺动身，于 1578 年 5 月间到仰华寺与俺答汗等王公会见。锁南嘉措到青海时，蒙古方面有八百人组成的迎接队伍在阿里克地方迎接。俺答汗在青海湖畔谒见锁南嘉措，举行了约有 10 万人参加的集会，在集会上洪台吉发表演说。③ 俺答汗与锁南嘉措会晤后，为了更好地合作，他们达成了一系列协议。俺答汗以忽必烈自诩，赠给锁南嘉措"圣识一切瓦齐尔达喇达赖喇嘛"的尊号。其中的"圣识一切"为"遍知一切"，"瓦齐尔达喇"乃梵文"金刚持"之意。"达赖"是蒙古语"大海"之音译，"喇嘛"在藏语中为"上师"，从此才有了"达赖喇嘛"这个称号。锁南嘉措也赠给俺答汗"咱克瓦尔第彻辰汗"的尊号，"咱克瓦尔第"是梵文"转轮法王"的意思，"彻辰汗"是蒙古语"聪睿之汗"的意思。

俺答汗与锁南嘉措为了在蒙古地区传播藏传佛教格鲁派的教义，俺答汗将对其所在地丰州滩库库河屯（呼和浩特）所建的一座寺庙命名为"伊克召"，汉语叫"大昭寺"。明万历皇帝赐名为"弘慈寺"，清皇太极改赐为"无量寺"。这样藏传佛教很快风靡全蒙古地区，各部酋营地建寺立庙，仅归化城一带，除大昭寺（弘慈寺）以外，还修建了席力图召（延寿寺）、庆缘寺、美岱召（寿灵寺）等寺庙，同时在喀尔喀地区也修建了额尔德尼召（寿灵寺）等，并塑造了很多佛像，邀请三世达赖锁南嘉措在蒙古地区传教。锁南嘉措特派东科尔呼图克图云丹嘉措，作为他的代表，跟随俺答汗去内蒙古讲经说法，自己仍留在青海等地传教。

1583 年，俺答汗逝世，他的汗位继承人僧格都棱汗派人到青海邀请锁南嘉措到内蒙古为俺答汗诵经祈祷。锁南嘉措接受了邀请，于 1584 年从塔尔寺动身，一路上讲经说法，1586 年到达归化城与僧格都棱汗会晤，

① 《蒙古源流笺证》卷 6，第 23—24 页。

② 《安多政教史》，甘肃民族出版社 1989 年版。称恰卜察大乘法轮洲寺。

③ 同上书，第 36 页。

并为俺答汗的逝世举行了隆重的祈祷仪式。1587 年，察哈尔部首领图门汗派人前来邀请锁南嘉措，他接受邀请又到察哈尔部讲经说法，广收门徒。其间会见了喀尔喀部的阿巴代台吉，并赠给他"诺门汗瓦齐尔巴尼可汗"的尊号。这样藏传佛教格鲁派的势力已遍及大漠南北的蒙古地区。

明朝中央政府得知锁南嘉措在蒙古地区传法的消息后，派遣官员到内蒙古邀请锁南嘉措到北京与皇帝会晤，并讲经说法。锁南嘉措接受了明朝皇帝的邀请，然不幸于 1588 年 3 月 26 日在内蒙古卡欧吐密之地圆寂，时年 46 岁。① 三世达赖锁南嘉措在蒙古地区去世后，按照他生前的安排，俺答汗之孙松木儿台吉之子虎督度为转世呼毕力罕，并得到西藏藏传佛教格鲁派的承认，法号为云丹嘉措。第四世达赖喇嘛云丹嘉措是一位出身于蒙古族贵族家庭的呼毕力罕，这对藏传佛教在蒙古地区的广泛传播起到了无以替代的历史作用，蒙古人则通过宗教势力顺利地控制了西藏地区，促进了蒙藏社会的发展和科学文化的双向交流。

到了明代，藏传佛教已完全渗透到蒙古人民的思想和生活之中，使得这个民族的政治、经济、风俗习惯、文化艺术等融入了新的文化元素。在政治方面，封建统治阶级为了维护自身和喇嘛僧人的利益而制定了一些法律法规。其中最有名的有《俺答汗法典》和《蒙古—卫拉特法典》《白桦法典》② 等。《俺答汗法典》是明代蒙古土默特部首领俺答汗于 1578—1581 年（明万历六年至九年）主持制定的一部法典。这是俺答汗利用或改变了原有的一些习惯法，吸收部分汉、藏刑律制定的一部法典。在该法典中俺答汗肯定了藏传佛教和达赖喇嘛的神圣地位。《白桦法典》和《蒙古—卫拉特法典》均有保护藏传佛教利益的内容。这样，藏传佛教已成为了蒙古人在政治、经济生活中不可或缺的重要内容。

明代蒙藏文化交流的最大成就是在蒙古地区兴建了许多格鲁派寺院，培养了许多蒙古族僧人。林丹汗时期还邀请贡噶敖色尔等人开始翻译藏文

---

① 妙丹：《蒙藏佛教史》（上），上海佛学书局 1935 年版，第 55 页。

② 1970 年，苏蒙考古学调查队在蒙古人民共和国境肯特山麓一佛塔中发现了一批写在白桦树皮上的法律文书，称之为《白桦法典》。1640 年 9 月，准噶尔部巴图尔浑台吉，喀尔喀素巴第汗、青海固始汗等 44 个蒙古封建主和一些上层喇嘛集会，规定了各部之间的权利和义务，结成了联盟。

大藏经中的《甘珠尔》部。

四 清代蒙古族与藏族的宗教文化关系

明末清初，蒙古族处于明朝与后金之间，对双方势力的消长居于举足轻重的地位。在战略方面，明朝与后金要想战胜各自的对手，首先必须与蒙古族结成联盟，共同抗衡对方。至于整个蒙古地区，这时出现了较为复杂的情况。当时沙俄势力向蒙古高原扩张，漠西蒙古和漠北蒙古经常遭到沙皇俄国的侵蚀。他们为了抗衡沙俄势力，也需要结成联盟[①]共同抵抗外来的入侵者。在这种复杂多变的政局下，漠南蒙古首先于 1636 年承认了皇太极为蒙古可汗大统的继承者，并封博克达·彻辰汗的尊号。其后的几十年中，漠北地区喀尔喀蒙古三汗之间发生内讧和内乱，很多喀尔喀部迁徙到漠南地区，得到清朝政府的安置。在喀尔喀诸部内乱时期，准噶尔部的噶尔丹于 1688 年（康熙二十七年）乘机率兵 3 万东下，喀尔喀蒙古不敌，遂率众南逃投清，得到了清朝的保护。1696 年（清康熙三十五年），清军击溃噶尔丹的军队以后，喀尔喀蒙古返回原牧地。从此，喀尔喀蒙古则成为清朝的组成部分。这时期在诸蒙古部中与藏族往来最密切的是和硕特部。和硕特部是明代瓦剌、清代厄鲁特四部之一。1637 年（清崇德二年），其首领固始汗从伊犁率军经过塔里木盆地到达青海境内，当时他在青海用兵 1 万战胜了喀尔喀蒙古绰克图汗的 4 万大军，并向西藏藏区进军，占领了拉萨。这样，青藏高原广大藏区的政治大权便落入厄鲁特蒙古和硕特部统治者手中。自固始汗于 1642 年进入西藏，至 1717 年拉藏汗被杀，蒙古族和硕特部前后控制西藏达 75 年之久。在这 75 年的时间里，固始汗及其后裔极力维护了藏传佛教格鲁派的利益。

元代蒙古族统治阶级主要以萨迦派为主，兼容了其他教派。明代俺答汗大力支持新兴的格鲁派势力，但并不排除其他教派的发展。清代蒙古统治阶级特别是对格鲁派从政治上做出了影响深远的安排，即班禅活佛系统的建立，从而在格鲁派中又建立起了一个活佛转世系统。

固始汗和五世达赖、四世班禅掌握西藏政教大权期间，内地正是明末

---

① 《清太宗实录》第 74 卷。

清初、兵荒马乱，新兴的后金封建势力就要代替腐败无能的明王朝。在这种情况下，富有政治远见的固始汗与五世达赖、四世班禅，决定派赛青曲结为代表前往盛京（今沈阳）。赛青曲结一行到达盛京后，受到太宗亲率诸王贝勒大出怀远门迎之，太宗率众叩礼毕，伊拉古克三（即赛青曲结）等以达赖喇嘛书上之，遇以优礼。翌年五月使者遣还时，太宗率诸王贝勒送至演武场，大宴饯之。① 赛青曲结等人于1644年携带清太宗给达赖的信和礼物返回拉萨。这次使者受到清太宗的隆重礼遇与清朝政府对蒙古的政治政策和宗教政策直接有关。从此开始，清政府不仅与西藏的格鲁派集团建立了较为密切的关系，而且与固始汗及其后裔建立了特殊的关系。这种关系使清朝后来对西北地区的统治起到了一定的积极作用。顺治入关做了皇帝以后，特派人到西藏问候达赖、班禅，并邀请达赖进京会晤。1652年五世达赖从西藏起程赴京，率领藏官侍众3000人。达赖到京后受到顺治帝的热情欢迎和接待，赏赐达赖坐金顶黄轿入都。这更进一步加强了清朝与西藏佛教界的关系。

1653年（清顺治十年），达赖向顺治帝提出："此地水土不宜，身既病，从人亦病，请告归。"当时，顺治帝乃命和硕亲王率八旗兵送至代噶地方。并在代噶地方时派礼部尚书觉罗朗丘、理藩院侍郎席达礼等册封达赖满、汉、蒙、藏四种文字的金册金印，金印的全文是"西天大善自在佛所领天下释教普通瓦赤喇恒喇达赖喇嘛之印"。金册共十五页。与此同时，清世祖用汉、满、蒙、藏四种文字书写"遵行文义敏慧硕实汗之印"之金印、金册，册封了当时控制着西藏局势的固始汗。② 当时，固始汗和五世达赖不顾明朝的反对与清朝通好，首先看到的是明朝将要灭亡、清朝将要入关建立中原王朝的政治时局。其次，清政府也为了外蒙古和卫拉特蒙古的归顺，需要得到蒙古人信奉的格鲁派势力的支持。清初，清政府对蒙古人采取的宗教政策是"兴黄教即所以安众蒙古"。因此，清朝政府在治理西藏和蒙古方面充分利用藏传佛教和达赖、班禅的广泛影响，强化政教合一的统治体系，并利用其间的各种关系和矛盾，来平衡削减冲突，从而实现控制蒙藏之目的。其中广泛的政治接触、人员交往、文化交流则应

---

① 牙含章：《达赖喇嘛传》，人民出版社1984年版，第34—35页。
② 《圣武记》卷3。

该是主旋律。清政府的目的很明确，就是想利用藏传佛教从思想上弱化或控制蒙古民族。更有甚者，清朝政府在蒙古地区设喇嘛旗后，一些喇嘛旗的札萨克达喇嘛均由藏族僧人充任，该札萨克达喇嘛则是本旗最大的封建主。他不仅有大量财产，还拥有个人武装和行政机构。这说明藏传佛教在蒙古地区的传播，不仅从思想上控制了蒙古族民众，而且随宗教文化这一精神层面涌之而入的藏族文化元素也将会在蒙古族传统文化方面打上深深的烙印。如长篇诗史《格萨尔》与《格斯尔》是蒙藏民族民间文学艺术交流的历史见证；佛经翻译又使蒙藏之间的文化交流及对书面文学的影响更加深入，许多文学、历史著作均受佛教文化的影响，从思想到题材均受到佛教文化的影子。如蒙古族著名史学著作和文学著作《蒙古黄金史》《蒙古源流》等，均以佛教思想贯穿全书，甚至篡改历史事实以适应佛教理论；蒙古族语言文化中的藏族语言痕迹，如佛学专用名词、藏医药学专用名词、人名、日常用语、数词、方言土语；建筑艺术、生活习俗、宗教节日、各种禁忌、婚嫁丧葬、治病禳灾、出门远行、牧场搬迁、寺院教育、制度文化（宗教和政治结合的喇嘛旗制）等方面无不存在藏传佛教的印记，藏族文化对蒙古族文化进行了全面渗透。

　　藏族文化早在元时期以前就开始传入蒙古地区。尤其是 1578 年（明万历六年）俺答汗和索南嘉措在青海仰华寺会面召开法会以后，藏传佛教格鲁派在蒙古地区广泛传播。其中对蒙古族法理思想及价值观的影响极为突出。如《十善福白史》开篇讲道："尊圣佛教始祖经主喇嘛及大元世尊至权皇帝之经教之律如护身绫结牢不可解，皇权之法如金制镣铐坚不可摧。"文中将"经教之律"和"皇权之法"相提并论，以"护身绫结"喻佛法"牢不可解"，用"金制镣铐"强调王法"坚不可摧"。可见佛教思想对当时蒙古立法理念的影响。因此，传统法律文化是各种文化的聚合体，它涉及文化的很多层面。通过对各层面的剖析和跨学科研究，进而可以达到了解民族文化相互交流、相互影响、共同发展的目的。

第 二 章

蒙藏法律的文化渊源

一　源于本土习俗和原始宗教文化

　　蒙藏传统法律文化的形成及其社会历史发展演变的过程，大体可分为四个阶段：未成文的习惯法时期；成文的赞普命令和《成吉思汗大札撒》；法制政教并行时期；明末至清际地方法完善时期。

　　勤劳、智慧的蒙古族、藏族人民在漫长的历史进程中，创造了影响深远的法律文化。在历数千年而绵延不绝的发展过程中，传统的法律文化深深地植根于蒙藏文化的深层土壤之中，深深地影响着蒙藏民族对法律文化的态度，并构成了他们的行为规范。

　　蒙藏法律文化作为一种历史文化遗产，且由蒙藏社会特定的民族生境所致，决定了传统法律文化必然有精髓和糟粕的两重性。前者是推进现代法律文明的积极因素，后者则可能成为蒙藏地区社会主义法治建设的障碍。因而，随着蒙藏地区法治建设的不断深入，有待于对蒙藏法律文化的主流与变化进行全面研究，勾画出蒙藏法律文化在不同历史时期的发展、演变及其特点。通过研究、考察蒙藏法律文化嬗变的历史规律，求证蒙藏民族关系的文化建构和新时期社会主义法治建设的切入点，为蒙藏地区的现代化建设服务。

　　法律文化是一团复合物，它包括知识修养、道德规范、婚姻家庭、风俗礼仪、伦理禁忌以及一切社会成员创造的契约与习惯。法律关乎人类社会的方方面面，说明法律文化就是人类生活所展现的一切现象。

　　中华文化的精神，是以人为本的文化，即"人本文化"，可以称为人本主义。宗教性的文化，则属于所谓的"神本文化"。

　　人们对于宗教的一般理解是："宗教都具有悲天悯人的救世精神，与人为善的圣洁情操，提倡奉献牺牲，造福众生。教旨虽各具特征，但基本精神是一致的。总而言之，宗教无非是教人成为好人。寓教旨于人的行为实践及道德之中，向人的心灵深处启示道德意识，使人走上道德进程。"①在我国，人本文化精神与各种宗教的教旨互相呼应，目的相同，道理互通，但是自有理论体系。蒙藏传统法律和习惯法则为"人本"和"神本"二元共存的混合物，源于"人本"，升华于"神本"，精制于"人本"，形成"教"（道统）中有"法"、"法"中有"教"的多元法系。

　　我国在文化上有薪火传承、贯通古今的"道统"，有治理国家制度而变通趋时的"法统"。自上古帝王时代，就实行政教合一措施，推行人伦教化。所以说"中国自有书契以来，以礼教治天下"。②蒙藏传统习惯法的形成，最初不外乎其先民在原始宗教苯教、萨满教的信仰中，出于"万物有灵"的观念而产生了信仰与禁忌，久而久之成为人们敬事"三才"的行为规范，并形成人们在群体生活中所共同遵守的习惯和风俗。"风俗是人类在日常生活中世代沿袭与传承的社会行为模式。在原始社会时，人们之间的相互关系以及共同的生活秩序，最初全靠习俗来调整。"③美国著名人类学家 L. H. 摩尔根根据自己在印第安原始部落的实地考察指出，原始民族内部一般盛行着 10 种社会习俗。在大多数情况下，习俗会把部落内部的秩序调理得井井有条。马克思也在《摩尔根〈古代社会〉一书摘要》中指出："原始社会的人们和睦、友爱、宽容，相互之间既无嫉妒，也无憎恶，这是蒙昧人的习俗。"当社会只有习俗规范时，习俗处于一种未分化的状态，它含有原始宗教、原始伦理以及原始法律等规范的萌芽。④

　　习俗的内容十分丰富，渗透到人们社会生活的诸多层面，体现在民族物质文化和精神文化的各个方面，如：岁时节令、人生礼仪、社交庆典、宗教信仰、生活禁忌、生产禁忌、道德规范、习惯法规等。

---

① 李钟声：《中华法系》，华欣文化事业中心 1985 年版，第 11 页。

② 同上书，第 31 页。

③ 贾春增：《民族社会学》，中央民族大学出版社 1996 年版，第 183 页。

④ 同上书，第 184 页。

人类自诞生以来就与大自然展开了长期而殊死的斗争。蒙藏民族生活在高山峻岭和大漠之间，天地与人事间高深莫测的变化，使他们感到天地间有超乎人类的精灵存在，宗教观念遂得以而生。在佛教传入青藏高原和蒙古高原之前，蒙藏先民已在原始宗教的基础上，使其在理论上系统化、规范上体系化、规模上社会化，从而形成了较为严密、较为精致的苯教理论体系。信仰宿命论，以"因果论"来约束、指导、规范人在现世的行为习惯，并归结为"善"。"善"成为吐蕃先民所追求的完美人格和对理想社会的构思。

藏族未成文法的形成约始于公元前 1 世纪至公元 7 世纪初吐蕃政权的建立和藏族共同体的形成。"蒙古族则始于公元 8 世纪末或 9 世纪初，止于 12 世纪后半叶，约 400 年。蒙古族习惯法有两层含义：一是指蒙古社会进入阶级社会以前的未成文习惯法，并被人认可和遵循的'习惯行为规范'，蒙古人称之为'约孙—Yusun'；二是 12 世纪初蒙古社会进入阶级社会之后，早期蒙古奴隶主贵族对相沿已久的蒙古族'习惯行为规范'予以承认、变成代表奴隶主贵族阶级意识的习惯法，蒙古人仍把它称为'约孙'，它有道理、规矩、缘由、礼、法等含义。"①

二　源于儒家文化的影响

中华文化的精神是以人为本，它完全出于中华民族的哲学思考。蒙藏文化与中华民族的主体文化——汉文化有着悠久而密切的渊源关系。

中华文化强调"与天地合其德，与日月合其明"，其中天地的和合，是我国早期法律思想的由来。② 蒙古族先民的长生天崇拜和藏族先民对天的敬仰，无疑在蒙藏文化中，"究天人之际"的思想及探索人与自然间关系的进取精神则是其构成的主要精髓，认为人的所作所为应合乎自然法则。因此，天人合一的思辨观念对蒙藏传统法律文化的影响也极其深刻。蒙藏法律文化是建立在与整个中华文明相同的基础之上的。中华文化是先

---

① 齐秀华：《蒙古族习惯法——"约孙"探源》，《理论研究》2010 年第 6 期，第 32 页。

② 李钟声：《中华法系》，华欣文化事业中心 1985 年版，第 31 页。

民们观察人生活在大自然中的道理而建立的天地人之道。因此，蒙藏先民所追求的也是人与万物和谐共存的道理。

我国历代制定法典的内容，多出于前代的思想，也就是经典所记载的，所谓："孔子垂经典，皋陶造法律，原其本意，皆欲禁民为非也。"①由此看来，经典和法典的本意，原是相同的，所以法典中往往引经据典，作为立法的依据。因此，自然法则的思想便导入法典的明文中，成为立法的指导思想和基本精神。②

孔子曾说过："安上治民，莫善于礼，移风易俗，莫善于乐。""乐以治内而为同，礼以修外而为异；同则和亲，异则敬畏；和亲则无怨，敬畏则不争；揖让而天下治者，礼乐之谓也。""礼以治躬"，"乐以治心"。

"揖让而天下治者，礼乐之谓也。"以礼乐代表我国古代的制度，起自五帝，由来已久，此乃所谓之法制之始。"德礼为政教之本。刑法为政教之用"，是远古迄唐代法制的大概轮廓。古代法律的基本思想及制度内容，虽有因袭之故，然渐渐由崇尚法律思想，趋于法律务实，注重法律的具体直接效果作用。"人本主义"认为："故人者，天地之行也，五行之端。"

我国有史以来的国家制度，是一个具有多元性与多边性的综合系统，在古代文献所记载的文字有：道、德、仁、义、礼、乐、政、教、法、刑、令，等等。③各有其代表意义，各有其作用，共同组成国家制度的立体系统。

三　源于佛教和古印度法文化的影响

(一) 对藏族法文化的影响

根据藏文资料记载，佛教传入西藏是在第八代藏王拉托托日宁赞时。相传，某日赞普正在雍布拉宫中祈祷神灵，突然间天空出现万道霞光，随

①　《后汉书·刑法志》。

②　李钟声：《中华法系》，华欣文化事业中心 1985 年版，第 104 页。

③　同上书，第 107—111 页。

之从空中有一宝匣降于其怀中，赞普开启宝匣见其中装有一座四层水晶宝塔和几部用吠琉璃粉书写的金质宝卷。赞普翻阅宝卷不知是何典，但深信是一稀世宝物，故敬而奉之。一直到松赞干布时代，方知匣中宝卷为多部佛经，其中有《十善法》。

佛教的传入为吐蕃文化注入了新鲜活力。根据《霹雳十五法典》记载："在吐蕃社会的早期阶段，周边十二小邦互不统属，各执各法。居住在山野的人们，从事狩猎，茹毛饮血，身穿兽皮，不懂善恶。"

"到了法王松赞干布时期，为了吐蕃政权的巩固和人民的幸福，制定了'十善法'。提倡节制欲望，互赠礼品，给庶民传授佛法。并采取积极开放的政策，引进和吸收先进文化。当时，吐蕃没有文字，故派七位聪慧的大臣去印度学习，但因故无功而返。后又派吞米桑布札带着大量的黄金去印度学习，他拜桑格班智达为师，学习了大五明等很多论著。经过艰辛努力，把《宝星陀罗尼经》、《宝箧经》，观世音的《二十一显密经》等经典译成藏文。他回来后，在庆典上将用四个元音组成文字的颂词献给了松赞干布。松赞干布很高兴，赐予吞米桑布札特殊的荣誉和物质奖励。"

"当时号称松赞干布有三百名大臣，以赤吉那青仁桑、拉孜西布旦桑等为主的一百名大臣处理内部政务；以奇布本桑赞等六名为主的一百名大臣处理外交政务。他们从汉地和木雅引进工艺和算术；从印度引进佛经；从蒙古和尼泊尔学习烹饪；从霍尔和格萨尔处引进法规。总之，在统一了周边各国之后，松赞干布觉得自己是护法之王，认为自己的庶民百姓应从身语意方面遵守'十善法'。杀人者赔千；偷盗者一赔八加偷盗物；邪淫者罚款；妄语者以赌咒制服。在制定上述四条法律的基础上，继续弘扬佛法，倡导要报恩于父母，敬仰学者，尊重名门及老人，邻里之间要互相帮助，对亲朋要诚信，要遵从圣旨并谨慎，提倡做好人好事并持之以恒，不贪图财物，要知恩图报，要及时还贷，不短斤少两，不妒忌别人，不轻信个别朋友的坏计谋，自己要有主见，说话要平和，话不要多要深沉，心胸要宽宏豁达。以上述《人净十六法》为基础，另又制定了《金方格法》和《岭华翰》，并由吞米等大臣做了补充。从此，奖励好人好事，惩罚打架斗殴，以法抑强，保护弱者。将卫兵分为四部；发展农业，兴修水利；厘定度量衡，制定丈量耕地面积的标准；马分优劣；为民众教授文字等。从而建立了良好的社会风尚，使'十恶'得到了遏制。大兴'十善法'，使广大吐蕃民众享受到了幸福生活。并将《法律二十条》刻成文字并由国王和诸臣签名盖章，像日月光辉普照藏区。"①

吐蕃在引进印度佛教文化的同时，不可避免地要带进和受到印度法文化的影响。在古代印度有许多名目繁多的所谓法经和法论的传世之作，其中《摩奴法典》是影响最大、最重要的一部。"该法典凡十二卷，涉及面很广，然其核心内容可以归纳为一点，即维护种姓制度。它宣扬种姓起源的神话，论列各种姓的不同地位、权利和义务，规定依违种姓制度的奖惩，并以'来世'苦乐作为这种奖惩的补充。因此，《摩奴法典》作为维护剥削阶级高等种姓利益的工具，其所发挥的作用甚至是纯粹的法典难以比拟的。"② 我们从《摩奴法典》的字里行间不难看出对吐蕃法律文化影响之方方面面：因果报应的轮回思想；种姓制度，强调等级观念；重视贵族的地位与权利；认为法律源于古来的习惯，并依此作为立法的基础；择偶受种姓的限制；意识到人与自然和谐，设定环保禁忌；要求僧人的学习起居要届时规范；要抑制物欲，善于待人接物；存在性别与行业歧视，妇女及小手工业者的社会地位低下；强调个人德行，提倡做人要宽容和好施；节制欲望，珍惜生命；极力维护统治阶级的利益；强调神证在审判中的重要作用；注重生产规范与物权责任；解决界纠纷，明确低界标志和秘密标志；重视名誉侵权，俗人或低种姓的人辱骂了僧人、高种姓者要处以罚金；奸淫惩处，有腐刑、流放、死刑等，表现出社会等级与性的不平等。同时强调女德和行为规范；规定了对低种姓人的用刑部位；还有财产继承与分割等内容。③ 另外，还有关于动植物及生态资源保护、正当防卫、过失犯罪方面的内容。

《摩奴法典》是法典教义化的典型，其特点是"宗教教义与法律密不可分。首先，法律的内容基本上就是宗教教义的内容；其次，法律的执行实际上是由祭司把持，就祭司履行教义与执行法律难分彼此；再次，对法

① 恰白·次旦平措：《西藏历代法规选编》（藏文版），西藏人民出版社1989年版，第47—81页。

② [法]迭朗善：《摩奴法典》，马香雪转译，商务印书馆1996年版，第1—2页。

③ 同上书，第1—305页。

律的解释完全适用于对教义的解释方法"。①

另外,"在惩罚犯罪方面,种姓制度是必须奉行的原则。这主要表现为同罪异罚,即不同种姓的人犯罪,惩罚严厉程度截然不同"。② 根据专家多年研究证明,《摩奴法典》约产生于公元前 3 世纪左右,其内容没有涉及释迦牟尼及其教义,但佛教经典记载的教规、教义、戒律、禁忌等方面受《摩奴法典》影响之深则显而易见。印度文化或者说佛教文化在吐蕃化的过程中,佛教的经典教义及其出世观、入世观(人生观、价值观)则直接影响着吐蕃社会的意识形态领域,佛家好善乐施及六道轮回的思想成为吐蕃统治者和广大民众的价值趋向。在吐蕃法文化方面则开始出现"佛法"和"俗法"(自然法则)相结合的萌芽。

佛教教法教人修身养性,净化心灵,佛法治心,似为"乐"(佛教徒认为佛法是妙音);人(俗)法规范人之言行,节制贪欲,人法治躬,似为"礼"。两者是吐蕃社会早期"安上治民"的重要内容。我们将佛法喻为医学之"内科",调理人的内心世界;人法喻为"外科",调理人的外在表现。"二法"之功能与我国古代儒家提倡的"乐"、"礼"异曲同工。以礼乐代表我国古代制度,起自五帝,源远流长,此即现今意义上的法治。

吐蕃社会到第三十二代藏王松赞干布(公元 617—650 年)时期发生了巨变。松赞干布于公元 629 年继承王位,《旧唐书》称其"弱冠即位,性骁武,多英有略,其邻国羊同及诸羌,并宾服之"。"纪元 634 年,弄赞遣使朝贡,是为藏土通中国之始;纪元 641 年,太宗以文成公主嫁吐蕃。"③ 唐太宗以释迦牟尼佛像、珍宝、经书、书橱及 360 卷经典作为文成公主的嫁妆。松赞干布迎娶文成公主以后,"遣诸豪子弟"赴唐学习中原文化,唐蕃经济、文化之交往也因唐蕃联姻而发端。"后两年弄赞复与巴勒布国(尼泊尔)公主巴利克提结婚。"二位公主入藏,佛教也因之广

---

① 孙小海、苏德栋:《人类文明史·法律卷·达摩克利斯之剑》,湖南人民出版社 2000 年版,第 33、38 页。

② 杨士宏:《吐蕃法律的文化渊源》,《中国藏学》2003 年第 2 期。

③ 周止礼:《西藏社会经济研究蠡测》,《北京财贸学院学报》编辑部,1979 年,第 6 页。

为传播。

松赞干布为巩固吐蕃政权，以"德礼为政教之本，刑法为政教之用"。吐蕃社会的法律思想及其演进，此时亦逐渐由崇尚法律思想趋向法律务实，注重法律的具体直接作用。松赞干布即位执政之后，派学者吞米桑布扎仿印度文字创制西藏文字，极力弘扬佛教，在佛教"十善法"（不杀生、不偷盗、不邪淫、不妄语、不两舌、不恶口、不绮语、不贪、不嗔、不邪见）的基础上制定了《神教十善法》：

（1）不许杀生造罪；

（2）不能偷抢大于针线的财物；

（3）不能邪淫；

（4）不许谎言；

（5）不许挑拨人和；

（6）不可恶言咒骂；

（7）不许散布谎言；

（8）禁贪欲；

（9）禁害人心；

（10）不做违背因果之事。①

《神教十善法》的主要内容是以佛法倡导之"善"，寻求与吐蕃社会相适应的法律切入点，将佛教提倡的"十善"直接转化为"人法"，制定了吐蕃王朝建政初期的首部成文法，说明吐蕃社会完成了从部落联盟到国家政权的过渡。"十善法"与《摩西十诫》、《摩奴法典》同样是借神的名义颁布的，目的是增强"十善法"的神圣性，加强对吐蕃人民的约束。松赞干布为了统一人们的意志，从"人本主义"出发，提出了"治人"的"言"、"行"及"内心世界"的三大要素，即"治身"、"治言"、"治心"，符合佛教所主张皈依"身、语、意"三宝宗旨的"人法"条文。"十善法"并不完善，它没有契约、家庭婚姻、财产分割与继承等方面的社会内容，只是一种公众性的行为规范，所以不能完全适应吐蕃社会的发展需求。在《神教十善法》制定不久，松赞干布从规范构成社会的最小分子人和家庭出发，再次颁布了《入教十六净法》。即：

---

① 《西藏自治区概况》，西藏人民出版社 1984 年版，第 332 页。

（1）敬信三宝；

（2）求修正法；

（3）报父母恩；

（4）敬重有德；

（5）敬贵重老；

（6）利济乡邻；

（7）直心小心；

（8）意深亲友；

（9）追踪上流，高瞻远瞩；

（10）饮食有节，货才安分；

（11）追认旧恩；

（12）及时偿债，秤斗无欺；

（13）慎戒嫉妒；

（14）不听邪说，自持主见；

（15）温语寡言；

（16）担当重任，度量宽宏。①

《入教十六净法》对人们从敬事佛法、修身养性、崇尚孝道、慈善仁义、尊重知识、积极精进、勤俭节约、知恩当报、取才有道等 16 个方面提出了更加具体、更加接近社会生活的道德规范。

另外，在吐蕃时期还制定了《法律二十条》：

（1）杀人者偿命，争斗者罚金；

（2）偷盗者除追还原物外，另处以八倍的罚金；

（3）奸淫者断肢，并流放异方；

（4）谎言者，割舌或发誓；

（5）要虔诚皈依佛、法、僧三宝；

（6）要孝顺父母，孝敬侍养；

（7）要敬重大德，不与贵族及贤俊善良人争斗；

（8）敦睦亲族，敬事长上；

（9）要帮助邻里；

---

① 张怡荪：《藏汉大辞典》，民族出版社 1985 年版，第 2068 页。

（10）要出言中信；

（11）要做事谨慎，未受委托不应干涉；

（12）要行笃厚，信因果，忍耐痛苦，顺应不幸；

（13）要钱财知足，使用食物与货物务期适当；

（14）要如约还债；

（15）要酬德报恩；

（16）要斗秤公平，不用伪度量衡；

（17）要不生嫉妒，与众和谐；

（18）遇有大事要自有主张，勿听妇言；

（19）要审慎言语，说话文雅；

（20）要处世正直，是非难判断时，对神发誓。①

据《贤者喜宴》记载，当时还颁布了六类大法律，即：《王廷、衙署职官安置之法》、《十万金顶具鹿之法》、《王朝准则之法》、《据两造申诉判决之法》、《总法》、《内府管理之法》；制定了七大法律，即不杀生、不偷盗、不妄语、不饮酒、奴不反主、不邪淫、不盗掘坟墓；补充了六六大法，即"三十六制"。

（1）六种大法：主要包括"六六大计"法、度量衡法、伦理道德法、敬强护弱法、判决权势者法、内库法。

（2）六大决议：主要是有关施政的规定，敬养主人，偿还利息；抑制豪强，扶助弱小；训奴不充丁，妇女不能干预政事；守卫边疆，不伤禾稼；外惩敌人，内护臣民百姓；奉行十善法，舍弃非十善法等。

（3）六种告身：虎豹以誉英雄，狐尾以示懦夫，出世佛法高贵之号，艺人苯教训奴之称，贤者令闻垂书卷，歹徒恶名呼窃贼。

（4）六种标志：赞普摄政时，主要不朽功绩中表示的标记叫做"标志"或"相"。宣布王令的标志，即能代表法令的印证，称为"诰命匣"。营相的标志，即能表示赞普军队的标志者，高举在军旗上。国王住所的标志或象征是王宫的神圣。国王奉行佛法的法相标志是新建祖拉康等佛殿。震慑敌人英雄相的标志中各位英雄身着虎皮战袍。精通国务而有才能，或户相的标志是以翡翠、金书等褒奖九大臣。

---

① 黄奋生：《藏族史略》，民族出版社 1989 年版，第 71—72 页。

（5）六种褒奖：对大臣和有功人员的奖励有：大相为大翡翠（珊瑚）文书，副相与内相为小翡翠书；小相与内副相、大噶伦为大金书；小内相、副噶伦为小金书；小噶伦为银镀金书；寺院轨范师和座前法师（密咒师）、上下权臣为大银书；侍身苯教师与侍寝宫、羌塘堪舆师、边防哨兵、城堡警卫为小银书；千户长、茹本等为铜书；英雄为铁书；普通臣民为木纹书（翡翠、金书、银书、铜书、铁书、木纹书六种）。

（6）六种勇饰：为虎皮褂、虎皮裙、大麻袍、小麻袍、虎皮袍和豹皮袍等。①

依据"六六大法"来量衡标准和伦常道德。两造地位不等则敬强护弱，两造有罪则俱施处罚，两造有理则指令修好等。由此确立政权机构、设置官吏职级、制定行政法则、调整内部秩序、建立健全民事诉讼条规。建构了一个比较完备的由国家行政法规—民法—教法组成的封建制社会。

"唐中宗神龙元年，赞普之祖母，遣其大臣，来献方物，为其孙请婚，中宗以所养雍王宗礼之女，金城公主许嫁之。时在唐中宗景龙四年（710年）。"② 金城公主出嫁吐蕃，着力将唐朝文化输入藏地。就在金城公主嫁吐蕃的同时，在吐蕃社会早已有佛教流传，然主要在上流社会。在民间公开宣扬佛教则始于公元763年。此年"他（寂护）在桑耶附近的钦浦，为藏王君臣讲说十善业、十八界、十二因缘等佛学道德和理论"，③先后弘法四月余。寂护从吐蕃统治者巩固王权的社会需要出发，着重从佛教的伦理学、认识论、人生观三个方面传播佛教。寂护宣扬的佛教伦理学即"十善"，也就是业果决定论，即吐蕃社会的善与恶均是由于人们的习惯（佛教认为业力）为缘（条件）而显现，以习惯流传，以习惯出离。因此，就要求人们修习"十善"。其目的就是克尽"十恶"（杀、盗、淫、妄语、离间语、恶语、绮语、贪欲、嗔、邪见）。使佛教之"十善法"成为后来藏族社会民间佛法的渊源。

---

① 丹珠昂本：《藏族文化发展史》上册，甘肃人民出版社2001年版，第564—565页。

② 周止礼：《西藏社会经济研究蠡测》，北京财贸学院《学报》编辑部编，1997年，第7页。

③ 何周德、索朗旺堆：《桑耶寺简志》，西藏人民出版社1987年版，第5页。

（二）对蒙古族法文化的影响

1. 忽必烈与《十善福经教正典》。蒙古族和藏族统治者在其国家政权建立之初，均经过艰难的抉择和与传统势力的斗争，先后放弃了自己的传统宗教而改信佛教。

吐蕃赞普松赞干布为政权之巩固，在佛教"十善法"的基础上制定了《神教十善法》；近六百余年之后，元世祖忽必烈在建立大元帝国后，一改过去由蒙古大汗号令天下的专制统治，尊奉佛教，并以佛教"十善法"的理念制定《十善福经教正典》，施行政教并行的国家体制，使蒙古社会的法制步入了政教并行时期。

忽必烈为什么要施行政教并行的基本国策？原因有很多，其中有一条，就是解决如何统治吐蕃的问题。在统一全国之前，从窝阔台次子阔端始，就已经与吐蕃萨迦派首领萨迦班智达贡噶坚赞及其侄儿八思巴建立了密切的关系，并通过他们书写《萨迦班智达致蕃人书》给乌思藏、纳里的僧俗领袖，使他们归附蒙古。1251 年，忽必烈驻军六盘山时，与年仅15 岁的八思巴见面，非常喜欢八思巴。不久，萨迦班智达病逝，八思巴成为萨迦派教主。1253 年攻取云南大理时，忽必烈在名叫忒剌的地方，与八思巴第二次见面，表示了对佛教的崇敬。1254 年，忽必烈给八思巴《优礼僧人书》，表明皈依佛法，保证八思巴居住的后藏地区寺院和僧人不受侵害。而此时吐蕃地区的其他势力也相继向蒙古统治者表示忠诚，以取得蒙古朝廷的支持。这样，忽必烈在统一中国之前，就已找到了统领吐蕃地区的宗教领袖的合适人选，同时也找到了统一人们思想，尤其是对蒙藏地区以佛法去驯化和统治人们思想的途径和办法。

《十善福经教正典》是忽必烈制定的关于元朝国家体制的纲领性法律文献。成书于元至顺元年（1330 年）。虽然是在忽必烈去世36 年后之后，但它是由忽必烈制定并实施的。原书已佚，今传抄本是 16 世纪经呼图克图·彻辰洪台吉校订后的传本。

《十善福经教正典》主张政教并行，教要贯彻经、咒之佛法，政要实现和平、安乐之世道。为使国家长治久安，忽必烈诏令在"四异五色"之疆土内，实行政教并行制度。该制度包括：确立政教并行的两套机构，并规定了从可汗、国师到各级官员和喇嘛的职责；定出每年四季举办纪念教之始祖释迦牟尼和政之先祖成吉思汗的"四福""四喜"祭奠活动的时间、内容和规模；从"没有教规生灵堕入地狱，没有王法国家遭到破灭"的信条出发，制定了喇嘛、俗人都必须遵循的清规戒律和对违者予以惩罚的札萨克条例。还规定了对政教各级官员和喇嘛的举谪、褒贬的办法和让人们积德造福的行善事业等。

《十善福经教正典》主张政教并行，以佛教理论的此岸世界与彼岸世界的教义为依据，强调以教导化人心，以政治理世道，即把对物质世界的统治和对精神世界的统治加以统一的思想。这一思想的目的在于通过宣扬佛和可汗的同一，使政教合一的统治神圣化；灌输因果轮回和超脱思想，把人们的追求引向来世的幸福和彼岸的极乐世界，诱导人们从信念上归顺政教合一统治；结合清规戒律和札萨克条例，告诫人们：

敬信三宝，求修正法，不服喇嘛之教将步迷途；

报答父母，注重德行，不从父母之诲会遭厄运；

敬贵重老，遵守王法，不循可汗之法必陷网罗。

鼓励人们：要抛弃不慈悲的喇嘛、不仁道的帝王、不廉洁的诺彦、贪得无厌的官吏、不忠诚的朋友。

劝导人们：把可汗旨意当作心脏；把喇嘛誓言当作眼睛；把父母教诲当作生命。向社会提倡以可汗、喇嘛和父母三者为尊的敬上抚下、以诚相待的风尚，使社会道德适应政教合一的统治。

《十善福经教正典》对后来蒙古族社会政治和思想文化的发展产生过很大影响。16世纪，鄂尔多斯部呼图克图·彻辰洪台吉曾对该著作的不同传本进行研究，把它作为阿拉坦汗引黄教入蒙古地区、普及喇嘛教的理论依据和政策要领。

忽必烈建国伊始，就推行政教并行政策，以蒙、汉、藏分治的办法治理中国。

忽必烈作为皈依佛教的大施主，尊吐蕃第四任萨迦派教主八思巴喇嘛（1235—1280年）为"法王国师"，统领全国的宗教事务。

2. 皇权与教权分立、并行，各设自己的组织结构，各派等级职位并行的官吏，以各行其职，各尽其责。使皇权的政治纲领"安""福"与教权的宗教纲领"经""咒"形成政教二法的总纲。二者的关系是：国家没有皇权，将分崩离析、四分五裂，社会何谈和平，人民岂有福祉。但只有皇权，仍不能达到上述目的，需要教权的"经"、"咒"保证其正常运转。如《十善福经教正典》所说，经教"如护身之绫结牢不可破"，皇权如"金色镣铐坚不可摧"。是故以政教二道并行之策不致混淆而教化焉。

3. 皇帝与法王国师的关系：地位平等，各执其政。当诵经或者人员稀少时，喇嘛坐上座。当宗王和诸颜们集会时，皇帝坐上座，当对吐蕃地区（重大）事务下达圣旨后，（人们）向喇嘛奏事时，皇帝不干预。此外的大小事情，喇嘛颁发敕令时，（皇帝）不干预。

4. 为使皇权正常运转，使芸芸众生脱离苦海，教主国师之下，设25种职务；宗教执经喇嘛下设13种职务；次道经师喇嘛下设5种职务。《十善福经教正典》还规定要在每年内举行四季佛事和四季筵宴，对举行的时间和参加人员作了具体规定。

5. 关于皇权政道，《十善福经教正典》规定了皇帝的职责是三大至上政务、四大权力、六大故例、七大秉性、九大象征。

所谓三大至上政务，一曰拯救两界安乐至上政务；二曰治国安民、幸福至上政务；三曰保家卫国至上政务。

所谓四大权力，一曰大乘法规安乐之权；二曰密乘法规教训之权；三曰皇帝主掌和平之权；四曰臣僚执政清廉之权。

所谓六大故例，一曰祖先创业诸多故例；二曰先祖所创佛教预言故例；三曰先祖执政礼仪故例；四曰先祖开拓疆土故例；五曰先祖建军冠首故例；六曰先祖积仓节俭故例。

所谓七大秉性，一曰悟知往昔先哲之秉性；二曰预知未来神医之秉性；三曰慧通奥秘先觉之秉性；四曰审视现实通则全知之秉性；五曰预知敌谋神奇之秉性；六曰测知围猎禽兽勇力之秉性；七曰通悟五经明达聪睿之秉性。

所谓九大象征，一曰领属大纛（旗帜）指挥军众象征；二曰宏声画角众崇象征；三曰强劲金弩护身象征；四曰巨威黄奶桶众敬象征；五曰锐利金刚大刀执政象征；六曰荧光绣金马鞍役作象征；七曰硕大绅带征服象征；八曰高大座坛尊位象征；九曰栋梁卿宰臣僚挚友亲朋智谋象征。为完成皇帝的职责，《十善福经教正典》规定了名称不一的众多公职人员，有三固实里、三欢津、四太师、六察儿必、七宰桑、九乌日鲁克等60多名号和职务不同的官员。其中三欢津执掌三大至上政务，四太师掌管四大权力，六察儿必执行六大先祖古例，七宰桑掌管七大秉性事务，九乌日鲁克行管九大象征。

对于地方行政的治理，设万户长、千户长、百户长、十户长。

6. 政教并行政策的执行范围，包括蒙古帝国统治下的五色四夷诸国。

忽必烈通过《十善福经教正典》告诫民众，无论僧俗人众，均需遵行教规，切勿违戒，并对违教者作了处罚规定："佛教之徒恣肆违戒，或伤他人性命，或贪色淫秽，或背弃师者，或损坏庙宇，或嗜酒，或言谎，或谣言谤毁政教两道，即除其教籍，令其还俗，固缚其双臂，以炭涂面，头插黑幡，黑剑牵之，金棒戳后脑，逆转庙宇三匝，发配远方。执刑者当众宣谕而徒自之曰：此徒，既受崇高之教戒，却恣行违戒从恶。严格合罕政律，惩罚如是。尔后众生唾弃此罪，自戒自鉴哉。又，说谎者，割舌；盗窃者挖眼；触犯刑律者，处死。"[1]

忽必烈实施政教并行政策，是其以佛法治心、以俗法治国的具体体现。以正道法制治理国家，但根据不同地域实施不同治理，蒙古地区以蒙古法；中原地区以儒治国，施行汉法；吐蕃地区政教合一，施行教法。

（三）阿勒坦汗与《十善福经教法规》

阿勒坦汗是北元图们汗时期土默特万户的首领。他出生于 1507 年，死于 1582 年。他在世时，率领右翼三万户，经过多年奋战，先后征服了青海蒙古、卫拉特、乌梁海，控制了西至河套、青海、新疆等地，称霸于蒙古各部。他与明朝建立了较为稳定的互市贸易关系。万历六年（1578年），他到青海迎请三世达赖索南嘉措，在仰华寺举行迎佛大会，宣布引进佛教，施行政教并行政策，以教法和政令治理他所控制的广大地域，宣布了他的宗教法规——《十善福经教法规》。

《蒙古源流》记载：在鼓乐喧天、万民如潮的仰华寺迎佛大会上，鄂尔多斯库图克·台彻辰洪台吉宣布了在蒙古地区引进佛教，并立政教二道的通告。在通告上，他追述了宗王阔端、忽必烈彻辰汗以及萨迦班智达和

---

① 奇格：《古代蒙古法制史》，辽宁民族出版社 1999 年版，第 53—59 页。

八思巴喇嘛等人兴教隆法的历史，然后强调在蒙古地方只有实行政教并行政策，以教法和政令两者治理国家，才能使众生共享太平，不然就会"造恶作孽，血肉相残"，致使生灵涂炭。接着他宣布了改革旧俗、禁止杀生殉葬的种种规定。《源流》在叙毕这一史实之后写道："如此参酌从前藏土之三转轮王，并蒙古胡必赉彻辰汗的旧例，创立了十善福经法之律。"①《罗·黄金史》也有相同的记载。②

阿勒坦汗《十善福经教法规》的主要内容：

（1）正法之道，要遵循政教二法。

（2）废除殉葬制。以前蒙古人死，有依其贵贱，以妻妾、仆从殉葬、马匹、家畜为牺牲的劣习。倘仍杀人如昔，则处死。

（3）保持战斗力，不得任意以马匹为牺牲。若杀马匹、家畜，则没收其家财。

（4）提倡施舍，死者马匹应布施僧伽，共祈冥福。如殴打喇嘛及僧伽，则毁犯者之肢臂。

（5）保护生产力，关注民生，废除萨满，禁止以岁月供祭杀生。违者取其所杀家畜数之十倍罚之；若仍供奉翁衮，则毁其家。

（6）以智慧六臂玛哈噶拉佛像代翁衮受供养。以三白为供，不得再以血肉祭。诸人须修十善之福，应守初八、十五、三十之三斋戒。

（7）凡汉人、藏人、蒙古人等，皆不可再行无益之种种抢掠。

（8）每月吃斋三日，禁止杀牲、打猎。

（9）对四项出家之人……绰尔济等，位同洪台吉。

（10）僧众若违教规而娶妻，则依教法令以黑灰涂其面，责令逆转寺庙三匝，逐黜以惩之。

（11）乌巴什、乌巴三察等若违教规而杀牲，则照前法惩处而后没入官。

（12）乌巴什等若饮酒，则将其所有抄没分与众人。

（13）依照昔日法王帕克巴喇嘛之制，凡四项僧尼免其从征、从猎、服役、纳税之差役，并立政教二道。

---

① 札奇斯钦：《蒙古与西藏历史关系研究》，正中书局 1978 年版，第 425 页。

② 乔吉校注：《黄金史》，内蒙古人民出版社 1985 版，第 643 页。

忽必烈制定且成书于元至顺元年（1330 年）的《十善福经教正典》，原书佚失，传抄本虽然是 16 世纪经呼图克图·彻辰洪台吉校订后的传本，但他参酌吸纳了吐蕃松赞干布、芒松芒赞、赤松德赞三转轮王及蒙古忽必烈时期的旧例。因此，从阿勒坦汗《十善福经教法规》的内容，仍然可以了解到忽必烈制定的《十善福经教正典》的基本内容和框架。

四 源于中原法律文化的影响

（一） 对蒙古族法律文化的影响

忽必烈于 1271 年将大蒙古国号改为大元。"元"字源出《周易》："大哉乾元，万物资始，乃统元"。元朝之称主要用于中原汉族居住地区，蒙古四大汗国之间仍用"蒙古国"、"大蒙古国"称号。① 元朝是由蒙古民族建立的全国各民族统一的王朝。元朝的法典是适用于全国领域内的中央典章，不属于地方法制之类。蒙古族居于统治地位所制定的典章制度，乃是中华法系的一个组成部分。元朝在蒙古地区奉行蒙古传统习惯法，在中原地区实行以儒家文化为核心的汉法为治国之道，在吐蕃地区实行政教合一，施以教法。因此，元朝统治者在制定法律时，实施法律双轨制，较好地解决了不同文化、不同经济类型带来的法律冲突。在双项选择的同时，蒙古族的传统法律文化对中华法系的不断完善则增加了新的内容。

以《元典章》为例，无论从编纂体例或其内容来看，纯粹是对中华法系承前启后的一章。颁行《大元圣政国朝典章》的中书省行文中讲道："大德七年（1303 年），中书省劄……乞照中统以至今日所定格例编集成书，颁行天下。"从上文的记载可知，《元典章》可以看作是在大德年间纂订、颁布的。《大德典章》与《元典章》据以编纂的原始资料是相同的，是《唐六典》式的典章。

从《元典章》的编纂内容来看，也完全与中华法系相同。其纲目在

① 却拉布吉：《元大都的历史地位探微》，《西北民族大学学报》2008 年第 1 期。

《诏令》、《圣政》、《朝纲》、《台纲》之后，即为吏、户、礼、兵、刑、工六部之制顺序编排。然其所辑存的均是"案牍之文"，即所谓判例及解释例；还有历届掌权者所颁降的内容。"条画"亦多达数千种。其书尤详于刑律。《元典章·刑部》计有二刑判、刑狱、诸恶、诸杀、殴詈、诸奸、诸赃。所谓"诸恶"，包括"不孝、不睦、谋反、谋逆、大逆、恶逆、不义、内乱、不道、大不敬"十项，此乃中华法系中被列入"十恶"不赦的重罪。元代法制"唯圣人之治天下，其为道也，动与天准，其为法也，粲如列星。使民畏罪迁善，而吏不敢舞智御人。鞭笞斧钺，礼乐教化，相为表里"。如姚燧《史录》中语："世谓元时用法颇仁慈者，于此尤可见也。"其影响且及明代以降蒙古民族地方的立法。

《通制条格》是元朝法典《大元通制》的一部分。至元八年（1271年），元政府禁行金泰和律，此后曾几次着手制定本朝新律，都没有成功。至元二十八年公布的《至元新格》，所收行政及其他方面的法规亦极不完备。因此，当时立法行政、决狱断讼，主要以随时因事而颁布的诏旨及其他政府公文为准绳。仁宗即位后，为便于各级官吏检索遵行，下令将历朝颁发的有关法令文书校勘损益、类集折中，汇辑成书，后经英宗朝（至治三年，1323年）增删审核，定名《大元通制》刊行。全书88卷，分四部分：（1）诏制，94条；（2）条格，1151条；（3）断例，717条；（4）别类，577条，凡3539条。其中条格、断例部分的篇目和编排，分别仿效金《泰和律令》和《泰和律义》。《大元通制》具有法典的性质。全书早已散佚，现存仅明写本《通制条格》残卷，共22卷，包括户令、学令、选举、军防、仪制、衣服、禄令、仓库、厩牧、田令、赋役、关市、捕亡、赏令、医药、杂令、僧道、营缮等19个篇目。《大元通制》编成时，元代的法典已基本定型。

元代条格，大体上相当于唐、金两代法律体系中的令，是元代在民事、行政，财政等方面的重要法规。据元人沈仲纬所撰《刑统赋疏》的记载，《大元通制》的条格共有27个篇目，现存的《通制条格》失缺祭祀、官卫、公式、狱官、河防、服制、站赤和榷货八目。尽管如此，仍能一斑见豹，看到它的基本面貌，并由此了解元代社会生活的许多方面和元法典的不少具体内容。①

元朝时期在蒙古地区除执行"太祖皇帝札撒正典"外，为满足军士出征、戍边等需要，在畜牧业上又推行了一套补充法规。

1. 和买牲畜制度："和买"，就是由国家定价买牲畜。

2. 拘刷马制度：是国家无代价地征收战马的制度。在这种制度下，牧民不仅要负担国家的赋役，还要受各级领主的剥削。

3. 禁偷盗牲畜：元朝时期，《刑罚志》规定："偷盗驼马牛骡驴，一陪九。盗骆驼者，初犯为首九十七，徒二年，为从七十七，徒一年半；再犯加等，罪至一百七十，出军。盗羊……"

4. 禁私宰牛马：《刑罚志》规定："诸宴会，虽达官，杀马为礼者，禁之。"

5. 禁杀母羊：元朝时期，为稳定发展畜牧业，保护母畜，禁止杀母羊。

6. 保护野生动物，禁杀孕兽：保护野生动物，禁杀孕兽，是蒙古族古来的法制传统，到元朝时期，法律规定更加完善。统一中国以前，蒙哥汗就曾下旨："正月至六月尽怀羔野物勿杀。"忽必烈建元后，对狩猎时间作了严格的规定，《元史·刑法志》记载："诸每月朔望二弦，凡有生之物，杀者禁之。诸郡县正月五月，各禁杀十日，其饥馑去处，自朔日为始，禁杀三日。"②

美国学者罗沙比说："（蒙古族）在中原建立了一座首都，支持中原宗教和文化，并且为朝廷设计出合适的经济和政治制度。然而，他并未抛弃蒙古传统，保持大量的蒙古习俗。"③ 其推行"蒙古有别，蒙汉两治"之施政方略，很好地解决了北方少数民族贵族入主中原后遇到的三大矛盾，即多民族、多宗教和游牧与农耕文化的矛盾。

---

① 蔡志纯：《蒙古族文化》，中国社会科学出版社1993年版。

② 奇格：《古代蒙古法制史》，辽宁民族出版社1999年版，第53—59页。

③ ［波斯］拉施特：《史集》第一卷第二分册，金大均、周建奇译，商务印书馆1983年版，第354、355页。

（二）对藏族法律文化的影响

据《新唐书》记载："吐蕃遣赞储啙名悉腊等迎（金城）公主，帝念主幼，赐锦绘数万，杂伎诸工悉从，给龟兹乐。"《旧唐书》载：金城公主入藏后，又派专使来唐请"《毛诗》、《礼记》、《左传》、《文选》各一部"。文成公主与金城公主先后远嫁吐蕃，为吐蕃社会注入了汉文化的精髓。其中文成公主带去了经书及经典 360 卷，金城公主带去的有《礼记》等。由此可见，二位公主带入吐蕃的经书中不乏《十三经》等。其中《尚书》、《礼记》对建立不久的吐蕃政权则影响不小。《庄子·天下篇》称："《诗》以道志，《书》以道事，《礼》以道行，《乐》以道和，《易》以道阴阳，《春秋》以道名分。"而《尚书》则是古代著名的政治读物，即为古代统治者治理邦国的一切措施和政治手段。①

《仪礼》、《礼记》是人生的法度，告诉人们"礼"从何来，有了"礼"才有了人兽之别，阐释了"仪"与"礼"的关系是缘人情而制礼仪，以及礼仪的可变与不变性；强调"孝"为人伦之本。事亲之礼是孝敬父母的原则。珍重手足之情是兄弟和睦的前提。严守五服是规范人伦的集中体现，是"亲亲"——血缘的纽带；了解宗族与家族是建立和巩固血缘关系的基础。明确君臣有别，建立世卿制度，通过爵禄与选士的渠道，步入上层社会的等级标志是"尊尊"——权利的表现；倡导敬老与养老，提倡师道尊严、朋友之间的友谊以及接人待物的规矩是"长长"——宗族外的人伦。最后将礼之本归结到家庭婚姻，其内容涉及一夫多妻、男主外女主内的家庭构想，并强调正确的贞淫观是做人的道德纲纪，是在宣扬"男女之别"——性别的不平等思想。②

《周礼》是周人理想世界的总蓝图，这是一幅充满东方文化情调的构想图。王居于整个社会的顶端。君王生活于这个国家中心的王城中央的王宫里，统治着国家。在他之下，是以天官冢宰为首的百官，辅佐王管理社会，协调社会生活的方方面面。《周礼》是周人建构的理想而严密的国家

① 章行：《尚书：原始的史册》，上海古籍出版社 1997 年版。

② 李学颖：《仪礼礼记——人生的法度》，上海古籍出版社 1997 年版。

管理体制；《周礼》是周人精心设计的治民模式；《周礼》是值得注意的富国政策；《周礼》是科学管理思想的发端。①

吐蕃在建立国家政权之后，松赞干布作为一代明君，为寻求治邦安民的方略，极力倡导博采众纳，崇尚佛法，仰慕汉风。在藏文历史文献中经常可以见到这样一段记载："印度佛法之君；中原法律之邦；大食财富之国；格萨尔为军国之王。"因此说，吐蕃法律在吸收印度佛法、《摩奴法》和中原儒家文化《尚书》、《周礼》、《礼记》的同时，唐律的影响也不可避免。因为唐蕃二者同处于发展的高峰期，均需要吸收引进先进的文化来促进本国政治、经济、文化的发展。唐朝是当时东方的强盛帝国，开拓疆域，羁縻边陲，汉唐文化使其周边邻邦大受感化，包括亚洲诸国，有使者、留学生、商人等，东自日本、新罗，北起大漠，西自伊朗，沿古代丝绸之路，西南自印度，纷纷到唐之京都长安，商人贸易，学生求学，使者通好，贡物封藩，有的入仕唐朝。于是在唐之长安出现了东西文化交流融汇的繁荣景象。是时西域高昌、吐蕃等也派遣留唐之学生，努力于文化输入。加之吐蕃军事势力的东移，与唐战战和和近百十余年。在频繁的交往与冲突中，法律文化的引进、吸收则是重要的内容之一。因隋唐是中国历史上封建社会发展的鼎盛时期，隋唐的法律在中外历史上有着重要的地位。隋唐法律在中华法律体系中处于承前启后的关键，集往古法典之大成，立后世法典之楷模。使往古的礼制，融入于法典。唐蕃文化有着很多相近的切入点，如二者均先后从印度引进了佛教文化，吐蕃君王松赞干布依佛教"十善法"为法律依据制定的《神教十善法》与其相反的"十不善"及《吐蕃三律》，则和隋《开皇律》为刑名定型，确定"八议"、"五刑"及隋唐律中相承确定的"十恶大罪"，称"十恶不赦"等有着深刻的渊源。"八议"是中国封建社会贵族阶层特权之一的集中表现，将人分为三六九等。"八议"适应的对象是：（1）议亲，及皇亲国戚；（2）议故，指长期侍奉过皇帝的故旧；（3）议贤，指具有为人楷模的贤人君子；（4）议能，指治国治军有才干的人；（5）议功，为国家立过大功的人；（6）议贵，指官僚和贵族，一般指三品以上官员；（7）议勤，历经艰险、勤劳为国家的人；（8）议宾；指前朝贵族。凡符合"八议"对象

---

① 冯绍霆：《周礼：远古的理想》，上海古籍出版社 1997 年版。

的，按其亲疏等级分别享有议、请、减、赎、当、免等一系列特权。如所谓的"赎"，即指用铜赎罪。适用于三种人：享有议、请、减特权的人；九品以上官吏；七品以上官员等范围的亲属。以上三种人犯流罪以下的可以用铜赎罪。在实际的量刑过程中，死罪也可以赎。唐律明文规定死罪不分绞斩，赎铜120斤。[①]　"赎"是罚的形式之一，刑重体罚，罚重敛财。所以，"赎"在古代封建法典中由来已久。到西周中期因周穆王横征暴敛，掠夺财富，令司寇吕侯修订《九刑》，拟定了用铜做赎刑的刑书，称《吕刑》。其中规定用黄铜赎刑的五种刑罚。"墨刑罚百锾（锾：古代铜货币单位，一锾重六两）；劓刑加倍，即200锾；腓刑罚500锾；宫刑罚600锾；死刑罚千锾。"[②]　在吐蕃法律中"赎刑"占有比较重要的地位，罚锾的多少以官阶及其特权的表现形式"告身"来区分。"告身"即指人的社会等级，也是不同阶层的人身价值标准（即命价）。告身分六类十二级（金、玉告身；银、颇罗弥告身；铜、铁文字告身）。

五刑：笞刑，是用竹板或柳条击打罪犯的背脊、臀、腿部的一种刑罚；杖刑，是用大于笞刑所用的竹板或荆条捶击罪犯的背、臀、腿部的刑法，比笞刑较重；徒刑，是在一定期限内剥夺犯人的自由并强迫其劳役的一种刑罚；流刑，是将罪犯遣送到边远地方去服劳役，不许擅自迁回原籍的一种刑法；死刑，是剥夺罪犯生命的一种极刑。据有关文献记载，吐蕃法律的刑罚体系也由五个方面组成：死刑（砍头、解肢分尸、绞刑、活埋、剥皮、绝嗣）；肉刑（断肢、挖眼、割舌、劓刑、黥刑、笞刑、鞭刑）；流刑；罚没财产；罚金。吐蕃法律的刑法，反映出统治阶级为了维护其阶级利益推行残酷重刑和敛财重罚的思想。

"十恶大罪"包括：谋反，指反对以君主为代表的封建国家统治行为；谋大逆，指毁坏宗庙、山陵及宫阙的行为；谋叛，指本朝官吏背叛朝廷的行为等；恶逆，指虐待、殴打或谋杀亲属的行为；不道，指杀死本无死罪的人或杀人后肢解尸体的行为；大不敬，指对皇帝的人身和尊严有所侵犯的行为，包括盗窃祭神物品、供品、御用衣物、器具、玺、符等；不孝，指子女不赡养、敬事父母的行为；不睦，指亲族之间互相侵犯的行

---

① 李用兵：《中国古代法制史话》，中共中央党校出版社1991年版，第83—85页。

② 同上书，第19页。

为；不义，指下级杀上级，学生杀老师，妻子闻丈夫死后隐匿不举行哀悼或寻欢作乐、着艳服不守孝、改嫁等行为；内乱，指亲属间发生奸情的乱伦的行为。"十恶大罪"在唐律中被认为是"亏损名教，毁裂冠冕"的极端严重的犯罪行为而放在首篇。① 吐蕃法律则从十个"善"的方面作为立法的主要依据进行正面疏导，以此杜绝杀生、不与取、邪淫、妄语、离间语、粗恶语、绮语、贪欲、嗔恚、邪见等"十恶"大罪之发生。

总之，吐蕃法律与隋唐律在内涵和外延上有着非常相近之处。尤其像唐律中律、令、格式等所反映的内容和表现形式，似为吐蕃制典之模范。②

唐律还规定将杀人罪分为故意杀人、过失杀人、合谋杀人，将伤人罪分为故意伤人、过失伤人、共同伤人，并根据不同情节分别处刑。将盗分为窃盗、强盗和监守盗三种。

吐蕃先后引进印度佛教文化和中原的儒家文化，使得印度文化、汉文化在苯教文化为主的影响下吐蕃本土化。

松赞干布为了巩固吐蕃王权，削弱守旧势力所支持的传统宗教——苯教的影响，对佛教采取了扶持的态度，先后为尼泊尔公主、文成公主兴建了大昭寺、小昭寺、十二神殿及查拉路甫石窟。但在当时仅仅作为供奉佛像、经典的宗教场所，并无僧侣住持，也没有合乎佛教戒律的仪式和规范，更谈不上僧侣集团的形成。

在松赞干布之后的第四代赞普赤德祖赞（704—755 年在位）时期，大力扶持佛教，赞普曾建牙帐于桑耶附近之札玛智桑，金城公主也常住于此。

8 世纪中叶，赤德祖赞子赤松德赞亲政后，实行了许多改革，决定利用佛教来巩固王室权益。首先，剔除马尚·春巴和达扎路恭为代表的苯教和反对改革的贵族势力。其次，赤松德赞在唐朝封建制度的影响下，为了维护吐蕃社会的巩固和发展之需要，完善了吐蕃政权的国家行政法规，调整吏治，调整官员，设置诸道节度使，屯军耕牧；治理财政，清查田亩户口，统计财赋，价值征敛；完善吐蕃早期法律，处理地方诉讼。通过这些

---

① 李用兵：《中国古代法制史话》，中共中央党校出版社 1991 年版，第 79 页。
② 同上书，第 75—76 页。

改革，使得吐蕃势力强盛一时。其势力范围北抵回纥，西接大食，南临天竺，东连南诏，是吐蕃武力扩张的鼎盛时期，同时也是吐蕃的法律文化根植于广大藏区演变为传统习惯法的文化渊源。此外，在赤松德赞的极力倡导下，以桑耶为基地，大力扶持佛教，不仅从印度请来莲花生、寂护等传教大师，还从大唐请来诸多知名高僧进行佛法交流。同时亲自主持兴建了吐蕃第一座拥有佛、法、僧三要素的桑耶寺。① 赤松德赞在"庆祝开光法会"完成之后，感觉到佛教的兴盛，因此为了实验藏人是否能守护出家的戒律起见，他们与丁未年到印度迎请了与西藏适合的根本四部中的说一切有部的比丘十二人。由精通五明的寂护作亲教师，寂护在十二名"说一切有部"僧人的协助下，为巴色朗、藏勒竹、麻仁钦却、昆鲁益旺波、巴赤协、恩兰吉娃却央、白若杂纳七人剃度，并举行了受戒仪式，这是西藏最早的出家僧人。在藏文文献中一般称作"七觉士"。继"七觉士"之后有不少具有信仰和智慧之人出家为僧。不久，赤松德赞规定，凡出家为僧者，生活所需皆从国库中支取，并免除差役。因此，"长妃墀洁莫赞及苏赞莫杰等一百人出家……总之，其时有三百人出家"。② 从而使吐蕃社会首次出现了僧人集团，建立了僧伽制度，建立了僧人专修场所，并形成了规模。僧侣集团的出现，使得教法与民法初步分离。自僧人集团形成以来，僧、俗集团及政治、宗教之间所反映的社会现象，则始终成为藏族社会的两大课题。民法则着重于规范俗人社会，而僧人在当时的社会则处于一种特殊的地位而很少受到"民法"的约束。而"教法"则有僧、俗两个守法主体，俗人以"十善法"为主，以"善"来衡量"天理良心"，使佛法成为人们的道德法规。久而久之，在民间形成二法并用的现象。僧侣则是一个比较封闭的社会团体，以不同的修行次第受不同的戒律约束。

当吐蕃法律不断完善、佛法不断普及之际，吐蕃社会的潜在危机也在迅速滋生，渐渐走向衰落。但是，吐蕃的法律文化却一直在藏族社会发展上扮演着重要的角色。

---

① 何周德、索朗旺堆：《桑耶寺简志》，西藏人民出版社 1987 年版，第 5 页。

② 同上书，第 25—27 页。

五 蒙藏法律文化渊源比较

少数民族间的法律文化比较是一个新颖的学术课题。中华各民族共同缔造的中华法律文化自成体系,绵延千年,但大力发展繁荣中国法学研究的今天,对中华各少数民族法律文化的比较研究工作,在整个法学研究的重大领域中则处于较尴尬和困惑的境遇。中原汉族法律传统为主体性和统一性的中国传统法律文化与少数民族法律文化的差异性在哪里?各少数民族间的法律文化又有何种差异?为什么会有这样的差异?这种差异能否进行交流?面临这种差异,中国的现代法治之路该如何走?又如何整合中国本土的法律文化?尤其是蒙藏法律文化比较研究的过程中又怎样把这些民族法律文化的精华部分整合为中国法治建设的重要资源?这都是不可不回答的问题。

纵观蒙藏政治、经济、文化、宗教、习惯等的形成及发展过程,蒙古族传统法律文化的产生比藏族传统法律文化的产生时间较晚。在宗教信仰方面,当初蒙古族的主要信仰为原始宗教——萨满教。《蒙古秘史》记载:苍狼和白鹿是成吉思汗的祖先,他们奉上天之命降生到人间。萨满教主要有自然崇拜和祖先崇拜。成吉思汗信奉萨满教,崇拜"长生天"。直到元朝,萨满教仍在蒙古社会占统治地位。16世纪下半叶,蒙古土默特部阿拉坦汗尊奉藏传佛教格鲁派。此后,在明、清两朝的支持和提倡下,藏传佛教在蒙古地区广为传播,但萨满教仍在东部蒙古地区以祭祀、占卜、治病等贴近生活的形式不同程度地留存了下来。根据现存史料文献分析,我们可以把蒙古族传统法文化的渊源分为原始氏族各部落时期的法律文化和近代法律文化两个源头。蒙古族原始氏族部落时期的法文化渊源主要来自原始宗教的教义、教规、风俗习惯、伦理道德以及禁忌和盟誓习俗;中世纪以后,蒙古传统法律文化受多元文化的影响,从内容到形式部分地吸收了佛教文化、古印度文化、儒家文化等的立法理念和立法模式。尤其是在蒙古汗国的基础上统一全中国、建立元朝之后,实行一国两制的法制措施。在蒙古族内部则实行传统习惯法,就全国而言则继承元之前历代中央王朝的法统,从而丰富和完善了蒙古传统法律文化的体系,形成了以部落首领的号令、大汗的旨意、文告、诏书、敕令、帝师的法旨、教令、《约孙》、成吉思汗的《大札撒》和不同时期制定的法典、区域性法规等构成的繁复而庞杂的蒙古传统法文化体系。

考察藏族政治、经济、文化发展的历史，不难发现藏族传统法律文化不成文法产生的时间相当早，根据现有藏文史料的记载，可以追溯到苯教文化，产生于公元 1 世纪左右；有关成文法的产生则是藏王松赞干布统一吐蕃以后的事。"苯教"是藏族原始文化的一种形态，形成于藏族原始社会末期。在公元 7 世纪佛教传入藏区之前，苯教文化是整个藏区的主流文化。苯教文化的形成和发展经历了漫长的历史过程，在不断吸收和融合周边地区各民族文化的同时，逐渐从封闭的地域文化走向开放的跨界文化，从单一的民族文化演进为多元的复合性文化。最终发展成为集藏人伦理道德、信仰理念、文化艺术等为一体的"天人合一"的藏族原始文化。因此，我们认为藏族法律文化的源头大致形成于公元前 1—公元 2 世纪时的社会转型期。到了公元 6 世纪上半叶，分布在青藏高原的藏族先民经过千百年的辗转迁徙、分化组合，形成大小不等的部落联盟。其中分布在西藏地区的有所谓"四十小邦"，由四十小邦又合并为"十二小邦"。这些小邦终于在公元 7 世纪被藏王松赞干布所兼并而建立吐蕃政权。随着吐蕃政权的建立，因治国平天下的政治诉求，现代意义上的成文法律应运而生。统治者在意识形态方面由"历史衍生"到"由选择得到"，采取抑苯扬佛的手段，将本土文化与"由选择得到"的佛教文化相融合，光大了藏族传统法律文化的外延和内涵。铸造了藏民族共同的文化精神和道德标杆。

藏族传统法律文化的几部原始形态成文法，主要有本土的世俗文化、禁忌文化、伦理道德文化，等等。成文法则多为制度层面的产物，如吐蕃政权建立之后先后制定的《十善法》和《法律二十条》以及《王朝准则之法》、《纯正大世俗十六条及十恶法》、《吐蕃基础三十六制》、《狩猎伤人赔偿律》、《盗窃追偿律》、《唆犬伤人赔偿律》、《十五法典》、《十六法典》、《十三法典》、《六六大计法》、《度量衡标准法》、《伦常道德法》、《敬强扶弱法》、《判决势力者的法律》、《内库家法》、《行动军事的管理制度》、《大臣等官员的权利义务地位制度》、《农牧管理法律制度》等，同时在文化融合的过程中，集秦汉以降、截至隋唐古往法典之大成，制定法律，整合社会。

总之，蒙藏传统法律文化的产生时间有异，渊源相仿。有草原文化、畜牧业文化在传统法律文化中的植入是其共同特点。蒙藏传统法律文化产生与完善的时代虽然不同，但异时同功的政治背景是相同的。蒙藏传统法律文化不仅是民族本土世俗文化、原始宗教文化的滥觞，也是吸收融合佛教文化、儒家文化、中原法文化等诸多文化元素而形成的民族传统习惯法体系，是中华法系的有机组成部分。

第三章

蒙藏早期法律文化的基本框架

一　蒙古法文化的基本框架

"在蒙古高原这块诸多草原部落出没活动的广阔地域，有匈奴、柔然、突厥等，都建立过强盛的奴隶制国家，但他们消亡后，取而代之又循环往复过去的历史。这种循环往复，直到成吉思汗（1206 年）统一蒙古才宣告结束。在这期间，各部族之间相互影响、渗透、学习、借鉴是不可避免的。无论已经消亡的匈奴、柔然、突厥或其他部族，他们与蒙古族的文化及法律制度有着惊人的相似之处。《史记·匈奴列传》中记载：其法，拔刃尺者死，坐盗者没入其家；有罪者小轧，大者死；狱久者不过十日，一国之内，不过数人。"另外，还有"父死，妻其后母；兄弟死，皆娶其妻妻之"的收继制度。① 说明在蒙古族传统习惯法中已有行窃者罚没其财产、重罪者断肢乃至死刑的处罚。同时，在民事法律规范方面出现了父死，妻其后母；兄弟死，皆娶其妻妻之的填房制度。

根据《约孙》、《成吉思汗大札撒》的内容比照，我们可以归纳总结出蒙古族早期法律文化的特点。

---

① 奇格：《古代蒙古法制史》，辽宁人民出版社 1999 年版，第 21—22 页。

(一)《约孙》时期

1.《约孙》的主要内容

(1) 氏族长老别乞制（族长继承制，相当于藏族的"甘讼制"——三老制）

别乞，有长老、族长、僧正、大祭司之意，主要授予氏族中的长子支。别乞在氏族内部位高权重，在乘骑、衣着、座次等方面有别于其他氏族成员。

(2) 氏族首领选举制到汗位继承世袭制

氏族首领，蒙古语称作"汗"，由氏族成员全体会议选举产生。随着氏族内部阶级的分化和私有制的不断发展，家族势力逐渐增强，进而使氏族首领的选举制逐渐演变为世袭制。

(3) 祖先祭祀制

为不断增强氏族成员及氏族血亲关系之间的凝聚力，要求氏族成员定期祭祀祖先。极力排斥非氏族成员参加。

(4) 氏族成员会议制

凡氏族内部的重大事项，要召开全体氏族成员参加的共同会议决定。公元 12 世纪初，当蒙古社会进入阶级社会以后，由氏族全体成员参加的会议制度，演变为氏族部落首领或贵族会议。

(5) 氏族血亲复仇制

蒙古人把血亲复仇当作一种世代相传的义务，复仇所针对的不一定是当事者，但只限于其亲属或子孙。

(6) 婚姻制度

①族外婚制。古代蒙古人在同一氏族内部不准通婚，血缘必须清楚纯正。女子必须嫁给外族，男子须从外族娶妻。

②赘婚制。在外婚制中，有女婿上门入赘的婚俗。还存在有一种抢婚的原始婚姻形态。

③过房婚。在外婚制中，还有收继婚习俗。在家庭婚姻中，父死，其子除生身母亲外，可纳父亲之妻妾为妻；兄弟死后，可纳嫂子或弟媳为妻。

（7）家庭财产继承制

按照古代蒙古《约孙》，认为幼子是守护家庭炉灶的主人。因此，由幼子继承父亲的帐幕、屯营地等。即使是妾生子，亦享有相当的财产继承权。

（8）生产狩猎制度

①蒙古族具有悠久的历史，是勤劳朴实、英勇善战的马背民族，马对蒙古族来讲，不仅是重要的生产资料和交通工具，也是体现战斗力和军事实力的利器。因此，蒙古人非常珍惜和爱护马匹。平时严禁打马的头面（与藏族同），生产或战斗间隙要善待马匹，精心饲养。保护牲畜尤其是马匹。

②草原是蒙古族赖以生存的生产资料，因此保护牧场是传统法文化的重要内容。严禁破坏草场，防止草原荒火和人为纵火。

③狩猎作为畜牧业经济的一种补充，对维持牧民的基本生活显得比较重要，但为了保持物种的平衡，古代蒙古习惯法规定了围猎的季节。"从初冬头场大雪开始，至来春牧草泛青时，是蒙古人的围猎季节。"① 为在灾年作游牧生活的补充，注重保护野生动物。

（9）生产生活禁忌制等

古代蒙古习惯法有各种生活禁忌，各种禁忌的产生都有其社会生产生活缘由。比如，禁止人们向水中和灰烬上溺尿一条，草原上水资源本来很缺乏，向水中溺尿，污染水源；宰食牲畜不许砍头，必须缚其四肢破胸，入手握其心脏（其实是挑破脊背动脉血管）而宰食，是为了节约食物资源，不浪费血液营养；禁止洗濯、洗破穿着的衣裳，以及禁止人们徒手汲水，规定必须用某种器皿，主要是为了节约水资源；禁止跨火、跨桌、跨碟以及盛食物的各种器皿，禁止污秽圣洁的火及各种生活器皿等。②

蒙古族社会在进入阶级社会之前就已有了忽里勒台制度（氏族成员的全体会议）、祖先祭祀制度、血亲复仇制度、长老别乞制度、氏族成员婚姻制度，等等。

---

① 奇格：《古代蒙古法制史》，辽宁人民出版社 1999 年版，第 24—26 页。

② 同上。

（10）蒙古社会地广人稀，最忌偷盗和抢劫，因此对偷盗抢劫打击最严[①]

《约孙》时期蒙古社会的法律约束，因其游牧生产经济，形成了独具特点的古代蒙古社会政治制度。它经历了由家庭到氏族，由氏族到部落联盟，再到早期奴隶主制国家的历史过程。

蒙古人的个体家庭在游牧生产活动中是以"阿寅勒"的形式出现的。"阿寅勒"在游牧生活中不能抗拒和躲避大的自然灾害以及人为的战乱。为了生存，他们共同生活在自己的亲族聚落中互相支援和帮助，这种聚落叫作"氏族"。

氏族，有自己的首领，有约定俗成的氏族制度，蒙古语称之为"约孙"，氏族成员必须遵守，违反了要受惩罚。由此构成了蒙古社会制度的基石。

由个体家庭组成的氏族部落，为有效地躲避战乱，保护自己的生命财产，常采用"古列延"形式游牧。古列延，蒙古语，汉译为"圈子"的意思。

为了求取生存、发展，有血亲关系的氏族联合起来结成部落联盟，这样就形成了联盟制度。其主要任务是共同维护自己的牧地和猎场，共同迁移游牧和躲避战乱或抗击敌人。在联盟内部，联盟首领要领导亲族集团各氏族头领决定政治、军事等重大事宜，处理生产、生活中发生的诉讼，依照"约孙"决断是非曲直。这种联盟因是亲族集体联盟，叫作血亲联盟。随着蒙古社会的发展，私有财产和阶级的出现，血亲关系逐渐被地缘关系所取代，于是出现了以地缘关系组成的部落联盟。[②]

2. 《约孙》时期的法律思想

《约孙》时期，蒙古社会还处于氏族部落社会的历史阶段，表现在法律文化的层面上，则具有明显的血亲复仇思想和部落意识。又由于蒙古地区社会、生产类型及自然资源、地理环境等诸多因素，《约孙》具有维护畜牧业生产、生活正常运行的法律思想。明文规定保护草场、保护马匹、严打偷盗和抢劫、提倡节约食物资源、节约用水、防治疾病等内容。

---

① 奇格：《古代蒙古法制史》，辽宁人民出版社 1999 年版，第 1—3 页。

② 同上书，第 16—18 页。

（二）《大札撒》时期

《札撒》是成吉思汗在 1206 年即大汗位前后所"颁"的，类似中原王朝历代皇帝的诏、赦等训诫；它具有法令的性质，是统一的蒙古皇朝及各汗国共同遵行的，也称《大札撒》。它也是以后的蒙古族统治者建立蒙古王朝时的立法基础。《札撒》的内容大半都是《格言》中的事项，有些则仅规定如何处罚而已。在 36 条中，有关刑事犯罪的规定最多，共 14 条。例如：对于通奸者，不论奸夫有无妻室，均处以死刑。对犯鸡奸者，也处死刑。对故作妄语或施用巫术侦知他人行状，或于二人相斗时介入而协助一方者，均处死刑。又如对从事商业而三次破产者处死刑。当时，成吉思汗亟欲"革旧立新"，于是便以法律来保障新制度的健康发展。例如第三条以法令的威力革除巫者骗人魔法。此外，也有一些维持并保护蒙古民族的优良习惯的规定。如第十三条款规定，骑马人经过正在吃饭人身旁时必须下马；正在吃饭的人不得拒绝过路人提出的进餐要求（第十三条第二款）；以及出征作战时相互帮助（第十八条），即妇女亦应准备接替其阵亡丈夫的出征义务（第十九条），等等。但《札撒》规定的最重要条款还是直接维护成吉思汗为首的统治集团的权威及地位的规定。如成吉思汗"禁止太守等与国王以外的任何人发生关系"（第二十七条），"未得（成吉思汗的）许可而变更他所任命的职务"（第二十八条），"命令设置常设驿站，以便苏丹（即算端）迅速得知国内各种事件"（第二十九条）。此外，《札撒》规定成吉思汗的使臣执行命令时高于"埃米尔"的地位（第二十三条）。

《札撒》也和《格言》一样，充满着热爱本民族的情感。如《格言》中有："教诫子弟，勿使忘本，不可使其但知鲜衣美食，乘骏马、拥娇姬，则将忘我等开国之劳。"其他如戒嗜酒、法令，"必三人谓而后可"等。又如成吉思汗要求其后继人临上阵前，必须亲自检阅军队并检查其装备（第二十一条），在作战中必须互相帮助（第九条），这些都是维护蒙古汗国的重要立法。最后，《札撒》第二十六条规定："汗命其［次］子察合台监督《札撒》之实施。"然当太祖逝后，不久察合台亦死去，于是

《札撒》便逐渐失去了后盾，终于在 13 世纪末渐渐被人们所遗忘。①

成吉思汗在首颁大札撒之前，他已建立了一个德法结合、长幼有序、任人唯贤、以富济贫、诚信和谐的理想社会。他曾说："凡是一个民族，子不遵父教、弟不聆兄言、夫不信妻贞、妻不顺夫意、公公不赞许儿媳、儿媳不敬重公公、长者不保护幼者、幼者不接受长者的教训、大人物信用奴仆而疏远周围亲信以外的人，富有者不救济国内人民，轻视约孙和雅撒，不通情达理，以致成为国者之敌。这样的民族，窃贼、撒谎者、敌人和各种骗子将遮住他们营地上的太阳，这也就是说，他们将遭到抢劫，他们的马和马群得不到安宁。"《大札撒》是成吉思汗在建国方略、消灭敌人、擢升部属等的措施，也是他对事对物的领悟和才智的结晶，他依据自己的想法给每个场合制定一条法令，给每个情况制定一条律文，对每种罪行制定一条刑罚。

《大札撒》时期蒙古社会的畜牧业经济已经进入传统畜牧业阶段。蒙古各部的草原牧地，通过成吉思汗的恩赏已有了明确的界限，皇室成员和建国功臣都分得了领地和百姓；畜牧业生产和畜群管理已经形成了一整套系统的生产技术；对生产国家有成文法制约，有明确政策规定和生产技术要求。如窝阔台汗时，为了发展畜牧业，于 1229 年制定了赋税法，其中规定，蒙古族中有牛马羊百者，可抽一；每一群羊中抽一只两岁羯羊作为汤羊；每千户须出骒马、马夫和挤奶人，备诸王那颜聚会时用。

《大札撒》时期的制度与法规。

1. 行政法令

制度与法规的内容包括传统习惯法和部落会议（或家族会议）的决定。另外，根据札撒的精神，维持社会治安与秩序是行政的总目标。蒙古诸部落一归降成吉思汗，汗即恶其某些恶习，如盗窃、通奸等，并决心予以革除，俾能以秩序与正义修治国家，使各种商旅在各城市与大道上通行无阻。他要为他们提供安全与安乐，使他们头戴金饰，就像人们通常头顶瓷瓶一样，遍历境内无虞。

---

① ［俄］维尔纳德斯基：《蒙古史研究参考资料》，内蒙古大学蒙古史研究室，1981 年，第 1—13 页。

遵循这一目标，沿皇家驿道上设立驿站就成为政府的一项主要任务。每两万居民即须供应一个驿站，每个驿站须为行人供应驿马饲料和饮食。规定对每个驿站一年进行一次检查。汗的使臣与使者免费使用驿站。但禁止旅客方面的过分要求。

2. 军事法规

（1）成吉思汗在统一蒙古的斗争中，为提高军队的战斗力而严明军纪，于1202年首次颁布《札撒》。号令诸军"若战胜时，不许贪财，既定之后均分，若军马退却，至原排阵处，再要返回力战；若至原排阵处，不返回者斩"。

（2）"出军不得妄杀，刑狱唯重罪处死，其余杂犯量情笞决"。

（3）义务服役法令：成吉思汗的帝国建立在普遍义务服役的原则上，人人都有其应负责的专职，不得离去。豁免役税——某些结构和与之有关的团体被豁免役税，其原因一部分是出自宗教动机（如对教会），部分则由于考虑到被免役者的实用价值（如医生、专家、工匠）。

（4）兵役制度：军户、蒙古、色目人每丁起一军，汉人有田四顷，人三丁者签一军；年十五以上成丁，六十破老，站户与军民同；民匠限地一顷，僧道无益于国、有损于民者悉行禁止。

（5）军事法令：内容包括军事训练及所用器械，军队编制，服役法则。应招兵员须自备装备和器具，缺者处以刑、罚，男子不到由妻子顶替。军纪须严格执行，高级将领必须毫无保留地执行汗通过职位卑下的使臣传达给他的任何命令。禁止从一个部队转移到另一个部队。

3. 怯薛制（护卫军）

成吉思汗建国后，把原来建立的八十宿卫、七十散班的护卫军扩充为一万名，分一千宿卫、八千散班、一千箭筒士，被称为"中央万户"，负责对成吉思汗的及其营帐（行宫）的保卫和勤务保障工作。护卫军兵源主要来自各级那颜及"白身人"的子弟，部分自由民的子弟也可入选。千户、百户等可按不同等级带不同数目的随从入卫。护卫军地位崇高并享有特权，成吉思汗的护卫军的地位高于在外的百户长，其护卫高于地位十户长。在外的千户长和成吉思汗的护卫互相斗殴，罪罚千户长。护卫军是成吉思汗身旁的常备军，它是成吉思汗维系和制约在外的诸王、那颜、千户长的强大支柱，是大蒙古国的核心军事力量。

4. 千户制

成吉思汗建国后，打乱了原有的部落组织，按地域划分了万户，万户以下分千户（左、右千户）、百户、十户。成吉思汗在其直接统治的地区划分了95个千户，委任了95个千户长。千户制是军政合一的组织，它的户数是以临战时能够提供千名战士为条件组织起来的。

5. 分封制

成吉思汗建国初期，给其母亲、弟弟、子侄们分封了领地和百姓，并可以世袭，有相对的独立性。

成吉思汗进行分封制的目的，是为了维护和巩固黄金家族内部的团结与和睦，但成吉思汗去世以后，子孙内部发生矛盾和冲突，到头来西部诸王的兀鲁思逐渐走向独立化，最终形成了伊儿汗国、金帐汗国、察合台汗国和窝阔台汗国。诸汗国均采用适于本地的统治制度。

6. 断事官审判制度

成吉思汗建国初期，在司法行政上建立了断事官审判制。主持司法的官员称断事官，指执行和管理词讼的人。断事官的主要职责，一是惩戒、科断全国盗贼诈伪之事和百姓们分家财之事及掌管分封事宜；二是听断词讼；三是惩治盗贼、追查造谣者；四是书写收录青册，造档留存。断事审判制对蒙古社会影响深远。①

7. 财税类

财政管理与苛税：蒙古的全体国民每年必须以他们的牛羊、财宝、马匹、乳类，甚至毛织衣物等礼品来捐助他们的诸王。苛税既有实物也有货币。除苛税外，还强迫居民义务劳动，军队在远征归来要为皇帝做些劳工。蒙古岁入的一个重要来源是可以预期的战利品。

在各地区及其居民受蒙古人统治后，进行了一次户口调查，按十人、百人、千人的分组来规定军队的给养，使居民担负驿站的供应和苛税，征收牛马及饲料、税金等。入伍将士须自备马匹、武器及口粮。战时靠掠取敌人的粮食、饲料供应和战利品来养活自己。

---

① ［俄］维尔纳德斯基：《蒙古史研究参考资料》，内蒙古大学蒙古史研究室，1981年，第1—13页。

8. 刑罚类

刑罚的宗旨是维护国家和社会的治安与秩序，主张互爱、不犯奸淫、不盗窃、不作伪证、不作叛徒、尊敬老者和贫苦人，犯者处死。

（1）违反宗教、道德和惯例：干预任何教派的自由，在法庭或报告中说谎，违犯仪节，污染水及灰烬等；违反惯例宰杀牲畜；通奸、鸡奸。

（2）违反汗和国家：违反义务服役法，尤其是高级将领对汗的违反可以视为这一类犯罪的典型。防止任何人逃避服公役，严禁文武官吏、各省长官之类的官吏滥用职权。

（3）侵犯私人的生命和利益：干涉别人的奴隶或俘虏，盗窃牛马，欺诈性破产等。

9. 刑罚类别

根据札撒的内容，刑罚明显的任务是消灭犯罪者的肉体。死刑在通篇法典中占有重要地位。对犯人的处罚不是酷刑，就是科以罚金。在处罚中不仅犯者本人受罚，有时其妻子儿女也得连坐。

（1）几乎对所有犯罪都规定处死刑。死刑一般适用于对大多数违反宗教、道德或惯例的犯罪；大多数触犯汗与国家的犯罪；某些侵犯财产的犯罪；盗窃马匹而不能付罚金者。

（2）汗的宗族违反札撒者处以监禁或流放，各部队将领不能胜任者予以降级处分。

（3）士兵和猎人若有违反军纪者受笞杖。

（4）谋杀犯应受罚款处分；盗窃马匹的犯罪，既要罪犯退回马匹，又要科罚实物。否则处死刑。

10. 私法类

（1）婚姻家庭：札撒的亲属法规定："男子可卖妻，但不得与一二等亲的女子结婚，……容许一夫多妻和任意使用女奴；家长死后其诸妻的命运由其子酌情处理，除生母外，子可以娶其父之寡妾，或使她们外嫁，使得'月孙'中的填房制更加合法化；男人财产的管理属于女人，她们可随意买卖。"成吉思汗令"为妻者负责齐家"。男子则专事射猎和战争，而不劳神于其他任何事务；女奴所生子女与诸妻所生子女同样是合法的，但在诸妻的子女中，第一夫人的子女则尤为受其夫重视。

（2）财产继承：家长死后，其财产分于诸子，长子所得份额相应多于其他子女；幼子得其父住宅（如牧民则得其帐篷及一切附属物，包括牛羊），诸子的地位则视其生母的家庭地位。诸妾所生子女也是其父财产的合法继承人，但须得生父的遗嘱。

汗不干涉臣民的财产继承问题，不得把无继承人死者的东西拿予国王，其所有应给予为他服务的人。

11. 审判与诉讼程序

由各部族族长、宗教团体、贸易协会、地方社团及地方长官来组成法庭与审判组织。

对汗的族人的审判，交由最高法庭审理，其族人破坏法律可受族长惩戒两次，倘第三次犯法，则流放远方。仍不悔改者，则下狱直至悔改。仍不悔改，则由族务会议决定生死。

要是诉讼有效则须有三个证人。

12. 对罪犯的惩罚

（1）杖笞：杖笞分三下、七上、三十七下。其中又分"拳打"、"条子打"和"鞭打"。拳打可能是杖笞中最轻的处罚，而在拳打中，有一种"拳其耳"的刑罚，可能是拳打中最重的。

（2）斥罢：斥罢即因其犯罪或不称职，降级或免职。

（3）籍其家：即没收罪犯的全部家财和人口，把其家室变为奴仆。

（4）罚畜：即罚牲畜顶罪。

（5）流放：一般把罪犯流放到边远荒凉的巴儿忽真地界。

（6）处死：处死罪犯，方法不同，有一种"木镞射"杀即用箭射杀，有刀斩，有不流血的全尸赐死，还有一种"连坐斩"。

成吉思汗及其子孙志在把大蒙古国建成世界帝国，《大札撒》时期是蒙古统治者的军事扩张时期，在临战状态下，对违犯札撒，不听军令，对大汗和主子叛逆和不忠，对临战时畏缩不前、半路脱逃，以及偷盗军马等处以严刑，是战争形势所必需，否则将不能取得对外军事扩张的胜利。

到元世祖忽必烈时，强调僧俗人众，均需遵行教规。若佛教徒犯戒，凡伤他人性命、贪色淫秽、背弃师者、损坏庙宇、嗜酒、言谎、谣言谤毁政教两道，即开除教籍，令其还俗，固缚其双臂，以炭涂面，头插黑幡，黑剑牵之，金棒戳后脑，逆转庙宇三匝，发配远方。又，说谎者，割舌；盗窃者挖眼；触犯刑律者，处死。说明此时惩治犯罪的刑罚类型已有"以炭涂面，头插黑幡，黑剑牵之，金棒戳后脑，逆转庙宇三匝"之黥刑或羞辱刑、"发配远方"之流刑和割舌、挖眼之肉刑及至死刑。

《大札撒》的主要特点有：

（1）具有教育为主、惩罚为辅的特点。严刑辅以重赏，奴仆立功可以变为自由民，战士可以分得财产和奴婢，长官可以晋级，骑好马、拥美姬，过上更为自在的生活。

（2）具有诸法合体的特点。法典内容上兼容并蓄，它既包容了古代蒙古的约孙，又根据大蒙古国军事扩张的需要制定了诸多法令；它善于学习其他民族的经验，提倡经商，尊重各国各族的贤哲和各种宗教；它广招贤才为帝国服务，显示了蒙古民族的博大胸怀和可贵的开放性格。

（3）继承了蒙古族游牧业经济的古代传统，以法保护草场、禁止施放草原荒火和坑镬草地；以法保护野生动物，围猎要在规定季节进行，解围时放走母畜和仔，不做灭绝性的打击围捕，事实上是注意草原生态平衡。

（4）以训言、说教形式对皇室成员、宫廷大臣和军队统将进行教育，教育他们如何严格遵循《札撒》，违者要惩罚。

成吉思汗《大札撒》是一部保护蒙古奴隶主贵族阶级利益的民族法典。它的颁行，表明了蒙古社会文化的成熟。《大札撒》是建立在蒙古社会游牧经济基础之上的，因而它有着突出的游牧经济特点。又因为它是在成吉思汗对外进行军事扩张时期补充、修改、完成的，故其刑法以"严峻"著称于世。它的颁行，对维护新建的蒙古帝国社会制度、巩固政权、加强军队建设、安定社会秩序、统一步调，使成吉思汗及其继承者取得对外侵略的军事胜利起到了极为重要的作用。

成吉思汗《大札撒》是蒙古历史上的第一部成文法典，虽然在法律体系上并不完善，但对后世蒙古社会的政治、军事、法规、律令和人们在生产、生活中的道德规范都产生了极其深远的影响。

总之，成吉思汗《札撒》的特点集中表现在两个方面，一是至高无上的汗权，二是对人民镇压的残酷。《札撒》又是对习惯法的一种补充，默认了习惯法的原则，避免与习惯法的抵触。①

《札撒》在成吉思汗的心目中，是建立一个基于早期部落的新法律体系。该体系实际上是两种观念的混合物，即国家观念和传统的作为部落首领的观念之结合。

二　吐蕃法文化的基本框架

吐蕃时期的法律文献存世甚少，目前我们能够见到的是选自《敦煌古藏文写卷》P. T1071 号、P. T1073 号和 P. T1075 号三份重要的吐蕃时期的律例文献，其名称分别是：《狩猎伤人赔偿律》、《盗窃追赔律》和《纵犬伤人赔偿律》，故简称为吐蕃"三律"。由于历史的原因，许多资料佚失，长期以来对藏族地方法制史的研究难以深入。吐蕃"三律"的发现，为研究吐蕃时期的法律文化提供了一份非常有价值的历史资料。除了吐蕃"三律"之外，我们还根据后世作者的历史著作如《贤者喜宴》等进行考据和印证，梳理、勾勒出吐蕃时期法律文化的基本轮廓。

据有关文献记载，公元 629 年，吐蕃松赞干布即位执政后，即制定《法律二十条》，首开吐蕃成文立法之先河。在他的晚年及芒松芒赞执政初期，吐蕃进入了成文立法的高潮期。史料记载："及至兔年（唐高宗永徽六年，乙卯，公元 655 年）赞普芒松芒赞（650—676 年在位）居于美尔盖，大论东赞于'高尔地'写订法律条文。"②吐蕃"三律"很可能是这一时期的产物。

法律是阶级统治的重要工具，吐蕃法律制度的建构与完善始于松赞干布。据《贤者喜宴》的记载，当时制定了《六类大法律》，即《王廷、衙署职官安置之法》、《十万金顶具鹿之法》、《王朝准则之法》、《据两造申诉判决之法》、《总法》、《内府管理之法》。到芒松芒赞时，他在前人的基础上，对原有法律进行了补充、修订，编纂了法典，使吐蕃法律在这一时期得到了完善与发展；到赤松德赞时期，吐蕃法律的架构基本形成。

---

① ［俄］维尔纳德斯基：《蒙古史研究参考资料》，内蒙古大学蒙古史研究室，1981 年，第 1—13 页。

② 王尧辑：《敦煌古藏文历史文书》，青海民族学院印，1979 年，第 2 页。

（一）行政法律规范

1. 行政机构的分类

根据《王廷、衙署职官安置之法》，吐蕃政权的行政机构可依据活动的地域范围分为中央行政机构与地方行政机构。

（1）中央行政机构与官职

吐蕃的中央行政机构由三大系统组成，即贡论系统，是吐蕃政权机构中最为重要的组成部分，其职责为议政、判事、主兵等；囊论（内相）系统，它也是吐蕃政权机构中最为重要的组成部分之一，负责处理财政、税收、统计、民事、赞普的饮食起居、王宫的安全保卫等；喻寒波系统，是吐蕃行政机构中的一个重要组成部分，为执掌司法事务的职官系统。

围绕这三个系统，吐蕃政权所设置的官职及职权范围分别如下。

①贡论系统

大相：是吐蕃政权中央机关中最重要的官职，拥有诸多方面的权力。其中制定法律、法令是其一个重要的职责。

僧相：负责佛教（宗教）事务，同时参与国家军政大事，是政权机关的核心及决策性人物。

天下兵马都元帅：为吐蕃武官中的最高职务，由贡论一级的官员担任。

天下兵马副元帅，也由贡论一级担任。

②囊论（内相）系统

悉南吡波：主要负责赞普的饮食起居和王室宫廷的安全。

岸本嗑苏户属：主要负责国家财政度支及粮食、金银、官员的俸禄等。

资悉波折逋：负责管理财政收支及账务。

吡论（外相）：负责国家外部事务。

噶禁论：负责发布诏令、传达圣旨等。

协杰波折逋：负责司法事务。

（2）地方行政机构与官职

吐蕃地方行政机构由"茹"（军营）和"东岱"（千户）两级构成。

实行军事、行政、生产为一体的地方行政机构。吐蕃全境划分为五个茹，即"伍茹"、"腰茹"、"叶茹"和"茹拉"、"苏毗茹"。

"茹本"是茹中的最高首领，负责茹内的一切军事、行政和司法事务。

茹有各自的管辖区域，以不同颜色的马匹和固定色彩的旗帜作为茹的标志。

茹之下辖有东岱，意为千户。每茹有八个东岱、一个小东岱和一个近卫东岱，总为十个东岱。吐蕃原先有四个茹，各有十个东岱，共为40个东岱。再加上羊同上部，即吐蕃、突厥毗连之境五个东岱；羊同下部，即吐蕃苏毗毗连之境五个东岱，合为五十个东岱。再加上苏毗被征服之后，在苏毗原地设十个东岱，外加一包括汉户在内的通颊东岱，总数为61个东岱。

东岱的官吏有"东本"即千户长，是东岱中的最高首领，每一东岱一般设有三个千户长。

（3）军事占领区的行政机构与官职

在吐蕃社会政治、经济、文化不断发展的同时，军事扩张也逐渐升级，并在其军事占领区设置一些相关的行政机构，配置各类相应的官职。如"通颊"（瞭望——哨官）、"茹本"（军营长官）等。①

2. 等级标志

（1）十二告身

吐蕃社会区别官吏级别的依据是官吏本人"告身"（自身价值）标志的等次。"告身"分为三等、六阶、十二级：

分大玉告身、小玉告身；大金告身、小金告身；颇罗弥（金间银）告身；大银告身、小银告身；大铜（青铜）告身、小铜告身；铁告身；灰白色硬木并画有水纹的文字告身。②

（2）命价标准

大论、囊论、赞普舅氏（皇亲国戚）、大论助理因狩猎被射中：

---

① 阿旺：《吐蕃法律综述》，《中国西藏》1989年第2期。

② 王尧、陈践：《敦煌〈吐蕃法制文献〉译释》，《甘肃民族研究（增刊）》1983年第3期。

死——银一万两；伤——银五千两。

喻石告身尚论等被射中：

死——银六千两；伤——银三千两。

金字告身尚论等被射中：

死——银五千两；伤——银二千五百两。

（3）奖励与处罚

蕃人尚武，俗重战死，蔑视懦夫，褒贬有差。

勇士——草豹与虎皮（炫耀）

懦夫——挂狐皮狐尾（羞辱）

显贵——佛法（赞颂）

贱民——纺织工、苯教徒（贬低、抑苯扬佛）

贤者——告身（重知识、重德行）

歹徒——贼盗（触刑律)[①]

（二）刑事法律规范

1. 维护赞普（王权）的规范

在吐蕃，赞普独揽国家的政治、经济、军事、司法等一切权力于一身，居于至高无上的统治地位。因而任何违反赞普意志或对其不忠的行为都是不可饶恕的罪行，要受到法律的制裁。

2. 维护奴隶主阶级利益的规范

吐蕃刑法把惩治盗贼作为其重要内容之一。《盗窃追赔律》规定："赞蒙、夫人、小姐、女主人之财物和尚论以下，百姓以上之财物被盗，对行窃者惩治之法为戴上'小枷'和颈枷，刑官于其上盖印加封，责以大板，罚劳役修城堡一个月，劳役未满死去，由其长兄（长子）戴上颈枷代服劳役一个月。"又据《五部遗教》记载："偷王（财物）者偿百倍，偷寺庙（财物）者偿八十倍；偷平民（财物）者偿九倍。"

在刚刚步入封建奴隶制初期阶段的吐蕃社会，原始公有制的残余仍然

---

① 吴剑平：《"吐蕃三律"试析》，《中国藏学》1990 年第 3 期。

存在。若猎人在打猎时将猎物全部拿走，也要受到刑事处罚。如《狩猎伤人赔偿律》规定："猎人如拿走全部猎物，在城堡中禁闭一年。"

用严刑来维护吐蕃奴隶制社会的秩序是当时施政的主要手段之一。

3. 关于人身安全的规范

在吐蕃社会里，危害人身安全的犯罪，主要有两种情况，一种是故意伤害，另一种是过失行为。如《纵犬伤人赔偿律》规定："尚论波罗密告身以上者本人，及与其命价相同者之人，被大藏以下，平民以上之人放狗咬死，或放狗惊骇骑于牦牛等之上人坠地死亡，对放狗者之惩罚不论何种方式致死，为尚论善后事，须惩治放狗者之罪孽，将其成年以上之男子杀绝，成年以上女子逐出，财产、牲畜全部赔与死者尚论一方。"又如《狩猎伤人赔偿律》中规定："大尚论本人和与之命价相同的人，被大藏以下，平民百姓以上之人因狩猎等射中，中箭人无论身亡与否，放箭人起誓非因挟仇有意射杀，可由证人十二名连同事主共十三人共同起誓，如情况属实，其处罚与《对仇敌之律例》同。查明实情，将伤人者及其子孙一并杀之，以绝其嗣，全部奴户、库物、牲畜归受害人和告发人平分。"（鼓励检举揭发）

4. 刑法中的各项原则

（1）刑事责任的年龄

所谓刑事责任年龄，即法律规定一个社会人对自己的行为应当承担刑事责任的年龄界限。根据文献记载，吐蕃时期似有关于刑事责任年龄的规定，但没有具体的款项。如敦煌古藏文《礼仪问答卷》第19问中反映："人若犯罪，惩处上有别否？答：有别，年轻时所犯之罪不应记恨于心；思想成熟之人犯罪，证据确凿，应该记数。"又如《纵犬伤人赔偿律》规定："不论何种方式致死，为尚论善后事，须惩治放犬者之罪孽；将其成年以上之男子杀绝，成年以上之女子放逐。"

从上面两段记载可以看出，吐蕃法律把成年与否、思想成熟与否，作为是否承担刑事责任的年龄标准。

（2）故意与过失犯罪

故意与过失是犯罪主体对于他人所实施的危害行为及其危害结果所抱的心理状态，是构成犯罪的主观因素。吐蕃法律中已把故意和过失作了区分，并将其作为量刑的主要依据。如《狩猎伤人赔偿律》规定：

"受害人无论身亡与否，放箭人发誓非因挟仇而有意杀害，由担保十二人，连同本人十三人共同起誓，如情况属实，其处置与《对仇敌之律例》同。"

（3）共同犯罪

吐蕃法律中的共同犯罪是指二人以上的犯罪行为，是吐蕃法律重点惩治的对象。对于参加共同犯罪的成员，则按照他们在共同犯罪过程中所起的作用，分别判定刑罚，如《盗窃追赔律》规定："若盗窃价值四两（黄金）以下、三两（黄金）以上之实物，为首者诛，次之驱至近郊，一般偷盗者分别赔偿。"根据犯罪嫌疑人在共同犯罪过程中所起的作用，共同犯罪的成员区分为主犯、从犯、其他参与者三种，并且对这三种人规定了相应的处罚措施。

（4）鼓励自首与举报

在吐蕃法律中没有关于犯罪嫌疑人自首及鼓励举报的相关条文，但在司法实践中却有自首者减免刑罚、举报者予以奖励的具体个案。

（5）株连亲族

刑事责任上的株连制度，是指扩大刑事责任的范围，这种株连无辜的制度，在吐蕃社会中比较盛行。它不仅处罚犯罪嫌疑人，而且把刑法强加在与犯罪嫌疑人仅有某种法定的连带责任关系而本人并无犯罪行为的人身上，如《狩猎伤人赔偿律》中规定："查明实情，被害人系中箭身亡，则将射箭人处死，并绝其后嗣。其所有奴户、库物、牲畜、妻室均由被害人和告发人平分。"

此外，在《纵犬伤人赔偿律》中也有类似的规定。

5. 刑罚体系

吐蕃法律的刑罚是由死刑、肉刑、流刑、挂狐皮（羞辱刑）、没收财产、剥夺告身等组成的一个极其庞杂的体系。

第一，死刑。

死刑是剥夺罪犯生命的刑罚，是刑罚中最严厉的惩罚方式。吐蕃法律中执行死刑的目的，不仅在于严惩罪犯本人，而且能对所有的社会成员起到法律威慑和惩前毖后的作用。

据史料记载，死刑分砍头、碎裂肢体、绞刑、剥皮、绝嗣、活埋等几大类。

（1）砍头、碎裂肢体

《贤者喜宴》记载："为使十善之王法严厉而牢靠，幻化的监狱恐怖可畏，那些行十恶而不反悔者，则被令人畏惧的刽子手逮捕，并将头、四肢及手足砍断剁碎。"

（2）绞刑

《吐蕃简牍综录》记载："淫人妻女，触及刑律大法，元帅及悉掣通（观察使、御史）应将犯人处以'绞刑'。"

（3）活埋

《贤者喜宴》记载："在赤松德赞时期，舅臣玛祥冲巴杰由于反对赞普推行佛法，被投入坟穴中活埋。"有关活埋的记载虽然一鳞半爪，据此可以印证吐蕃法律确有活埋的刑罚。

（4）剥皮

剥皮是一种极其残酷的刑罚。据《贤者喜宴》记载："舌及眼球（灌以）熔化之铜水，还需剥皮。"赤祖德赞时期，僧相阐卡贝云被陷害与王妃有染，被处以剥皮之刑。

（5）绝嗣

绝嗣作为一种刑罚主要是扩大执行死刑的范围。不仅犯罪者本人要被执行死刑，其子孙后代也要受株连被处死。此法在吐蕃时期的司法实践中使用得较为广泛。如《敦煌本吐蕃历史文书》赞普传记六中记载："父王囊日论赞被进毒遇弑而薨逝，王子赤松赞幼年亲政，对进毒为首诸人等断然尽行斩灭，令其绝嗣。"另外在《狩猎伤人赔偿律》、《血亲复仇律》中均有类似的规定。

第二，肉刑。

肉刑是一种将罪犯肢体、肌肤、机能致残的刑法，包括断肢、挖眼、割舌、劓、黥、笞、鞭等。

（1）断肢（包含刖刑）

断肢是将罪犯四肢致残的刑法。《王统世袭明鉴》记载："奸淫者，断其四肢之手足，流放他乡。"《汉藏史记》中记载："热巴巾对出家僧人的敬奉达到了这样的程度，有些人在随便交谈时用手指对僧人指指点点，国王就下命令说：'对我供养的僧人不能这样数'，命令把指点僧人的手指砍掉。"另外在汉文史料《新唐书·吐蕃传》中也有类似的记载："其刑，虽小罪……或刵劓。"

（2）挖眼

据《新唐书·吐蕃传》记载：吐蕃"其刑，虽小罪必抉目"。说明挖眼是吐蕃法律中的一种常用的刑罚。如《贤者喜宴》对当时实施这种刑罚现象的描述："挖出的眼睛堆积如山"。在赤松德赞时期，曾废除过这种酷刑，但到赤祖德赞时又将其恢复。规定："对于僧人不准目瞪手指，若有犯者，则挖其眼，断其指。"

（3）割舌

据《王统世系明鉴》记载："伪言者割其舌"。《汉藏史集》也有"说遭离间者拔去舌头"的记载。

（4）劓刑

劓刑即割去罪犯的鼻子，是吐蕃常用的刑罚之一。据《新唐书·吐蕃传》记载："其刑，虽小罪……或刵劓。"另据《汉藏史集》记载："好淫者割去鼻子"。

（5）黥刑

黥刑主要是用于对战俘、贼盗以及从周边地区掠夺来的奴隶等面部或手臂刺字（或符号）的一种刑法。

（6）笞刑

笞刑即用竹板打犯罪嫌疑人的一种较轻的刑罚。如《围猎放走野兽处置之法》规定："放走野兽，对放跑者之惩罚为：放跑一头公牦牛，笞四十板；放跑一头母牦牛，笞二十板；放跑一头野驴，笞四十板；放跑一头岩羊、盘羊、藏羚羊，笞八板；放跑一头黄羊，笞六板。对猎人夫长和十人首领的惩罚为：立即笞以适当之板数。"

（7）鞭刑

鞭刑在吐蕃刑罚里是种较轻的附加刑。除配合主刑使用外，也可作为一种单一的处罚。据《贤者喜宴》记载："达热路恭厌恶佛法，他将藤鞭甩在地上，说道：'建造神殿一事，此系佛教之事也，我不喜好此事，我本身崇信本（苯）教。'因此，赞普道：'（你）违背了我的御旨，兹将达热路恭驱往北方。'随即两个吐蕃属民用草绳（将达热路恭）捆起，并以带刺的鞭子（疑即荆条）抽打，然后发配北方。"

（8）流刑

流刑是将罪犯流放到蛮荒之地的一种刑罚。如《盗窃追赔律》规定："赞蒙、夫人、小姐、女主人及尚论以下，百姓以上之住房、土屋、牛毛帐篷、库房、地窖及旅客住处诸地，钻入盗贼行窃未遂被抓者，将为首者驱往远方。"此外《敦煌本吐蕃历史文书》大事纪年的记载也证实了吐蕃时期流刑的存在。

第三，其他刑罚。

（1）罚没财产

罚没财产是吐蕃法律中剥夺罪犯私有财产的一种经济处罚。其目的是铲除罪犯继续犯科的物质基础。其中，罚金也是一种经济处罚，是赎刑的一种。在等级森严的吐蕃社会里，罚金的多少则根据被害人的告身（身价）、地位来确定。如"大尚论四种人和与之命价相同者以下，颇罗弥告身者和与命价相同者以上之人，陷于牦牛身下，银告身者和与之命价相同之人以下，铜告身者和与之命价相同之人以上见死不救，因而被牦牛伤害致死，对不救者之惩罚为：罚银五百两给死者一方。罚银五百两以后，由于懦弱行为罚挂狐皮。陷于牦牛身下之人未死，对不救者之惩罚为，给懦夫挂狐皮完事"。

"命价相同者中之一人，陷于牦牛身下，在其身旁见而不救，以至被牦牛伤害致死者，对其见死不救之人罚银三百两，交给死者一方。或因之受伤，对其见牛伤人而不从牦牛身下救人者罚银一百五十两，交与牦牛身下脱身者。"

（2）没收告身

没收"告身"是剥夺受罚人的官阶、身份、地位及经济利益和法律特权的一种处罚。《贤者喜宴》记载："告身本身意味着可以充任哪一级官吏，可以拥有多少奴户、土地、园林，可以享有哪些法律上的特权。因此，没收告身实际上就是剥夺充任官吏的政治地位、奴户、土地、园林及各种法律上的特权。"

（3）劳役惩罚

苦力惩罚是吐蕃刑律中强制罪犯从事繁重苦役的一种处罚，并常与其他酷刑并用。如"对行窃者惩治之法为戴'小拷'，夹颈枷，刑官于其上盖印加封，并责以大板，罚劳役修城堡一月，劳役未满死去者，则由其长兄（长子）戴上颈枷代服劳役一月"。

（4）羞辱惩罚

在崇尚英武的吐蕃民族心理中，对于贪生怕死、行为怯懦之辈，头挂狐皮是一种奇耻大辱，胜过肉体上的折磨。故将羞辱作为一种刑罚来惩治罪犯。《狩猎伤人赔偿律》规定："尚论陷于牦牛身下致死，惩治懦夫为挂狐皮。"汉文史料《新唐书·吐蕃传》的记载也证明了这一点，曰："败懦者垂狐尾首示辱，不得列于人。"

（三）民事法律规范

吐蕃时期的民法并不发达，主要包括婚姻家庭、财产继承及债务等方面的内容。

1. 婚姻家庭

（1）婚姻形式

吐蕃社会的婚姻形式除了一般的聘娶婚、买卖婚外，还有原始婚姻的遗存，如抢夺婚、一夫多妻、一妻多夫制等。抢婚指未征得对方及其亲属的同意，用强夺的手段掠娶女子为妻。史料证明，吐蕃人在其占领区经常以强娶民女的形式来达到婚配目的。由此产生的民事诉讼不断增加，它引起了吐蕃占领区的统治机构的重视，为此召开专门会议并发布文告，取缔这种抢夺民女为婚的现象。敦煌古藏文残卷 P. T1083 号文献的内容即属此类告示的一个个案。其内容如下："亥年春，大论于陇州军帐会议上用印颁发之告牒。兹据唐人一部落使禀称：此前，沙州汉户女子每为吐蕃、孙波（部落）及个别尚论以婚配为名，抄掠而去，多沦为奴婢。凡已属赞普之子民均已向上峰呈报，不得随意抄掠，应加'通颊之子女，不于别部婚配，而允于部落内部婚配'等情。据此，不准无耻之辈持牌前来择配，而容许其自行配偶。"史料还反映出买卖婚姻形式的存在，将女子作为婚姻关系的客体，用财物作为价金购买，或对于债权人以财物折抵换去债务人的妻、妾、女儿为己妻室的行为。在吐蕃社会，人们因无力偿还债务，而被迫将自己的妻室、女儿卖给债权人为妻的事常有发生。

（2）婚配制度

当吐蕃社会进入封建农奴制以后，其婚姻制度已排除族内婚，实行族外婚，这从吐蕃人的姓氏上可得到印证。当时，人们通常习惯在自己的名字前冠以某某氏，如娘氏、末氏、蔡邦氏、农氏等。它表示在一个婚姻集团内存在着不同的氏族成员。藏族认为，相同姓氏，出于同一血缘，同一氏族之后曰"日"（rus—骨血）。同一氏族的成员发展到后来，之间常以"宾"（sbun—兄弟）、"帕毕"（pha-sbun—父辈兄弟）、"莎尼"（sha-nye—血肉相近或亲房）、"哈夭呵"（sha-vog—族之后）等相称。他们之间不能通婚，必须在"宾"以外作为择偶的范围。

在吐蕃的婚姻制度中，非常重视父母的主婚权，父母的同意与否是构成或解除婚姻的先决条件。父母做主构成的婚姻，子女不得擅自改变。

（3）一夫多妻制

一夫多妻是吐蕃社会普遍存在的一种婚姻现象。如赞普、官吏等均可以一妻多妾，并得到法律的认可。如《狩猎伤人赔偿律》中有关条文的规定："金告身尚论本人和有金告身之祖父、父及喻石告身尚论之子侄及叔伯昆仲无告身诸人，及继母、儿媳、妻媵、未婚之妹等，被他人狩猎射中，其赔偿相同。"其中"妾媵"就是一夫多妻制的历史印证。这种婚姻制度，对男子来说使一夫多妻制得到法律认可，而对妇女则强调节守贞操。

（4）填房制

填房制又称转房制，是原始公社群婚制的残余，是吐蕃社会婚姻形态中的一个法律特征。根据敦煌古藏文残卷 P. T1071 卷记载："绝嗣之家，其妻室有父归其父，无父归其兄弟近亲。"说明妻子在丈夫死后，为了更好地抚养丈夫留下的子女，为了给子女留下一份亲情，为了避免家庭财产的分割，为了男方家庭财产免遭损失，或把她作为一种特殊的财产来继承。若仍在生育年龄，可转嫁给死者的同胞兄弟或近亲。这种婚姻制度对男女填房者来说，被认为是一种正当理由和应尽的义务。填房制不仅在吐蕃时期普遍盛行，以后也依然存在。在当今社会里也因种种原因，其残余和幽灵仍在正常婚姻的夹缝中寄生。

2. 血缘关系与法律效力

亲系是指亲属间的血缘关系，其分类已在吐蕃法律中有明确的反映，即直系血亲和旁系血亲、父系和母系、尊亲和卑亲等，且一些法律关系的发生也是依据亲属关系为前提而存在的。如《狩猎伤人赔偿律》规定：

"银告身尚论本人与银告身之祖、父及颇罗弥告身尚论子侄及叔伯昆仲无告身诸人，及继母、儿媳、妾媵、未婚之妹等，被别人因狩猎射中，赔偿相同。"

（1）继承效力

吐蕃时期，官员的选拔、告身的授予以及其他荣誉的获得，都与血缘关系有着密切的联系。血缘关系是继承各种特权和门第的依据。据《吐蕃金石录》记载："论达札路恭之子孙后代，无论何时，地久天长，赐以大银字告身，永作盟书证券，固若雍仲。赞普后世每一代之间，诏令'大公'之子孙中一人充任内府官员家臣以上职司，并可常侍于赞普驻牧之地。"

（2）刑法效力

在吐蕃，不但官吏、有功之臣享有法律上的特权，同时这些特权也荫及他们的亲属。而且官位、告身越高，刑法效力延展的范围就越广，法律赋予的特权也越多。如《狩猎伤人赔偿律》规定："颇罗弥告身尚论本人及与有颇罗弥告身之祖、父及尚论有金字告身者之子侄，及叔伯昆仲无告身诸人，及继母、儿媳、妾媵、未婚之妹等，若被他人因狩猎射中，赔偿相同。"又如《恩兰·达札路恭记功碑》规定："苟'大公'之子孙对赞普陛下不生二心，其他任何过错决不处于死刑，若被依法判处任何刑罚时，亦予以原科处减轻一等而加以保护。"

3. 继承规范

继承制度产生于私有制社会，吐蕃社会也是如此。但由于吐蕃所实行的法律具有诸法合体的特征，其继承规范也就不能形成一个独立的部门法规。因而只能从其他法律条文中找到一些有关继承方面的约定俗成的先例。如《狩猎伤人赔偿律》中规定："另一半奴户、牲畜留给其子女、妻室。如无子则其父，无父，其奴户之半，不能予其兄弟近亲。妇人与牲畜之半则予其亲近兄弟。"

（1）继承范围

依据吐蕃法律，子女、妻室、父母、兄弟、近亲都属于继承人的范围。

子女是父母最亲近的晚辈直系血亲，他们和父母之间存在着密切的经济联系。未成年之时一般依附于父母，受父母养育，成年后承担赡养父母的责任，所以他们之间的关系最密切。吐蕃法律明确规定了子女是父母遗产的法定继承人。

妻室可以继承死去丈夫遗留下的遗产，这种继承权是婚姻效力的一种具体表现。生者和死者之间的配偶关系，是继承权发生的根据。

父母是子女最近的直系尊亲，他们在家庭中共同生活，并承担对子女的抚养、教育等义务。因而他们也有继承子女遗产的权力。

兄弟近亲之间，是（直）旁系血亲中最近的亲属关系，他们共同生活，关系密切，有时成年的兄长还得承担未成年弟妹的抚养责任，成年弟妹有时也承担抚养因病、因伤而丧失劳动力的兄姐。因而吐蕃法律将兄弟近亲列入法定继承人的范围。

（2）继承顺序

被继承人死亡后，继承便开始。吐蕃法律对继承顺序规定为：子女、妻室，其次才是父母，最后是兄弟近亲。妻室既有继承丈夫遗产的权利，也负有转房的义务。如拒绝转房，其继承遗产的权力也随之被剥夺。

（3）继承内容

在吐蕃法律中，继承的范围不仅限于财产、王位、告身、官职，相应的特权也可以继承。

①王位继承：在吐蕃社会，包括王权在内均被视为赞普的私产。赞普死后，除了父死子继外，还可以在兄弟间互相继承。如赤德松赞以弟的身份继承牟尼赞普的王位；朗达玛以兄的身份继承赤祖德赞的王位。

②官职继承：吐蕃实行世袭制度，一人享受俸禄，除本人终身受益外，还荫及亲属。享受俸禄者死后，其官职可以由子孙、亲属继承。如《第穆萨摩崖石刻》有这样的记载："无论何时，决不以他姓接充工布噶波王位。唯一颁命，赐予噶波莽布支之子孙后代，设或噶波莽布支之后断绝，亦不令兄长噶波之名湮没，王位由噶波王近支内颁命，设或此王之支脉亦断嗣，则由近亲之中依靠遗嘱所言，集会抉择，立其贤者而任之。"

③告身继承：告身不仅是区别社会地位高低的标志，也是权力与财产继承的依据之一。如"义策之一子将受绝不低于金字告身之封赐"。又如《吐蕃金石录》记载："其永久持有之告身及家世令名不得湮没，所任职司仍着令继续操持。"

④财产继承：在吐蕃继承法中，奴户、牧场、草料、园林均属于死者亲属继承的范围。

（四）债务

吐蕃时期已经有了商品交换和债务关系，法律规定允许富豪放债，从而进一步把债务关系纳入法律调整的范畴。在敦煌藏文写卷中有各种用途和形式的契约。这些契约在一定程度上反映了吐蕃时期有关债务的法律规范。从当时的文献资料来看，债务的来源主要有两类，即由契约而发生的债务和因损害赔偿而发生的债务。

由契约而发生的债务，是指债权人与债务人双方以一定债务关系为内容，由协议确定的双方的权利与义务关系。表现在形式上既有口头契约，也有书面协议。买卖契约，也是当时契约的一种主要形式。

买卖的对象一般以动产为主，如牲畜、粮食等。但是吐蕃的买卖契约与其他形式的契约有所不同，其中规定了较为完备的条款，包括契约的标的、数量和质量、价款或酬金、支付标底和支付价金的时间、地点和方式、违约责任等。为了保证契约的实际履行，在吐蕃法律制度中还规定保证契约履行的方式，如担保等。说明保证是最常用的一种担保方式。若被保证人无力履行契约时，也有由保证人代为履行的现象。

因损害赔偿所产生的债务，是指对人身或财产非法地加以侵害，受害人有请求赔偿损失的权利，加害人也有赔偿的义务。吐蕃法律中把伤害、盗窃一类的违法行为作为破坏社会秩序的刑事犯罪来对待，从刑罚上予以严惩，同时也从维护被害人个人利益的立场出发，附带给予经济上的赔偿。

（五）军事法规

军队是吐蕃政权的重要组成部分，也是吐蕃进行对外战争的工具。吐蕃统治者注重兵备，并建立了一支庞大的军队。

1. 寓兵于民的军事体制

吐蕃实行军事、行政、生产三位一体的寓兵于民的制度。"茹"和

"东岱"是以军队编制形式把黎民百姓组织在一起,战时上马为兵,平时下马为民。对外战争中动辄出兵十几万、20万,甚至40万。

2. 驿站制度

为了及时传递军事情报,调运军队,吐蕃还建立了一套较为完整的驿站制度和信息、交通传递体系。据《册府元龟》记载:"其驿以铁箭为契,其箭长七寸,若急驿,膊前加著一银鹘,更急,其鹘至十二三。每驿百余里。"这种百里一驿的建制,除了其他方面的作用外,更主要的是它的军事作用。为了充分发挥驿站的传递功能,规定对于传递紧急信件的信使,要求驿站派遣一名骑士护送,并配给所需物品;对信使路途所需的食物供应,作了较明确的规定;信使每到一处,驿站的驿丞及书吏都要在书上加盖印章,并将信件交与另一名信使送出。且信件非到目的地,不得开拆。

为了保证信件能及时、安全地送达,还制定了严格的规定:"所携加印信件宜妥加保管,驿站人员不得疏远,逐站依次送行。不论昼夜,各驿站均有专人加盖印章为证。按规定时限直接送达,不得枉道稽延,若加急信件因枉道稽延而未如期送出,将予各驿站失职驿丞、书吏、信札护送人以严惩。"

3. 军纪严肃

吐蕃统治者在军队管理方面除重将领、强训练之外,还特别重视军事方面的制度建设。《旧唐书·吐蕃传》载:吐蕃"军令严肃,每战,前队皆死,后队方进"。《册府元龟》记载:"奔败者,加狐尾于首,以示终身之耻。"又如《吐蕃简牍综录》第114条记载:"让来犯之敌,逃脱者,治罪。"这些规定都是吐蕃统治者实行以法治军的基本准则。①

(六)吐蕃"三律"的性质与特点

在阶级社会,法律是统治阶级意志的体现。我们从吐蕃"三律"所规定的内容,可以管窥吐蕃"三律"所反映的统治者之意志。这一阶级意志贯穿于"三律"的字里行间,突出地表现于以下方面:

---

① 阿旺:《吐蕃法律综述》,《中国西藏》1989年第2期。

1. 吐蕃"三律"是维护统治阶级利益的工具

为了保护私有财产不受侵犯，吐蕃专门制定了《盗窃追赔律》。其中，对于盗窃犯的惩罚则以赃物数量的多少、价值的大小及被盗主人身份的高低来确定。制裁措施十分严厉，具体施行的刑罚种类有死刑、流刑、肉刑（笞刑）、劳役、赎刑（赔偿）等。

为了保护统治者的私有财产，维护债权人的利益，《狩猎法》规定："无论是给死者之命价银还是给伤者之医药、食品银，不管是谁，缺一两将处以死刑。"虽然这是一条附带民事赔偿的规定，但可以看出，吐蕃法律对债权人利益的保护是十分重视的。

2. 吐蕃"三律"是统治阶级的特权法

吐蕃"三律"和所有阶级社会的法律一样，以法的形式，把人们分成许多等级，依照人们的社会地位、身份、职业等，分成权利与义务极不平等的集团并使之世代相袭。在吐蕃社会，赞普、王子、赞蒙、尚论、小邦王子、家臣、外戚亲贵、带兵元帅、军官、大小头人等均为统治集团的成员，和这一集团相对立的武士、平民、耕奴、庸等则视为被统治集团成员。在统治集团内部，根据其成员拥有财富的多寡和对于王室贡献的大小，分为六等十二级。各个等级在社会上和同一法律体系中的地位又不相同，并以不同的"告身"（用不同质料做成的臂章）作为区别官阶高低的标志：

一等告身为玉；

二等告身为金；

三等告身为金镀银（又名颇罗弥）；

四等告身为银；

五等告身为铜；

六等告身为铁。

告身钉在三寸见方的粗毛布上，悬于臂前，"以别贵贱"。这种等级的差别在《狩猎法》中有完整、详细的规定与表述。

3. 吐蕃"三律"与赎刑制度

番吐蕃"三律"所反映的阶级的差别，还表现为赎刑制度的确立上。就是说，行为人致人死亡或受伤后，只要赔偿钱财就可了事，不须追究刑事责任。这种钱物，就是前面提到的"命价"。当然，赔命价这一赎刑制度并不是在任何情况下对任何人都一律平等。赔命价通常适用于以下情况：

赔命价仅限于过失犯罪，对故意杀人罪不适用。

行为人（犯罪主体）与受害人身（客体）身份、地位、告身相同或相近时则可施赎刑结案。

行为人身份高于受害人时，则可用赔命价：若行为人身份明显低于受害人时，不论受害人是否死亡，对行为人处以死刑。

《狩猎法》在表面上似乎也给身份、等级较低者以赎刑即赔命价的权利，但这种权利一方面只限于同等级的人，另一方面，高额的命价赔偿，对于身份、地位、命价低贱的穷人来说并不现实。事实上，赎刑仅仅是为了维护统治阶级的生命财产和利益而制定的逃避法律制裁的特权法。

4. 吐蕃"三律"的立法风格

法律的本质属性决定了法律的特点，通过对吐蕃时期法律史料的研究，我们大致可以看出"三律"的特点：

（1）受《唐律》的影响较深。吐蕃与唐朝所处时代相同，二者交往频繁，盛唐对吐蕃政治、经济、文化生活的影响极为深刻，法律也不例外。吐蕃在立法的形式上多采用唐朝立法的模式。《新唐书·刑法志》载："唐之刑书有四，曰：律、令、格、式。令者，尊卑贵贱之等数，国家之制度也。"杜预《律序》云："律以正罪名，令以事成制。"《唐六典》亦载："律以正刑定罪，令以设范立制。"从吐蕃"三律"来看，与唐朝的刑书记载甚是相似，律、令相杂，混为一体。又如，"告身"制度始创于唐朝，为朝廷区别官员级别的一种装饰标志。吐蕃社会将其引入，以告身为标志，在统治集团内部"以别贵贱"。吐蕃"三律"的基本内容是通过狩猎伤人和纵犬伤人赔偿命价及盗窃追赔来表明尊卑贵贱和等级差别的。吐蕃"三律"庇护亲贵，良贱不可逾越，与唐朝的刑律颇为相似。

（2）诸法合体。吐蕃"三律"和吐蕃社会的其他法律一样，采用诸法合体的形式，即在一部法典中，既有刑事方面的规范，又有民事方面的规范；既有实体法的内容，又有程序法的内容。在吐蕃"三律"中，属于实体法内容的规定，如因狩猎过失致人死亡，要赔偿命阶，赔偿不起的要处死；"以下犯上"要处死；盗窃价值三两黄金以上的，为首者要处死，等等。至于程序方面，如必须"有十二个证人及事主本人共同起誓作证"、司法和神职人员在场监督的要求等。

（3）保留了某些原始习惯的残余，沿袭了血族复仇的习惯。狩猎法规定，行为人"射中人后，谓：'非我所射之箭'，抵赖不予承认，中箭人无论身亡与否，按《对仇敌之律例》处死"。所谓"对仇敌之律例"，是指为报仇而杀人者，在社会上被认为是正义的行为，不予治罪，并成为长期以来影响藏族社会有关血亲复仇的法律依据。反之，若无故杀人，或杀人后抵赖则应抵命。

另外，还有类似神明裁判和宣誓的规定。在吐蕃社会，如刑事、民事案件的犯罪嫌疑人在庭审时不供认犯罪事实，法官又无法收集到可靠的证据来证明嫌疑人有罪时，就令其发誓，并令其亲属或有关人员起誓，以此作为审理定案的依据。如狩猎法规定，无论中箭人身亡与否，放箭人都要起誓，还要请12名担保人共同宣誓。

（4）确定了株连制。狩猎法规定，身份低的在狩猎中射中身份高的，不仅要将行为人处死，而且要"以绝其嗣"。《盗窃追赔律》中规定，行窃者因劳役未满死去，由其长兄（或长子）戴上颈枷，代服劳役一个月。

（5）妇女地位低下。在吐蕃社会，妇女的社会地位虽然同其他社会成员一样是分成等级的，但总的看来，妇女的地位仍低于男人，处于被支配、受歧视的地位。在娘家，处于父兄的权威之下，出嫁后则得听其丈夫的支配。在法律地位上被视同一种物件，父母、兄长可随意将其赠送于人。由此可知，当时的婚姻绝不会是自由的。婚姻的主要形式是一夫一妻制，但这只是对贫苦大众而言，对于上层统治者来说，在一夫一妻制的原则下，有妾、媵作为婚姻的补充。

（6）依法护教。视盗窃佛像及宗教用品的行为与潜入人家行盗同罪。说明佛教在吐蕃社会已占据相当高的地位。

（7）吐蕃"三律"是透视吐蕃社会的一面镜子。吐蕃"三律"透露出很多有关吐蕃时期法制的信息。吐蕃时期除了《狩猎伤人赔偿律》、《盗窃追赔律》、《纵犬伤人赔偿律》三律之外，制定颁行的法规还有《对仇敌之律例》、《杀人命价律》、《谗言断舌律》、《不实澄清律》等。"三律"只是吐蕃法律散失在民间的冰山一角。

5. 吐蕃"三律"对后世的影响

吐蕃"三律"作为当时的法律规范，对藏族社会的发展有着深刻的影响。其中，最为突出的是赔命价制度。自《狩猎伤人赔偿律》确立赔命价制度之后，在一些地方性法律中都有赔命价的内容。随着历史的发展，陪命价不仅适用于因过失致人死亡案件的处理，也逐渐适用于故意杀人案件的处理，在此基础上又演绎出活人命价，如奸人妻女则按不同的身份、等级来处以活人命价等。如五世达赖喇嘛执掌西藏地方政权后，由第一任第司（悉）制定的《十三法典》中就有"杀人赔命价"的规定。产生于18世纪青海省果洛地区的《红本法》，也有杀人者赔命价的内容。青海蒙藏地区的习惯法规定： "杀人者不死，以家所有之半为偿命钱……"①

三 蒙藏早期法律文化的基本框架比较

蒙藏传统法律文化是蒙藏民族在长期的生产生活中加以确认或制定，并通过部落组织赋予其强制力，保证在本部落实施并靠严密的盟誓约定方式调节内外关系的具有法律效力的社会规范。蒙藏民族在长期生活中形成的宗教信仰、伦理道德、乡规民约、风俗习惯，虽然所产生的时代背景与政权体制不尽一致，但包括蒙藏传统法律文化在内的其他文化的发展进程是相似的。譬如蒙藏民族都是游牧文明以及先后各自放弃本土宗教文化，而对佛教的抉择是相同的。在经济发展、文化繁荣，以及调节部落社会生产生活，维护部落内外团结，增强群体抵御自然灾害的能力，保护环境、维护生态平衡和人与自然和谐共处等诸多方面，都具有较多的共同点。

（一）蒙藏早期法律的基本框架所涉及的主要内容

蒙古族早期法律文化的典型是《约孙》和《大札撒》，能够代表蒙古族早期法律文化的基本框架和主要内容的也是《约孙》和《大札撒》。

《约孙》以蒙古族氏族部落社会相对发达时期的习惯法、不成文和成文习惯法为主要内容。主要涉及氏族长老别乞制、氏族首领选举制到汗位继承世袭制、祖先祭祀制、氏族成员会议制、氏族血亲复仇制、婚

---

① 吴剑平：《"吐蕃三律"试析》，《中国藏学》1990年第3期。

姻制度、家庭财产继承制、生产狩猎制度、生产生活禁忌制、严惩偷盗抢劫制度等。从严格意义上讲，《约孙》的形成经历了由氏族部落到部落联盟、再由部落联盟上升到早期奴隶制度社会的发展历程，内容主要为维护氏族部落政治制度的社会规范，构成早期蒙古族氏族部落为求生存、图发展、建立部落联盟、共同抵御自然灾害与外侮的强有力的社会控制效力。

《大札撒》是成吉思汗在1206年即大汗位前后发布的号令、手谕等，类似中原王朝历代皇帝的诏、敕、训诫等。从法律的规范意义上讲，《大札撒》具有以行政法令为主的其他法令的性质。主要内容有从《约孙》中继承的传统习惯法和黄金家族会议的决定；《大札撒》颁布的维持社会治安与秩序的行政法令；军事法规、怯薛制、千户制、分封制、断事官审判制度、财税制度、刑法制度、婚姻财产等私法制度、审判与诉讼程序、审判制度及其刑法种类等。虽然《大札撒》规定的内容比《约孙》时期的法律内容相对丰富，从实体和程序上有所进步，但它仍然处于从部落联盟上升到国家政权的初期阶段，还没有完全摆脱游牧文化的随意性和受部落战争影响的不确定性，以及先例裁决的继承性，没有形成完善的法律体系；没有完善的制度层面和管理机制的有效制约和保证，汗的旨意就是法律，反映出早期蒙古法律专制之特点。

藏族从聂赤赞普到松赞干布时期，历经32代，完成了从部落联盟向国家政权的完全过渡，从社会体制到制度层面已进入比较发达封建农奴制社会。吐蕃社会似曾有过类似成吉思汗《大札撒》的历史。如"戍边军队没有赞普的命令不准回来"这种口谕的法律形式（藏语称为噶玛洛）已成为过去，或成为戍边军民后裔的历史记忆。

藏族早期的法律从体系到内容相对比较发达，形成了独具特色的法律框架。吐蕃从松赞干布执政后即着手制定法律。据《敦煌古藏文历史文书》记载："及至兔年（唐高宗永徽六年，乙卯，公元655年）赞普住于美尔盖，大论东赞于'高尔地'，写定法律条文，是为一年。"[①] 并经常召开集会议盟，与大臣们商讨政治、军事、登记户口、登记地方军丁名册、登记田产、田税贡赋、招募壮丁及各类赋税的征收事宜，并通过集会议盟

---

① 王尧辑：《敦煌古藏文历史文书》，青海民族学院1979年印，第2页。

形式制定法律条文，制定牧区草场管理办法。由此可知，藏族传统法律在吐蕃时期已步入成熟而理性的立法阶段，出现了法治与民主的萌芽。如松赞干布时期制定的《法律二十条》，首开吐蕃成文立法之先河。松赞干布之后的几代赞普致力于对法律制度的进一步完善与发展。到赤松德赞时期，吐蕃法律的框架基本完善，内容相当丰富，主要涉及行政法律规范、刑事法律规范、民事法律规范、债权债务法律规范、军事法规，以及《狩猎伤人赔偿律》、《盗窃追偿律》、《唆犬伤人赔偿律》等。

藏族早期的法律体系比较健全，实体法相当宽泛。从法理学中法的形成角度考察，就内容和程序而言，藏族早期法律文化的基本框架比蒙古族早期法律文化的基本框架要完善，内容更丰富；程序法比蒙古程序法发达。

（二）蒙藏早期法律中实体与程序法的完善程度

从法理学的角度讲，蒙古族的《约孙》、《大札撒》则是准实体法与准程序法的混合体。蒙古族的《约孙》主要涉及伦理与道理、规矩与方圆、前因与后果、礼乐与法律等世俗性内容，重在维护氏族部落的权利和义务，法律意义上的实体法内容并不突出，且不完善。当时，蒙古族法律主体氏族成员在实施政治行为和法律行为时所遵循的方法、步骤、时限、顺序的程序性制度既没有形成，也无详细的程序法制度。《约孙》从法哲学规范意义上讲，上升不到权威性法律规范的层次。《大札撒》在实体法与程序法上比《约孙》发展了很多，但它的内容以行政法令和军事法令为主。而藏族从部落习惯法到松赞干布时期的成文法《十善法》、《吐蕃基础三十六制》、《吐蕃法律二十条》、《狩猎伤人赔偿律》、《盗窃追偿律》、《唆犬伤人赔偿律》、《王朝准则之法》、《纯正大世俗十六条及十恶法》、《六六大计法》、《度量衡标准法》、《伦常道德法》、《敬强扶弱法》、《内库家法》、《军事行动管理制度》、《大臣等官员的权利义务地位制度》等的相继创立，证明吐蕃的司法制度在不断完善，不断充实。

藏族早期法律文化从立法、执法、守法到实体法与程序法的历史演进及对社会的整合作用而言，要比蒙古族早期的法律文化发达而完善。所以，蒙藏早期法律文化的基本框架中所涉及的实体与程序法的完善程度各有不同。

（三）蒙藏早期法律基本框架形成的时间有异

现有大量史料足以证明，蒙古族无成文法的时间约在公元 8 世纪末或9 世纪初，止于 12 世纪后半叶。而藏族无成文法的时间约在公元前 1 世纪至公元 7 世纪初，即在吐蕃政权建立和藏民族共同体形成之前。成吉思汗在 1206 年即大汗位前后所颁布的《大札撒》虽然在法律体系和内容上并不完善，但它毕竟是蒙古族历史上的第一部成文法典，它象征着蒙古成文立法的开始，并对后世蒙古社会各种文化制度的制定产生了极其深远的影响。而藏族从公元 629 年松赞干布即位执政后，即制定《法律二十条》，首开吐蕃成文立法之先河。

总之，蒙藏早期法律文化的基本框架形成的时间有所不同，藏族的不成文法与成文法的出现以及发展完善及早期法律框架的形成，要早于蒙古族。

（四）蒙藏早期法律框架形成的法律思想

蒙古族的《约孙》、《大札撒》所涉及的早期法律文化从法理学的角度讲，《约孙》重在强调维护氏族部落或部落联盟的行政制度，以及与血缘关系有联系的氏族联合体的基本利益为主的其他相关权益；《大札撒》重在强调大汗的行政法令及蒙古族公法的绝对权威。主要内容多为"先例审判"及《格言》中的事项，有些仅仅是一些有关如何处罚的规定。

概言之，蒙古族早期法律思想主要以维护大蒙古奴隶主贵族阶级利益为主，而忽视了保护氏族部落成员个人权利与义务的重要性。藏族早期法律的立法目的则比较明确，主要是维护吐蕃政权的稳固与发展，在维护赞普及奴隶主阶级至高无上的权益之同时，也关注庶民的人身安全、商品交换和债权债务关系等，依法治军、治吏的制度与法律也比较发达。藏族早期法律的立法理念比蒙古族的细微而完善，体现了法的价值。蒙古族虽然在 11 世纪与 12 世纪之交建立了大蒙古汗国，但只走出了从部落联盟到国家政体的第一步，其早期的立法理念还没有上升，或没有完全超越部落社会的立法层面。

第四章

吐蕃政权的变迁与社会秩序

一 割据时期

公元 842 年，吐蕃王朝因王室内讧和部族之间、边将之间的混战而分裂瓦解，出现了众多互不统属的地方势力。它们之间互相征战，绵延四百余年。

吐蕃自松赞干布起，在政治、经济、宗教、文化诸方面采取了一系列改革措施，在促进社会发展的同时，加速了民族共同体形成的过程。然而在寻求发展的过程中，也难免有潜在的危机和冲突存在。由于松赞干布提倡佛教，故引起了后来的苯佛斗争以及贵族专权、穷兵黩武，使政治、经济乃至宗教方面危机四伏，终于在 839 年发生弑君灭佛事件。842 年朗达玛死后，吐蕃政权旁落大妃琳氏手中，发生其子云丹、哦松争夺王位的斗争，自立为王，互相混战，长达 28 年之久。以上诸种因素酿成了（868—877 年）大规模的农民起义，彻底摧毁了雅隆鹘提悉勃野家族建立的吐蕃王朝。至此"其国亦自衰弱，族种分散，大者数千家，小者百十家，无复统一矣。自仪、渭、泾、原、环、庆及镇戎、秦州既于灵、夏皆有之，各有首领"。在藏文史书《贤者喜宴》第七品中对此段历史也有详细的记载："吐蕃本土经历两个派系彼此火并内讧，日趋支离破碎，境内各处每每分割为二，形成了大政权与小政权，众多部与微弱部，……各自为政，不相统属。"吐蕃王朝崩溃后，随之出现了云丹和哦松两大派系，即云丹后裔—拉萨王系；哦松后裔—拉达克、亚泽、阿里三个王系；继之角厮罗（998—1068 年）又在安多地区建立地方政权。① 至于云丹和哦松所建立的拉萨王系和拉达克王系是否制定了有关法律，限于笔者的阅历和目前所能见到的材料，无从得知。而角厮罗政权的基本情况在汉文资料中有较为详细的记载。角厮罗政权的基层组织是以地域为基础，并保留有血缘氏族残余的部落组织。角厮罗政权的构成形式是若干大小部落的联合体；角厮罗政权的政体是部落联盟。其属下大小首领主要由四部分人组成：一是具有赞普和贵族血统的后裔；二是僧人充当首领；三是靠个人才干而取得首领地位者；四是世袭首领。角厮罗政权的最高统治者，汉籍称其为"国主"。协助"国主"处理日常事务的有"国相议事厅"和"国主亲属议事厅"。角厮罗有较完备的政权机构，且尚无成文法规，只有习惯法和神法，即诅咒与神灵裁判。通过带有宗教色彩的盟誓形式，来沟通中心政权与部落之间的关系，维持中心政权对各大小部落的统治和约束。

二 教权政治的形成与佛教后弘期

随着吐蕃政权的变迁，与之相适应的宗教派别应运而生，并在意识形态领域占主导和统治地位，促进了佛教在藏区的再度兴起。史称佛教"后弘期"。其间，由"拉萨王系察那意希嘉参所支持的鲁梅等人及门徒在拉萨、彭域、墨竹等地修寺传法，逐步发展，有了一定的社会基础之后，又复割据一方，教权政治的雏形开始形成，出现了四个大的宗教集团'鲁梅集团、巴集团、若集团、征集团'。在割据势力的培植下先后出现了萨迦、噶举（噶举又分四系八支）、宁玛及其他小宗派。这样突出的部落意识加之意识形态领域教派意识的分歧，僧侣集团因'宗教首领乘机参与军政，自号法王，排斥异己，骄奢淫纵，万民诅咒'。俗人社会因部落及割据势力的纷争，则法律废弛，社会糜烂"。在如此激烈的派系斗争中，萨迦派开始浮出水面，成为藏族历史上第一个集教权与政权于一体的政教集团，它作为藏传佛教的一个派别，推动封建农奴制登上藏族社会的政治舞台，为后期政教合一制度的形成始创了模式。至于萨迦政权的法治

① 杨士宏：《论藏族社会发展史上的四次飞跃》，《西北民族学院学报》1997 年第 1 期。

情况，五世达赖喇嘛在其所著的《吐蕃王臣记》中有这有的描述："当初萨迦派当政，统驭吐蕃，'由于后嗣者权贵各怀异态，各走一方，诸本钦等执法又多变异，鲜有定制。法王之律亦染霍尔之习，流于欺诈，或犯高下宽严不均等弊端，尤以运用霍尔法典，杀人者以偿命，例此律条，皆是造大罪者'。"[①] 另外，《霹雳十五法》中对萨迦时期的法律情况也稍有流露："赔偿命价时，根据受害人的强弱（指身份等级），萨迦班智达说：有百匹马的，也有千头牛的。假若特别优秀的人被杀，要赔偿十万头（匹）。有学者（智者）被杀，其命价没有限量。俗话说，亚孜国王被蒙古人杀死，赔了与尸体等量的金子；丹玛杀了格萨尔，至今无人赔偿命价；亚泡嘎热贤巴三人被杀后，只赔一条草绳。"[②]

另外萨迦政权在其五祖萨迦班智达贡噶坚赞时与其他教派相比较，则影响较大、势力较强，统治手段也较为娴熟。贡噶坚参为了维护其教权政治的利益，渴望有一个稳定的政局，他试图通过辨识社会反映在人世间的百态万象及真善美、假恶丑来倡导崇尚知识、尊重人才、贵于品德；宣传"仁慈"，主张"爱民"；以佛教的基本教义"忍让"、"施舍"、"利他"、"正直"、"诚实"、"精进"为做人的标准和新的道德规范。这对整治混乱无序的社会现状起到了法律的整合作用。就其社会功效而言，《萨迦格言》是吐蕃王朝崩溃后，地方割据近四百年来，以宗教的面目出现的一部政治标准和道德法则。

概括来说，《萨迦格言》阐释人的本性。认为人的本性有别，因而对智者和愚者、圣贤和俗人应有不同的道德要求。并把人分为两类：一类是伟人、圣贤、学者、善人、高尚的人；另一类是小人、庸人、愚人、恶人、下贱的人。其划分的标准，不是门阀、地位、权势、财产，而是智慧、学问、善良等品质。《萨迦格言》是系统的知识论体系。其显著的特点是尊崇智慧和知识，尊重智者和学者，视知识为德行和幸福的源泉。并指出学者的特点是善于分析研究，明辨智愚善恶，知道取舍，独立思考，改正错误，等等。《萨迦格言》是修身养性的理论。倡导提高道德修养，

---

① 丹珠昂奔：《藏族文化发展史》下册，甘肃人民出版社 2001 年版，第 728 页。

② 恰贝·次旦平措：《西藏历代法规选编》（藏文版），西藏人民出版社 1989 年版，第 63—64 页。

摒弃错误过失；靠智慧深省、修行、精进、利他、平等，以实现人生的价值。

三　元朝施藏的国家行政规范

吐蕃王朝崩溃以后，不复统一的部落意识加上意识形态领域教派意识的分歧，没有哪一个王系或宗派能解决或协调西藏社会的内部矛盾和斗争。这时，在政治方面，地处吐蕃本土以外的甘、青、川、滇等地方势力不断与中央王朝发生着各种关系；在文化方面，藏传佛教后期弘期的星火从这里开始点燃，以此为纽带，将吐蕃与中原地区联系起来。吐蕃社会内部的裂变及时代的孕育，藏族社会必将需要有一个更大的核心政体来维系。到了1239年，成吉思汗的孙子西凉王阔端（窝阔台之子）派大将多达那波进军西藏，在深感武力不敌或征服高原游牧民族有很大困难时，采取了利用宗教势力施行羁縻的政策，以便进一步控制西藏。是时，在诸教派中唯独萨迦派较有势力，故于1244年邀请萨迦班智达贡噶坚赞及其侄子八思巴携同弟子前往凉州会晤阔端。萨班审时度势，并以洋洋万言发出《告吐蕃人民书》，接受了元朝的要求。接着于1244年在元朝中央设立掌管全国佛教事务和藏族地方行政事务的机关——总制院，使藏族内部事务置于中央集权的管辖之下。并于1268年核查人口，设立驿站，在萨迦设本钦一名，由中央任命卫藏地方的十三万户。于是"万户"成为中央王朝的命官，西藏地方建制就这样确定并沿袭下来了。1288年改总制院为宣政院，宣政院以下管理全国各藏区事务而由中央任命的高级官员是"宣慰使"，机构名称为"宣慰使司"或"宣慰司"。其中兼摄军权者称"宣慰使司都元帅府"，设有吐蕃等处宣慰使司都元帅府（辖甘、青、四川阿坝及甘孜的部分地方），吐蕃等路宣慰使司都元帅府（辖前后藏、阿里三卫等地）。其次还设宣慰司、万户、千户、百户等基层政权组织，[①]使元朝中央的权威辐射到各基层政权。

---

①　黄奋生：《藏族史略》，民族出版社1985年版，第183—186页。

（一）蒙古法律对藏区习惯法的影响

西藏自归入元朝版图以后，蒙藏文化互相影响，涉及政治、经济、宗教、法律、文化诸方面。蒙藏文化有其共同的特点：

（1）蒙藏两个民族有类似的经济基础，在生产类型上畜牧业经济占主要成分，游牧是其畜牧业生产的主要形式；马背是培育勤劳、勇敢、彪悍的民族精神的摇篮。

（2）西藏归入元朝以后，藏传佛教文化彻底改变了蒙古统治集团的信仰，改变了蒙古统治者的价值观、人生观。藏传佛教文化是蒙藏文化交流的媒介和铺垫。

（3）努力实现商贾通行、货畅其流、路不拾遗、夜不闭户、人民安居乐业的理想社会。如成吉思汗的札撒明确指出："他［汗］要为他们［商贾］提供安全与安乐，使他们头戴金饰，就像人们通常头顶瓷瓶一样，遍历境内无虞。"在藏族的《十五法典》、《十六法典》、《十三法典》中均有类似的内容。

（4）蒙藏民族的社会构成——部落组织是其社会结构的基本单元。

（5）雷同的经济基础和社会形态决定了对社会整合力——法律的相同要求，如罚畜刑则是蒙藏法律文化的共同特点。《大札撒》规定："丢马的人不管从谁处找到丢失之马，罚此人一九；如果不能给九畜，杀其人。"[①] 且这一规定成为后来蒙藏习惯法中罚畜的基数和标准，即以九的倍数处罚，以九为一组，罚九的倍数组合的牲畜数量。所以蒙古法律对藏区习惯法及成文法的制定产生了较大的影响。

（6）藏文文献《红史》记载："元代西藏执行的法律实际上是元朝的法律。"《郎氏家族史》一书中讲得更为具体，称"从1240年蒙古军队入藏，就开始推行蒙古法度"。在蒙古人内部施行的法律叫蒙古法，其内容主要有部落习惯法和成吉思汗及其以后相继颁发的《札撒》等。

（7）在藏族习惯法受到蒙古法律影响的同时，蒙古法律同样受到了

---

① 何金山、关其戈：《论古代蒙古罚畜刑》，《内蒙古社会科学》（汉文版）2003年第6期。

藏传佛教和藏族习惯法的影响。

（二）皇帝圣旨

　　萨迦政权是元朝中央政府直接管辖下的一个地方政权，元朝历代皇帝、皇太后、皇太子曾对西藏地方政府下达过不少圣旨、懿旨、令旨（八思巴文）。如公元1277年（或1289年）正月十二《薛禅皇帝颁给拉洁·僧格贝的圣旨》、1320年九月十五日《答吉皇太后颁给香·札巴坚赞的懿旨》、1305年九月三十日《海山怀宁王颁给夏鲁寺的令旨》等，均具有中央政权最高法律的效力。内容涉及元朝皇帝直接任命吐蕃地方招讨使、万户长，帝师任命千户长以及保护寺庙集团和地方官吏、头人的权益等。圣旨与札撒在行文格式、执法内容等方面均具有连贯性和继承性。

　　　薛禅皇帝颁给拉洁·僧格贝的圣旨

　　　靠长生天的气力，托大福荫的护助，皇帝圣旨。

　　向军官们、士兵们、城子达鲁花赤们、官员们、来往的使臣们、百姓们宣谕：

　　　成吉思汗、哈罕（窝阔台）皇帝圣旨里说道："和尚们、也里可温们、先生们不承担任何差发，祷告上天保佑。"兹按以前的圣旨，不承担任何差发，祷告上天保佑，向绒地的拉洁·僧格贝颁发了所持的圣旨，在他的寺院、房舍里，使臣不得下榻；不得向他们索取铺马、祗应；不得征收地税、商税；不得抢夺寺院所属土地、河流、园林、碾磨等。他也不得因持有圣旨而做无理的事。如做，他岂不怕？

　　　圣旨，牛年（1277年或1289年）正月三十写于大都①

---

　　① 西藏自治区档案馆编：《西藏历史档案汇粹》，文物出版社1995年版，第1—2页。

（三）帝师法旨

元朝皇帝帝师法旨、宣慰司官员文告、诏书、敕封等，在西藏地区具有最高的法律效力。帝师是皇帝在西藏的代言人，皇帝的圣旨、政令主要通过帝师这个渠道昭示于西藏地区。在今天我们所能够见到的一些元帝师法旨的起头均冠以"奉皇帝圣旨"，这不仅说明西藏地方完全归属于元朝中央的直接管理，而且法旨所赋予的权利完全得到中央政府的认可，并具有合法性，在西藏地方最高的政治则莫过于皇帝的圣旨与帝师的法旨。法旨涉及的内容非常广泛，包括政治、经济、军事、宗教、差税，三级官吏、地方头人、平民百姓的行为规范等诸多方面。看其表面，一份法旨的内容虽然比较单一，但是透过现象，可以体味到它所隐含的法律内容则相当丰富。

1. 委任基层官职

耶歇仁钦帝师法旨

（藏历阳铁虎年，1290 年，元世祖至元二十七年）

奉皇帝圣旨

耶歇仁钦帝师法旨：

衮布贝过去管辖的官人，世俗百姓之长老及世俗百姓们一体知晓：

皇帝御赐衮布贝金册和诏书。遵照规定，委派其任你们之首领，你们全体人众要听从衮布贝之言，不准逃跑和争夺仆人，各居其地，按时完成法定之事。衮布贝亦不得因是吾委任，而行非法之事。全体不分亲疏的予以恩养，执把行的法旨给予了。

虎年七月初一，书于上都大殿。①

2. 维护寺主及寺院特权

遵奉皇帝圣旨

_____

① 《西藏社会历史藏文资料译文集》，中国藏学出版社 1997 年版，第 13 页。

仁钦坚赞帝师法旨：

向乌斯藏地方宣抚司官员、军官、士兵、地方守官、法官、税官、过往官吏、站赤、牛马饲养员、胥吏、地方头人、百姓晓谕：

昆顿师长和仁钦贝桑布师长所属埃巴地方寺庙溪卡、供法溪卡的僧人、施主、徒弟们听讲佛法，为皇帝祈祷，安分守规。遵奉皇帝圣旨，对其拥有的耕地、溪卡、土地、河流、草场等，不得抢夺；不得在寺庙下榻；不得征收地税、商税；不得以借贷、离间等为口实，惹是生非；不得饲养牛马；不得将农具和驮驴作抵押；不得掠夺牛群；不得派驮马支乌拉；不得使用暴力。特颁发了执持的法旨。若见法旨仍倒行逆施，则必加惩罚。尔等亦不得做违法之事。

龙年（1304 年）二月二十三日书于大都皇宫御花园。①

3. 维护地方官吏的利益与特权

遵奉皇帝圣旨

贡噶罗追坚赞贝桑布帝师法旨：

向朵思甘宣尉司官员、招讨司官员、地方守官、芫之百户长、什户长、百姓晓谕：

坚赞扎曾受皇帝圣旨和历辈喇嘛法旨，被任命为尔芫之千户长。今令其子汪杰承袭父职，任芫之千户长。尔折察、仲察……玛拉等百姓历来居住于注册在芫之吉多……诸项公务，须遵照汪杰所言，及时办理，此地百姓，若有被他人乘隙占有者，由宣慰使和地方官员、地方守官劝其退还。如是晓谕，若有违反，其不畏惧。汪杰本人亦须尽力抚养尔所辖百姓，勤奋办事。

鸡年（1321 年）二月二十五日书于大都皇宫。②

---

① 西藏自治区档案馆编：《西藏历史档案汇粹》，文物出版社 1995 年版，第8 页。

② 同上书，第 11 页。

4. 有关军事、驿站、税务等事宜

遵奉皇帝圣旨

贡噶坚赞贝桑布帝师法旨：

向西夏鲁所辖百姓和然萨……卓等地百姓之千户长、百户长、什户长
晓谕：

　　遵奉皇帝颁给益西贡噶的诏书和金册，已令尔等知晓，吾亦已任
命。尔等须听从其言，凡以军事、驿站、地税、商税为主的诸项公
务，均得及时办理，特此晓谕。若有违反，必加惩处。同样，尔益西
贡噶若依仗法旨，未经与宣慰司官员们商议而做惩罚无辜或侵害百姓
等违法之事，岂不畏惧。

　　牛年（1337 年）四月十一日书于大都御花园。①

所以帝师的法旨、命令在西藏地区具有仅次于皇帝圣旨的法律效力。

（四）蒙藏政权的变迁与社会秩序比较

在中国历史上，蒙古族、藏族与各族人民共同创造了光辉灿烂的中华
文明。在中华民族这一大家庭中，各族人民都作出了自己的贡献。蒙藏民
族以往政权的变迁与社会秩序的运作模式虽然不同，但它们在不同的历史
时期，在政治、经济、文化、军事、法律、科学等领域，为祖国的统一和
国内各民族的团结曾起过重大的历史作用。特别是 13 世纪的蒙藏关系，
对于今天我国多民族国家的形成和发展起到了特殊的作用。

吐蕃政权的变迁与社会秩序主要表现为：第一，吐蕃政权建立于 7 世
纪，崩溃瓦解于 842 年吐蕃末代赞普朗达玛死后的割据时期。究其主要原
因，是由吐蕃王室贵族内讧和部族之间的混战，以及 839 年发生的吐蕃弑
君灭佛事件而造成吐蕃政权的彻底瓦解，进而走向王室后裔和地方势力的
分裂割据。第二，随着吐蕃政权的变迁与各种政治势力的长期割据，为藏

---

　　①　西藏自治区档案馆编：《西藏历史档案汇粹》，文物出版社 1995 年版，第
12 页。

传佛教后弘期诸多教派的产生创造了适当的社会环境，促进了佛教在藏区的再度兴起。尤其是为萨迦派"实行政教合一"、主导吐蕃社会打下了坚实的政治和宗教基础，敞开了蒙藏两个民族交流的文化渠道，为元朝中央将吐蕃纳入中华大一统的版图铺平了政治化的道路。

相比之下，蒙古政权的变迁与社会秩序主要表现为："蒙古"原为蒙古诸部落中的一个部落的名称，后来随着历史的发展和演变逐渐成为这些部落的共同名称。蒙古族始源于大约7世纪的唐朝望建河（今额尔古纳河南岸）的一个部落，与中国北方的东胡、鲜卑、契丹、室韦有密切的渊源关系。840年，回纥汗国崩溃后，这个部落的大部分向西迁移至不儿罕山（今蒙古大肯特山）一带，发展繁衍为许多部落，各有名号。辽金时期，多以"鞑靼"或"阻卜"泛称蒙古草原各部。

12世纪，蒙古部首领铁木真连续击败蒙古纷争部落，统一蒙古。1206年，铁木真在斡滩河畔举行大聚会，建大蒙古国。铁木真被拥戴为蒙古大汗，号成吉思汗。于是"蒙古"开始成为民族的族称。大蒙古国随即统一了中国北方，此后在成吉思汗的率领下，不断西征，先后建立了钦察、察合台、窝阔台、伊儿四个属国（汗国）。打通了亚洲和欧洲的陆路交通线，促进了东西方文化和经济的交流。元世祖忽必烈建立元朝（1271—1368年）并统一全国。空前统一而强盛的元朝，确立了现代中国的版图，巩固和发展了我们多民族的国家。到明代蒙古族分为"鞑靼"和"瓦剌"两大部分。清代在蒙古族地区建立"盟旗制度"，或编旗设置总管制度加以统治。① 总之，元朝（1271—1368年）是由蒙古族建立起来的庞大王朝，它是中国历史上第一个在全国范围内建立起来的，以少数民族统治者为主的政权。蒙古族以其强大的武力，不仅征服了中原及长江以南地区，还将其控制范围扩张至整个西亚地区，成为中国有史以来疆域最大的王朝。

在蒙古政权的变迁与社会秩序不断完善发展的过程中，蒙古族在自身的政治、文化、经济的基础上，主要沿袭唐宋的政治体制改革和军事谋略等先进文化，在宗教和语言文字等主流文化的传播发展，以及对藏区的治

---

① 参见《中国少数民族》，http：//www. ccnt. com. cn/tradition/minzhu/mz001. htm，2009 年 6 月 28 日。

理方面，主要依靠藏传佛教萨迦派等藏族地方势力，并充分吸收利用藏族的成文法与习惯法，尤其是利用宗教教义、教规净化社会，稳定民心，推动了藏传佛教在蒙古地区的发展。

根据史料记载，阔端王与萨迦班智达在政治上建立隶属关系之前，蒙古人对西藏的情况已有所了解，西藏政教界上层人士对蒙古军队的情况也有所闻。蒙古族与藏族之间的一些局部接触和文化交流在大蒙古汗国建立之前就已经存在。而蒙藏民族之间的全面交往，应从阔端王与萨迦班智达于 1247 年凉州（今武威）会盟开始进入全面发展时期。

第五章

蒙藏"三典"及寺规

蒙藏"三典"是元末至明清时期蒙古及西藏地方政府分别制定的三部影响较大的法典，即蒙古《阿勒坦汗法典》、《喀尔喀七旗法典》、《卫拉特法典》和藏族《十五法典》、《十六法典》、《十三法典》。为了行文方便，简称蒙藏"三典"。

一 蒙古"三典"的立法背景

1368 年，元王朝被朱元璋领导的农民起义军推翻，元惠宗妥欢帖木儿带领其完整的统治机构和相当的军事力量北走上都开平（今内蒙古锡林郭勒盟东上都河北岸），并以此为基地，企图恢复元朝的统治，曾组织三次收复大都的军事行动，但在明朝军队的强力打击下，都遭失败，曾迁都达里泊（达赉湖），后又迁都应昌（今内蒙古克什克腾旗境内），1370年病死。元惠宗死后，其子爱猷识理答腊继汗位，是为元昭宗。元朝虽被朱明王朝所推翻，但此时仍控制着甘肃以西哈密、赤斤、火洲、吐鲁番等地以及青海、宁夏一带，占据着东起贝加尔湖、兴安岭山麓，西到天山，北至额尔齐斯河及叶尼塞河上游，南抵长城的大片领土，并且与东面的高丽、西面的蒙兀儿斯坦、中亚的帖木儿帝国保持着联系，形成了与明朝对峙的局面。

明朝政府趁元惠宗病逝、元昭宗继位新旧交替之机，派军直逼应昌，俘虏了元昭宗之子买的里八剌及其后宫嫔妃，元昭宗逃脱带领诸将北走和林。1372 年明朝分三路北征和林，但中路军主力损失惨重，明军前后总计死伤 40 余万。朱元璋深感北定蒙古实属不易，因此变进攻为防御，防止蒙古南进，遣还了元昭宗之子买的里八刺，与蒙古议和，暂时休战，形成了明朝与北元对峙的僵局。

1378 年，元昭宗病故，脱古思帖木儿继位。但此时明朝又加强了对北元的进攻，先后收复了山西、陕西、辽东、云南诸地，消灭了蒙古精锐部队。1388 年又派军直逼捕鱼儿海（贝加尔湖），企图消灭脱古思帖木儿，脱古思帖木儿在北走和林途中被也速迭儿杀害。从此，在蒙古内部围绕汗权展开了相继不断的斗争。从脱古思帖木儿到岱总汗（1388—1462年），北元蒙古汗位更迭频繁，各派系抢权轮流即汗位，但每位大汗在位不长就被弑杀。从脱古思帖木儿到岱总汗共经历了九位大汗，在位最长的不到 13 年，最短的仅一年。后来蒙古大汗的权力被卫拉特的也先所抢夺，他曾统军直逼北平，在土木堡俘虏了明英宗，1453 年继承汗位，称"大元天圣可汗"，但 1454 年被刺杀身亡。也先去世后，蒙古社会又陷入纷繁的政治斗争长达 20 余年，到 1479 年巴图蒙克达延汗继位，在满都海夫人的帮助下，剪除异己，进行改革，分封六万户，重新划分领地，使北元蒙古得以中兴。

在动荡和战乱的形势下，蒙古社会经济与元朝时期比较，发展比较缓慢，仍保持着传统的畜牧业。非但如此，由于明朝对北元蒙古发动大规模的战争和蒙古封建主之间的内讧，使蒙古地区的畜牧业生产遭受了极大的破坏，仅洪武三年（1370 年）到二十一年（1388 年）蒙古损失的牲畜有据可查者就达十几万头①。战争又使蒙古人口锐减，蒙古社会经济出现下降和衰微的趋势。到 15 世纪以后，由于蒙古社会内部渐趋稳定，畜牧业生产慢慢得以恢复和发展。达延汗时期，由于实行领地分封，领主们十分关心自己的领地建设。为发展畜牧业，各地领主普遍实行了苏鲁克租放制度。据肖大亨《北房风俗》记载："诸畜皆其所重，然有穷夷来投，别夷来降，此部中人必给以牛羊牧之。至于孳生已广，其人已富，则还其所给，似亦知恤贫也。"这里所说"必给以牛羊牧之"就是苏鲁克租放制。这样在一个较短的时期，蒙古畜牧业有了明显的发展，使各地领主积累了

---

① 内蒙古社会科学院历史所：《蒙古族通史》中册，民族出版社 1991 年版，第575 页。

大量的财富，仅土默特部阿勒坦汗就"控弦十余万，多蓄货贝"①。蒙古军士出征，每人"恒备三马五马，多则八九马"。② 阿勒坦汗拥马 40 万，驼牛羊以百万计，其他各部封建主同样拥有相当数量的牲畜。

元廷北迁以后，特别从 16 世纪初期开始，大批汉民流入蒙古地区，进一步促进了农业的发展。汉族农民流入蒙古地区，是迫于明朝的政治腐败，土地被地主强行兼并。庞大的军费负担和各种苛捐杂税无休止地摊派。守边的士兵生活也极为清苦，大同守边士兵曾两次哗变，农民白莲教揭竿而起。贫苦农民和士兵为摆脱贫困而流入兀良哈三卫、土默特和鄂尔多斯地区。16 世纪末，仅土默特万户领地内，就流入汉族农民十余万③。他们在那里开田居住，营建板升村落经营农业，只向领主交纳一些轻微象征性的赋税，因此很快从贫困中摆脱出米。他们在经营农业的同时，还学习牧业技术，农牧结合，很多农民很快富裕起来，过上了殷实的生活。因此，1571 年土默特阿勒坦汗与明朝达成互市协议后，明朝的士兵和百姓，纷纷举家迁居长城外的蒙古地区。

16 世纪后，蒙古地区城市建筑也得到了较大发展，与此同时，随着佛教的传播，各地封建领地相继建立了规模不等的寺庙。

北元时期蒙古社会的政治制度是封建制度。但此时的北元蒙古政权已不是一个帝国政治，它以蒙古地区为中心与明王朝南北对峙。到巴图蒙克达延汗时，进行政治改革，把蒙古地区划分为左、右翼各三万户。万户，蒙古语叫作"土绵"，它是军政合一的组织和单位，也被称为"兀鲁思"。万户之下是鄂托克，它是北元时期蒙古社会基本的经济和军事单位，是一个在一定地区内进行游牧的结合体。如有战争征兵打仗，鄂托克需提供千名以内数量的士兵，这样的军队被称为"和硕"，所以鄂托克与和硕经常混用，鄂托克即和硕。这样，帝国时期的千户制到北元时期演变成了鄂托

---

① 《明史·鞑靼传》，转引自内蒙古社会科学院历史所《蒙古族通史》中册，民族出版社 1991 年版，第 580 页。

② 《北虏风俗》，转引自内蒙古社会科学院历史所《蒙古族通史》中册，民族出版社 1991 年版，第 580 页。

③ 内蒙古社会科学院历史所：《蒙古族通史》中册，民族出版社 1991 年版，第 584 页。

克—和硕制。另外与鄂托克性质相同的还有"爱马克"。爱马克是"中世纪蒙古人的近亲家族的结合","是互有亲族关系的家族,从古代氏族(斡孛克)的分裂中产生出来的不同分支的联盟或结合体"。① 因此爱马克也在一定的区域范围内游牧,蒙古人有时也将之称为鄂托克,两者经常混用。

北元时期统治机构和职官最高的是大汗,其次是吉囊,其下有额毡、诺颜、台吉、太师、太保、丞相、宰桑等称号不同的官员。额毡、诺颜、台吉属于成吉思汗黄金家族,其他是异性封建主。在鄂托克,除管领封建主外,有达儿古(首领)、札萨固尔(执事官)、德木齐(监察官、管四十至一二百户)、收楞额(征税官、管二十户)、额勒赤(使臣)和硕齐(军队指挥官),等等。

北元蒙古的统治机构比较简单,各级官吏往往有双重身份,既是世袭封建主,又是上级官员的土失绵(官吏),他们行使各自的职能,组成封建政权的统治机构。鉴于当时蒙古社会的实际情况,北元蒙古政权已不是一个国家意义上的政治实体,它是不同政治势力和家族派系的结合,为了维系其社会的稳定,制定符合当时当地社会稳定、经济发展的社会规范显得非常重要。因此,先后制定了《图们汗法典》、《阿勒坦汗法典》、《喀尔喀七旗法典》、《卫拉特法典》等有一定影响的地方法规。

(一)《阿勒坦汗法典》

在北元的历史上,起初由于争夺汗权,派系纷争,每位大汗的统治并不稳定,且掌权时间不长,没有制定法律治理全蒙古的政治条件和社会环境,直到巴图蒙克达延汗以后,图们札萨克图汗(1539—1592年)之时,开始制定法典治理蒙古社会。

图们札萨克图汗做蒙古大汗长达35年,在他执政的35年里,为了胁迫明朝通贡,不时集结兵力,南下进犯明边境地区,与明朝进行了长期的拉锯战争。在蒙古内部,他为了重振蒙古大汗旁落的皇权,曾采取组阁的

① [俄]符拉基米尔佐夫:《蒙古社会制度史》,刘荣焌译,中国社会科学出版社1980年版,第214、178页。

办法，在汗廷组织"五人执政"，制定大法，宣示大政，试图重新号令蒙古诸部。这部大法，就是《图们汗法典》，它制定于1576年。该法典虽然没有流传卜来，但对后来蒙古习惯法体系的确立影响较大。有学者认为《图们汗法典》对《阿勒坦汗法典》有承前启后的意义。

阿勒坦汗是北元图们汗时期土默特万户的首领。他出生于1507年，死于1582年。他在世时，率领右翼三万户，经过多年奋战，先后征服了青海蒙古、卫拉特、乌梁海，控制了西至河套、青海、新疆等地，称霸于蒙古各部。他还冲破明朝对蒙古的经济封锁，接受了明朝皇帝对他的赐封，与明朝建立了较为稳定的互市贸易关系。万历六年（1578年），他到青海迎请三世达赖索南嘉措，在仰华寺举行迎佛大会，宣布引进佛教，施行政教并行政策，以教法和政令治理他所控制的广大地域，宣布了他的宗教法规——《十善福经教之法》，并于1578—1582年颁布了他的政令《阿勒坦汗法典》。

阿勒坦汗制定法典之时，他已称霸蒙古各部，控制了青海、新疆、土默特等广大地区；与明朝休战，接受赐封，双方建立了稳定的互市贸易关系；开发土默特，修建库库和屯，使农业、牧业、手工业有了较大的发展，也使蒙古社会的阶级关系有了新的变化。但在这种较为安定的政治形势下，以阿勒坦汗为首的蒙古封建主的统治依然存在着各种矛盾和问题。

蒙古王统大汗与图们札萨克图汗之间的权力之争一触即发。按蒙古封建正统观念，右翼各部包括土默特阿勒坦汗应该承认成吉思汗直系即左翼察哈尔部的宗主权，听从其领导和指挥。但阿勒坦汗却另立旗帜，努力扩张自己的势力。1547年蒙古共主卜迪阿拉克汗死，其子达赉逊库登汗（1520—1557年）于1548年继位。这时阿勒坦汗为首的右翼势力愈加强大，他不但不听从达赉逊库登汗的号令，反而有吞并察哈尔的企图，因此迫使达赉逊率左翼万户东迁以避之。1557年，达赉逊死，其子图们汗于1558年继位。图们汗为恢复失去的宗主大权，曾在六万户中挑选五位诺颜组成"五执政"用以协调各部的关系，并制定《图们汗法典》。但这些措施没有收到明显效果，因而在蒙古各部封建主之间仍然存在着统一与分裂以及由谁号令蒙古的矛盾与斗争。

阿勒坦汗与其属下各封建主之间的矛盾与斗争激烈而突出。最大的矛盾，是尊崇佛教和取消萨满教的斗争。阿勒坦汗在其老年时皈依佛教，取消萨满教，取消杀生殉葬制度。这是蒙古社会文化史上的重大改革，因而在执行中是有阻力的。当时蒙古社会保守和萨满势力仍然比较强大。为加强自己的统治，取得社会发展进步，消灭萨满势力，是制定《阿勒坦汗法典》的原因之一。

　　蒙古封建主与广大贫苦牧民的矛盾日益严重。阿勒坦汗时期，其所辖地区的封建秩序虽然较为安定，农业、畜牧业、手工业有了一定的发展，但由于16世纪初开始的长达40年的征伐，使广大的牧民承担了巨大的牺牲和各种税赋及徭役。就此，阿勒坦汗本人也承认。他在隆庆封贡期间向明朝诉苦说："各部下穷夷，原无牛马可市，止依打猎习抢度生……日无一食，岁无二衣，实在难过。"① 因此，社会上偷盗、抢劫、逃亡、斗殴等事经常发生，阶级矛盾十分尖锐。为缓和矛盾，1571年阿勒坦汗与明朝停止战事，达成互市协议，使蒙古社会出现了安定的社会局面，为发展经济创造了有利条件。此后迎请三世达赖，尊崇佛教，以佛教作为统一社会的精神支柱，使广大蒙古民众皈依佛门，行"十善"事，俯首听命于阿勒坦汗。与此同时，在政令上进行强化管理，颁行法典，用以调整统治阶级内部矛盾，惩治牧民的不法行为，保障蒙古封建主的特权和经济利益。因此，《阿勒坦汗法典》和《十善福经教之法》是推行阿勒坦汗政教并行政策的主要措施之一。

　　1. 《阿勒坦汗法典》的主要内容

　　《阿勒坦汗法典》原文是藏文手抄本，主要内容为：

　　（1）"法典"的开头是藏文典籍书写时惯用的祝颂词，主要赞扬阿勒坦汗施行政教并行之策是为了"引导众生坚信利乐，趋向善道"，使众百姓"永享安康"。他要求蒙古各部首领及一切大、小鄂托克官员和民众，要把政、教两法令"铭记于心"，"倘不铭记或排斥、藐视之，则必将按照阎罗王之指令，以政教二法规严厉制裁"。

　　（2）有关杀死人命案件的处罚规定，共14条。法典规定：杀人者，除鞭杖外，要"罚头等牲畜一九，执为首者一人。或罚头等牲畜一五，执为首者一人。二人同案，执为首者一人"。这里所说的"九"，是九畜

---

① 王崇古：《酌许虏王乞请四事疏》，《明经世文编》卷318。

之意，其中"马二匹、牛二头、羊五只"。所谓"一五"是"马牛合二、羊三只"。在人命案中，对误伤人命、奴仆杀人、疯子杀人、巫师占卜致死人命等都作了详细的处罚规定，其中特别阻止第三者相助杀人和失放草原荒火致死人命，"无故加入两个人的斗殴，致对方死亡者，其罪行和处罚与杀人者相同"。"失火致人死亡者，罚牲畜三九，并以一人或一驼顶替。"此外，还有就草原游牧特点的牲畜伤人案件的处理规定，如："狗、疯狗、公驼、种马、种绵羊、公山羊等致人死亡者，与精神错乱者杀人之处罚同"。因"疯子杀人，赔偿九畜和骆驼一峰"。

（3）关于人身伤害事件，共23条。其中严禁人们打架斗殴，如因斗殴"致人眼瞎者，杖一，罚牲畜九九，给受害者赔一人一驼"；"致人手足残废者，罚牲畜九九，执一人"；"因斗殴中之伤害致失去性功能者，杖一，罚牲畜九九"；"致妇女流产者，（按怀胎月数），每月罚九畜"。为防止人身伤害，严禁以刃尺之物及鞭、拳、脚、石、木等打人。这些条文的特点，继承了成吉思汗《大札撒》的传统，严禁致人手足残废、断齿，致使人失去性功能而不能生育，因此科罚最重。另外，因草原游牧生活条件的艰苦和人员的稀少，特别重视对孕妇胎儿的保护。

（4）关于婚姻家庭，共8条。其中严禁乱搞两性关系，禁止拐骗未婚女，禁止利用不正当手段把女儿或养女强嫁给男人，禁止在床上扯拉女人被褥或拉扯致坏女人衣裳。

（5）关于使者、官差事，共9条。为保证经教、政令的通达，规定不得拒绝给使者提供驿马，不得殴打使者，不得谎称使者，不得乘其驿马，等等。

（6）关于救护人、畜事，共20条。凡从风、雪、雨灾、狼害、沼泽、河流中救出驼马牛羊者都要给予奖励，对于救出家奴、儿童者要奖励马羊。此外，另有两条是保护牲畜印记和保护种公畜的条款："毁改（牲畜）印记者，罚三九"；"经询问后阉割雄畜生殖器者，不予处罚。未询问者，罚五畜。给种马、公驼、雄黄牛、种绵羊和公山羊去势者，罚牲畜三九"。

（7）有关死者及人们日常生活禁忌事。为了不发生疫病，规定为死人送葬返回时，不许进他人家宅；患有传染病者不许至他人毡帐；人们不许触动死人之尸骨；不许盗窃随葬物或祭祀之马匹，等等。

（8）关于保护野生动物事，共7条。规定：只准许捕杀小或中等的鱼、鸢、乌鸦、喜鹊等，不准偷猎野驴、野马、黄羊、狍子、雄鹿、野猪、岩羊、貉、獾、旱獭等动物。

（9）关于偷盗事，共33条。几乎把游牧社会家庭生产、生活中的所有财产，小至服装及小装饰、碗勺、夹子以及梳子、毛笔等物，无一缺漏地列名指出，规定了偷盗这些物品的处罚办法。

（10）关于逃亡事，共3条。其中最主要的是"长官叛逃，其部属中之任何人都可以招集人追赶"。

2.《阿勒坦汗法典》的特点

根据上述内容可知，制定该法典旨在稳定蒙古社会秩序，求取政治稳定、社会进步和经济发展。

（1）废除死刑，以罚畜、经济赔偿或劳役赎罪。对各种案件的处罚包括杀人案，都没有死刑，只罚牲畜。如导致牧户生产生活困难，无法维系，要用人或骆驼去顶替。所谓"顶替"，就是杀人者或使人致残不能维系生活者要向被害人家庭派人或提供骆驼去顶立门户，使之得以维系生活。

（2）重视对野生动物的保护，关注人与自然生态之间的平衡，只准许捕杀小动物如鱼鸢、乌鸦等。

（3）保护妇女、孕妇及胎儿、牲畜及各种种畜、野生动物、草场，甚至对因斗殴而致伤使对方失去性功能者，也要处罚。充分反映了蒙古社会对蒙古民族自身生产和物质生产，以及对生产力和生产资料的保护、经济发展诉求的法律关照。

重视保护人类自身的生产能力，保护孕妇和胎儿，防止人身伤害，尤其是防止在斗殴中伤人使之失去性功能而不能生育。

（4）一个强大的民族，更看重民族整体素质的提高和身心健康。为了防止各种传染病的流行，不准触动死人尸骨，病者不许到他人家宅，不准吃狼咬死之畜肉，等等。

（5）奖励救助人、畜，特别是救助儿童。

（6）严禁乱性，禁止拐骗未婚女，不准拉扯妇女被褥和衣裳等，反映出妇女在蒙古社会具有一定的地位。

（7）重视对个人财产的法律保护。如严禁偷盗律所列条文最多，大到家庭生产、生活中的所有财产，小至服装及小装饰、碗勺、夹子以及梳子、毛笔等物均是保护的对象。

(二)《喀尔喀七旗法典》

《喀尔喀七旗法典》发现于 1970 年。同年蒙古国和苏联学者波日来、沙卜库诺夫先生两人领导的游牧社会古代城市研究队，在布拉干省塔欣其嫩苏木附近的哈尔哈城址的一座旧塔中发现一批白桦皮书。这些桦皮书 7 × 4 厘米至 14 × 5 厘米大小不等。在这些桦皮书中，有一部分是 16 世纪下半叶至 17 世纪 40 年代喀尔喀四旗、六旗、七旗诸汗、诺颜通过会盟制定的 18 个法典。这些法典因为是喀尔喀七旗的大法，蒙古学者把它命名为《喀尔喀七旗法典》，又因书是写在白桦皮上的，故也有人将其称为《白桦法典》或《桦皮典章》。①

1. 喀尔喀七旗的形成

巴图蒙克达延汗时，为加强汗权，提高和巩固黄金家族的统治地位，把蒙古地区分为左、右翼三万户，共六个万户。六万户中除兀良哈万户外，其他五个万户都封给了自己的儿子，其中第九子格埒森札扎赉尔洪台吉居杭爱山，始号喀尔喀。格埒森札有七个儿子，他于公元 1549 年去世。他去世后，其大太后把喀尔喀地区分给了自己的七个儿子，这样，喀尔喀地区成了七旗，这七旗的首领是：阿什海达儿汉洪台吉、诺诺和伟徵、阿敏都喇勒、塔尔呢台吉、诺延岱哈坦巴图鲁、达勒登昆都伦、萨木贝玛敖特根诺颜。

七旗首领之一塔尔呢无嗣，死后其旗交由阿敏都喇勒之子谟锣贝玛掌领，这样，喀尔喀七旗暂时成了六旗。六旗的首领是巴延达喇洪台吉、土伯特哈丹巴图尔、阿巴岱嘎勒珠台吉、谟锣贝玛、准都岱巴图尔、珲古尔照日古勒六人，他们都是原七旗首领之子。

六旗重新变成七旗是阿巴岱汗的第二子额尔亦黑汗时期（1578—？年），阿巴岱汗于 1588 年去世。他去世后，额尔亦黑汗与其兄弟昆都伦楚

---

① 据《古代蒙古法制史》作者奇格先生介绍，本节所引用资料出自［蒙古］那楚克道尔吉先生所撰《喀尔喀新发掘的珍贵法律文献》，乌兰巴托，1973 年。

琥尔各分领一旗，这样，喀尔喀六旗又变成了七旗。此后，喀尔喀七旗直到公元 1655 年保持了近 150 年的稳定状态。

《喀尔喀七旗法典》是七旗和六旗首领在 16 世纪末到 1639 年间通过会盟共同商定的 18 个法典。其内容与 1578—1582 年间制定的《阿勒坦汗法典》相承接。其中《六旗法典》、《猴年大法》和《土兔年大法》是喀尔喀七旗的大法，其他 15 个法规则是大法的补充，其中的《四旗法典》是土谢图汗旗、土伯特哈丹巴图旗以及从土谢图旗分出的墨尔根台吉旗和昆都伦楚琥儿赛音诺颜旗的首领们共同制定的补充条文。

2.《喀尔喀七旗法典》的主要内容

（1）关于会盟及鄂托克领地事

喀尔喀七旗之间，有重要事情需会盟议决。会盟，有大会盟、一般会盟、军事会盟之分。会盟中，各旗首领须如期到会的。为防止各旗首领延误会盟，法典规定：在约定的大楚拉干会盟中，迟到三日，罚马十匹、驼一峰。知道会盟而不来，罚马百匹、驼十峰；在军事约定中，迟到三日，没收诺颜的铠甲及全鞍马。明知军事约定而不来，以七旗大法处罚；办正确的事，不要遗漏（各位诺颜）。办了错事，要派两名使者前去相商；哪一旗有了错，要派两名使者前往，如不派使者前去，罚一驼二马。如此旗不认错，大诺颜要派一百名使者，小诺颜要派五十名使者前去，但此中如与不曾参加（会盟）的大诺颜前去，罚马五十匹、驼五峰。如不向前去的两位使者认错，大家共同前去杀其汗主，分其兀鲁思。如哪一旗袒护犯错之人，罚马千匹、铠甲百领、驼百峰，分给前去的各旗使者骑乘；不论哪位诺颜，破坏自己的鄂托克，罚马三十。被罚的三十匹马如被诺颜们抢走，要报告四旗，派两位使者前往收回马匹，使者可以要两匹。如要三次而不给，四旗将从其鄂托克边境夺而分之；汗阿海左右翼大小诺颜，如（随意）交换鄂托克而居，罚马五十、驼五峰。驸马及其子分割鄂托克而居，罚三九，等等。

（2）关于迎敌战争事

知道大敌进犯而不报，斩其身，没收其家财；在迎敌战斗中汗本人逃跑，罚马千匹、驼百峰、铠甲百领。孛儿只斤氏族人、塔布囊等也同样罚马千匹、驼百峰、铠甲百领。哈剌出平民逃跑，连同铠甲罚马四匹。如无铠甲,罚马二匹;战斗中,救出失去骑乘的汗主,在七旗中做达尔汗①。如丢弃而来斩其身,没收其家财;战斗中,丢弃自己的人而回,罚甲一领、驼一峰、马二匹,等等。对于战斗中的被俘人员,法典规定:不要杀俘获的敌人,杀者罚驼一峰。

(3) 关于偷盗事

法典禁止偷盗和抢劫。按古来蒙古习惯法,除外甥以外,其他人(拿别人的东西物品)都算偷盗。禁止偷盗的物品,除牲畜外,法典都一一开列明细,以物件的贵重程度,对偷盗者从罚一匹马、五畜、九畜直到九九畜不等。

(4) 关于打架斗殴及杀人事

法典禁止汗诺颜直至哈剌出平民打架斗殴甚至骂人。条文规定:作为汗主,相互间打架,罚马百匹、驼十峰;作为汗主,相互间以刃尺尖状物(械斗),罚马千匹、驼百峰。哈剌出平民不能骂汗诺颜、塔布囊等官员,甚至不能打骂阿勒巴图②妇女。反之,作为诺颜官员,除执行公事外,也不准随意打、骂平民,甚至不能开玩笑打人,否则都要受到处罚。相互斗殴致人手折、断齿、瞎眼,除罚牲畜外,严重者如瞎人眼,与杀人者罪同,要以人或骆驼顶替门户。误伤人命罚150头牲畜,致死女人罚一驼一马。如女人有孕致死,加罚一驼一马。断人无名指、食指,罚三九。除上述法规外,还有牲畜致死人命案。牲畜踢人致死,(主人)以人或驼顶替;狗咬人致死,以人或驼顶替;马踏死人,罚一九,等等。

(5) 关于使者、乌拉、舒思事

喀尔喀七旗的汗诺颜有各类事务,都要使者前往联络,因此法典为保证使者外出时的权益,规定旅途中要保证驿马的换乘,凡不保证、不提供驿马者都要进行处罚。同时不准人们随意打骂使者,但也不准使者随意打骂别人,不准谎称使者,等等。

关于乌拉(汉译为"驿马"),七旗中最主要的是三大乌拉,第一是抗敌用乌拉,第二是诊治长官疾病用乌拉,第三是调解诺颜之间矛盾、纠纷

---

① 受封赐的自在官,享受多种特权,如围猎时他打的野物归其所有,免除赋税,自由游牧,等等。

② 纳赋者、服役者。

用乌拉。上述三事，蒙古语称"豁儿奔兀依勒"（gorbeouil），汉译为"三件大事"，各旗牧民必须保证。除上述三大乌拉外，尚有丧事用乌拉、办案用乌拉，但其重要性比三大乌拉小，然仍需保证，否则也要受到处罚。除上述乌拉外，法典规定，其他随意性摊派的乌拉，哈剌出平民可以不提供。

关于"舒思"（汉译为"食羊"），法典规定给汗诺颜、汗诺颜的弟兄们、塔布囊等各级官员，根据其地位、等级的不同，交纳舒思的数量也不同，但都要依法交纳。如不交纳，以职官身份不同，处罚数量不等，如：断诺颜的舒思，罚三九；断汗诺颜的弟兄们的舒思，罚一九；断塔布囊的舒思，罚一五。

（6）关于职官事

官员之间，常有矛盾纠纷发生，为解决其中发生的事件，法典规定：诺颜间相互杀害，处死杀人者，分其兀鲁思，一半分给被杀者（之家）；汗之间互相打架，罚马百匹，驼十峰；挑拨诺颜间关系者，处死。如系诺颜之亲信，可改罚铠甲一领，马八匹；诺颜诬陷哈剌出平民，以驼为首罚三九；（哈剌出）如挑拨离间赛特、诺颜（之间的关系），处死；官员们单独错判案件，以驼为首罚一五，等等。

（7）关于捕亡事

由于各旗都已明确了领地，各旗诺颜的属民，即哈剌出平民、阿勒巴图和奴隶是不能逃跑或随意迁居的。法典规定：从（七旗）外讯问诺颜们而来的宝思忽勒，遇见者如亲自送至，吃①一人；（如是）投奔敌人的宝思忽勒，全吃掉；（如是）七旗内的宝思忽勒，吃一半，意指其中一个、半数或全部归发现者。其中《猴年大法》的规定与《六旗法典》相比较已有了变化，如《六旗法典》第27条规定：去七旗的逃亡人，（发现者）吃一人。（如是）投奔敌人的，吃一半。第36条规定：谁（发现）带有从马的逃亡人，吃其从马。抓捕者，要其乘马。（抓捕人如系）骑马者，要其牛；第55条规定：要抓捕六旗之间的逃亡人，（抓捕者）吃（逃亡人）一半牲畜。如不予抓捕，大家一起去（与他算账）。第56条规

---

① 这里的"吃"是蒙古语直译，即指把从外逃亡来的"宝思忽勒"亲自送到诺颜行帐，分给送领者一个逃亡人、马一四。给前去追捕者吃一九等。《猴年大法》与《六旗法典》的变化差异，是前者加重了处罚，对追捕加大了奖励。

定：（发现）去别旗的逃亡人，各旗都要派使臣前往（交涉），如不派使臣，罚马二匹第（第56条）。诺颜、塔布囊各有权者如不去追捕或叫去追捕而不去，罚马。

（8）关于证人事

古代蒙古法办案定罪要有证人，即使是盗贼，没有证人，没被抓住，也不能处罚。但证人不能作假证，不能诬陷他人，一定要作真实不虚的证明。"证人吃一九。作假证，罚一九"；不能逼证人，若逼证人随官指证，诺颜负其责，如不对，罚牲畜二九；杀死证人后逃跑而来，要向（收留）证人的长官（赛特）要人，要交出杀人者。如不曾逃来，则无事；证人要吃一百只之一五牲畜，等等。

（9）关于喇嘛事

自土默特阿勒坦汗迎请三世达赖索南嘉措皈依佛教以后，蒙古各部相继效法，喀尔喀七旗的首领们也建立了自己的寺庙，诵经弘法。在《喀尔喀七旗法典》中很多法都是在寺庙制定的，并且有《庙规》和《经教法规》，其中规定：（作为）汗主破坏寺庙，七旗共讨之。哈剌出破坏寺庙，杀其人，没收其全部财产（1617年《蛇年庙规》第1条）；如诺颜间（关系）破裂，从寺庙赶走畜群，要从附近诺颜（畜群）中追还。如不给，七旗共讨之；断苏末沁（寺庙人）的舒思，罚一马。苏末沁的乌拉要给二匹，不是苏末沁的使者不要给（乌拉），如果此使者骑用（寺庙的）乌拉将犯错误；对此宝贝之庙宇使坏，将对自己的生命有害。如做善事，将会增寿。

17世纪20年代制定的《经教法典》规定：班弟（小喇嘛）们如犯戒律、偷盗，在其手上做印记后，赶出（庙门）；托因（喇嘛）的乌拉二匹、舒思二只，此外多吃舒思，罚一马；喇嘛如有诺颜的敕令而行，不许断其乌拉和舒思；邀请（来）的喇嘛与使者，要骑三匹乌拉。邀请的班弟与使者，骑二匹。如住宿，吃一只舒思，中午不给吃饭；如玷辱佛身，以喇嘛法惩治（《蛇年庙规》第4条）。另外，在其他各法，都规定了人们不许打骂喇嘛，也不准喇嘛、班弟打骂别人，否则都要罚畜。

（10）关于男女事

男女事凡指男人、女人之间发生的所有事件，不是狭义的男女两性关系事。法典规定：（揪）女人头发，罚三九。（揪）女人的帽缨，罚一九。

（揪）男人的帽缨，罚一马。殴打女人使之堕胎，胎儿几月，罚几九；勾引女人，罚一九；拐跑女人，如原男人同意（女人）归家，则无事。如不同意，罚二别尔克；[①] 女人钻男人的被窝，罚三九，等等。

关于婚姻，法典规定：婚姻要有证婚人，无证婚人不许结婚；姑娘20岁，经请示自己的诺颜才准嫁人。诺颜的姑娘20岁后，要告诉给附近的诺颜，方准嫁人。汗、哈剌出嫁姑娘，要给牲畜；诺颜如吃了订婚礼品，又把姑娘另嫁别人，娶之人犯法，要把姑娘归还（给原定婚人）；诺颜之间如互相争抢订婚礼品，（七旗）将订婚礼品分成两半，收罚十户人，千头牲畜；诺颜如把公主嫁给塔布囊后又嫁给另一位公主，头一个公主连其陪嫁归（塔布囊）之父，不给后嫁公主陪嫁，如给陪嫁，罚马百匹、驼十峰；七旗诺颜给塔布囊嫁公主，两位中只能嫁一人；哈剌出平民的订婚礼品如被汗主抢走，罚（此汗）铠甲一领或骆驼一峰；汗已给自己的公主订婚，但又把公主嫁给别人，罚畜五十（再加）五别尔克。如未订婚，归还所罚牲畜，等等。

（11）关于保护草场、禁止荒火和救助牲畜事

失放草原荒火者，罚一五；发现者，吃一五。荒火致死人命，以人命案惩处；不许杀野骡，杀者犯法；赶回雨中跑失、狼祸跑散的羊群者，百羊中吃一只。

此外，《喀尔喀七旗法典》中还有关于财产、办案、诺颜与哈剌出关系等诸多事项。

3.《喀尔喀七旗法典》的主要特点

《喀尔喀七旗法典》是16世纪末、17世纪初到1639年期间陆续制定的地方法规，是喀尔喀七旗首领制定的联合法规。自巴图蒙克达延汗以后，蒙古大汗的皇权旁落，卫拉特、土默特、喀尔喀等部各施其政。察哈尔部虽系名誉上的蒙古大汗，但已不能号令全蒙古。喀尔喀七旗蒙古首领，受土默特阿勒坦汗的影响，效法其行，尊崇黄教，施行政教并行政策，但在政治上，仍需七旗平等联合以抵御外敌；为寻求政权稳定，合理解决七旗内部纷争，需要制定法规统一行动，在实践中总结经验，发现有不完备之处，并通过会盟制定补充法。这样直到1639年制定出《猴年大

---

① 别尔克：古代蒙古法处罚单位，一别尔克含马、驼、牛、绵羊、山羊五畜。

法》，七旗法典已基本完备，但它仅在七旗内执行。

《喀尔喀七旗法典》与《阿勒坦汗法典》在保护草场、妇女、胎儿、野生动物、喇嘛权益，及严禁偷盗等方面有其相同之处，也有其不同的特点。

（1）注重各旗之间团结协调，以法律条文规定共同抵御外敌。

（2）沿用了元朝宫廷的使役名称，而在《阿勒坦汗法典》中，因其毗邻汉地，汉族农民较多，有些人成了蒙古官员的仆役，因而在法典中出现了"汉人仆役"，蒙古语称"乞塔惕仆役"，并分上、中、下三等，上等仆役，即亲信仆役，表现了地方特点。

（3）在《七旗法典》中，第一次出现了具有游牧特点的处罚量刑"别尔克"一词，在18个法典中，出现了三四次。这是一项特别的处罚规定。这一名称，在后来的《蒙古—卫拉特法典》中出现了23次。"别尔克"一词的特定含义是牛、马、驼、羊（分绵羊、山羊）五种牲畜的统称。

（4）为了维护社会安定，减少民事纠纷，对人身伤害案件的处罚则比较具体，如伤害眼睛、断齿、断指的处罚则有别。

（5）对牲畜伤害案件的处理具有鲜明的畜牧业经济的立法特色。

（6）等级制度比较模糊，反映出法律文明、进步的一面。

（7）奖惩严明。对抓捕逃犯有功者奖，不报藏匿者罚。

（三）《卫拉特法典》

《卫拉特法典》，全名为《蒙古—卫拉特法典》，是1640年9月喀尔喀和卫拉特蒙古各部封建主会盟于塔尔巴哈台（今新疆塔城）的乌兰伯勒奇尔地方共同制定的。法典名称中的"蒙古"，系指喀尔喀蒙古。因此有些著述把它称为《喀尔喀卫拉特法典》或《喀尔喀厄鲁特法典》。这部法典制定以后，一直为卫拉特各部所遵循，而喀尔喀蒙古入清以后又制定了新法典《喀尔喀法典》，因此《喀尔喀卫拉特法典》对卫拉特蒙古社会各方面影响深远。在蒙古史学界，我国新疆虽然有托忒蒙文抄本流传，但这部法典的最早抄本是在伏尔加河下游土尔扈特部余众处发现的，因此通常被人们简称为《卫拉特法典》。[①]

1.《卫拉特法典》产生的历史背景

《卫拉特法典》是在中国国内外形势发生重大变革时期蒙古社会发展的产物。17 世纪上半叶，女真人的后金政权兴起，1632 年打败蒙古共主林丹汗，1636 年漠南蒙古 16 部 49 旗封建主归降皇太极。1637 年以后，喀尔喀三部汗也向清廷进贡驼马、土产，进而于 1638 年（清崇德三年）清朝规定喀尔喀各部每年要进"九白之贡"，要求"三汗贡白马八、白驼一"；[②] 1637 年厄鲁特和硕特部顾实汗也遣部向清廷进贡；[③] 1638 年，卫拉特准噶尔部，《卫拉特法典》制定者之一巴图尔洪台吉之弟墨尔根岱青向清廷进贡马匹[④]。

漠南蒙古的归降清朝，漠北、漠西蒙古的通贡，预示着整个蒙古的命运将失去成吉思汗以来蒙古帝国的独立地位而受清朝的节制，再加上沙俄军事力量的南侵，使喀尔喀和卫拉特各部诺颜深感危机四伏。总结历史上的经验教训，为保持独立地位、化解内部矛盾，主张团结联合、共同抵抗外敌，并制定《卫拉特法典》来相互制约。[⑤]

《卫拉特法典》的产生和制定，是 17 世纪 30 年代北元蒙古社会政治形势发展变化的需要。16 世纪末到 17 世纪 30 年代期间，漠北喀尔喀蒙古由于相继制定法规法典制约内部团结协调、共同对敌，社会比较稳定。

《卫拉特法典》是准噶尔部豪杰巴特尔洪台吉在把卫拉特（西蒙古）各部及喀尔喀、准噶尔、青海、西伯利亚伏尔加地方的蒙古人完全统一在其势力范围的情况下，为了维护西蒙古内部和各部族之间的团结，遂于 1640 年修订并公布了新《察津毕其格》即《卫拉特法典》，共 49 条。《卫拉特法典》在蒙古法典中占有重要的地位，其全部条文是迄今残存的弥足珍贵的纯蒙古部族的法典，为研究蒙古法制提供了丰富而翔实的资料。《卫拉特法典》是建立在西部蒙古族社会基础上的一部成文法，其产

---

① 据《古代蒙古法制史》著者奇格先生介绍本节所引用资料。

② 张穆：《蒙古游牧记》卷 7。

③ 祁韵士：《皇朝藩部要略》卷 9。

④ 《清太宗实录》卷 44。

⑤ 奇格：《古代蒙古法制史》，辽宁民族出版社 1999 年版，133 页。

生的社会背景与《札撒》有所不同。其一，因接受藏传佛教文化的影响，蒙古族固有的原始信仰已丧失了对社会的整合力。其二，13 世纪，元朝中央集权的专制主义体制已经崩溃。在文化方面面临着伊斯兰、儒与佛教等多元文化的艰难抉择，最终选择了佛教文化。佛教的慈悲与宽容与古老的蒙古文化相结合形成新的意识，在《卫拉特法典》等法典中已成为一种温柔的暗流。

2. 《卫拉特法典》的主要内容

（1）维护国家安全、处理边界纠纷，宣扬尚武精神，惩罚知情不报。

①搅乱国内和平、互相战争，侵入并掠夺（他人的）大爱玛（克）或努图克的王公，其他王公应联合起来加以攻击并打倒（他），没收其封地分配与各王公。但保存犯人之性命，剥下他的衣服，赤身加以驱逐。犯人的财产，一半给予被害人，其余一半分给其他蒙古部族，另一半分给卫拉特。

②并未公然作战而争夺边界，侵入小爱玛克或屯者，应归还所掠之物，并拿出甲胄百领、骆驼百峰、马千匹作为赔偿。如系王公，还要拿出五件最好的财宝；如系贫民，拿出一件最好的财宝。这些赔偿物品归处理纠纷的各部王公取得。当骚乱时，由一方君主下逃出投降于另一方君主的人，应当送还；从蒙古（逃出）的投降者，应送还蒙古，从卫拉特（逃出）的投降者，应还给卫拉特。双方亲族也应相互送还。从卫拉特逃出的逃亡者，也应引渡。

③没有适时发现国内即将爆发战争，且事后可以证明已经知道的人，应视为敌人而加以处罚。无论收到爆发战争的通知与否，不召集其人民参加联合军的王公应罚甲胄百领、骆驼百峰、马千匹。

④有劫掠人民或财产嫌疑的王公，应赔偿甲胄百领、骆驼百峰、马千匹。凡有任何与法律相抵触之行为的人，大王公罚骆驼十峰、马百匹；墨尔根台吉或舒格尔，罚骆驼五峰、马 50 匹；如系最卑贱之人，罚骆驼一峰及三九牲畜。

⑤高贵等级的人引起爱玛克骚乱的话，除罚骆驼一峰之外，再加牲畜20 头。

⑥战时犯错误或怯懦逃亡的王公，罚甲胄百领、骆驼百峰、部属 50家及马千匹。如系小王公，则罚甲胄十领、骆驼十峰、马百匹及部属十

家；如系宰桑、扎尔固齐或其他首领，则罚奴隶三人、帐篷三顶及马30匹。此外，如系指挥战争之人，则剥夺其甲胄，使其身着妇女上衣游行示众。额尔克顿及乌斯登有卑怯行为者，罚属下一家、甲胄一领及牲畜八头。如系披甲士兵，则没收其甲胄及马匹；兵士则没收其胴甲及马三匹。更穷者则没收马二匹；最下级的人，则没收其弓、服及乘马。迟迟不到战场参加战斗的人，亦应着妇女上衣游行示众。

⑦从敌人手上救出王公的人，应做该王公的兀鲁思的达尔罕。在战争中遗弃王公的人处死刑，并剥夺其财产。救出已做了俘虏的宰桑或扎尔固齐的人，应和救出王公的人得到同样赏赐。自称救了这样的人，同时得到被救者承认的人，但在没有确实证人时，还不能轻信，与遗弃自己王公的人受同样的处罚。

（2）维护神权、王权及宗教集团的利益。

①对萨满及喇嘛加以危害，或掠劫其爱玛克者，罚甲胄百领、骆驼百峰、马千匹。且加倍没收其财产，必须以好的替换坏的作为赔偿。

②亲眼看见敌人大军而不报告者，剥夺其财产，其家族均被收为奴隶；看见一小部队（敌人）不报告的人，也要没收其财产的一半。在发生骚乱时知情的人，应立即武装起来驰赴该王公的阵营。怠于（驰赴）的人应剥夺其财产及人身自由。牧群遭敌袭击、掠夺时，如果另一牧群跑去救助而夺回了被掠夺物品，以一半归原所有者，其余一半给救助的人；倘若在追击时有战死者，其全家都应受到补偿。纵然没有夺回全部牲畜，对每个丧失性命的人都应给以补偿。但是，如果知道有袭击而不赴援或不追击敌人，对上层分子应该没收其财产之半数；对中层分子没收牲畜九头；对下层分子则没收牲畜五头。

③如发生以下三种情况，任何人绝对不能拒绝无偿提供驿马。其一，有僧侣或因宗教上的任务而派遣的使节或使者的时候；其二，有奉王公之命旅行的人；其三，为了向王公报告战争或有敌人来袭击而必须急速驰赴大本营的时候。对以上三种情况，拒绝为急使提供替马的人，罚九九倍，即81头牲畜。

④与高级僧侣发生口角骂高级僧侣的人，也要罚81头牲畜；但侮辱学徒或尼姑的人，只罚牲畜五头；侮辱修士或巡礼者，罚马一匹。在这时使用暴力的人，分别情形，加重处罚。严重冒渎正式任命的僧职人员的

人，没收其财产的半数；嘲笑离开僧职而结婚的人，应罚马一匹。对之加以暴行的人，加倍处罚。做急使而乘用僧侣之马的人，应罚牝牛一头。这种人乘骑神马时，罚马一匹，但如系马丁借给使用时，应由马丁负罪责。不知是否急使而必须弄明白时，应发誓。急使如果骂大王公，罚牲畜九头；骂小王公罚牲畜五头；骂自己的王爷，应加三倍重罚。揪发辫或殴打激怒上级官吏，罚牲畜九头；如无激怒，罚牲畜五头；只是骂了上级，罚马一匹或羊一只。

⑤四十户的首领（得木齐）应努力使他的属下人民每年新制"具足"二领，以增强兵力；怠于这样做的得木齐，应罚羊及骆驼。

（3）有关斗殴、伤害、损坏他人名誉及欺诈行为的处罚。

①向地位低的人夸耀自己财富时，发生争论而殴打他们的王公或宰桑，应拿出牲畜九头来赎罪；倘若这种行为有危险性，应加倍赎罪，但根据情况和人的身份，这种处罚可以加重或减轻。

②必须执行王公任务的人，不需忍受任何侮辱，可以使用实力。王公的家臣在这种情况下，就是杀死部下也不负责任。如果仅限于斗殴，且王公家臣过失，侮辱者应向其（受侮辱家臣）赔偿名誉损失，即九头牲畜。

③因嬉戏闹玩或轻率冒渎他人父母者，罚马一匹；如借虚伪的口实而乘用急使的马的人，应罚上等牲畜一头。继续乘骑驿马一天以上而不送还者，应罚羊一只。妨碍王公的急使通行的人，罚牲畜一头。为了自己私事伪造口实，并没有资格而窃用急使特权的人，如果因此损及王公所得时，罚牲畜九头，或笞五十及罚牲畜五头。被派赴远方的急使，在住宿地方有接受免费宿处及一只羊的招待的权利。但是，有超过这种招待要求的人，应受处罚。使者故意伤害乘马的话，应罚牲畜一头。对急使拒绝提供免费住宿和招待的人，同样受罚。但是，若无正当理由而住在没有儿子的寡妇家里的人，应罚他身着妇女上衣游街示众。要证明这种情形，必须先发誓。

④在王公的领地将牲畜赶进特定帐篷而污损的人，罚骆驼一峰及其他牲畜九头。但是，如能证明事先不知者，则不应处罚。冒领或企图冒领王公所得的人，罚牲畜九九。

⑤两人相斗，任何人不得介入。如果有谁参加任何一方，他方斗败甚至被杀死时，加害者两人都应受罚，各拿出一个人用的甲胄、武器及牲畜

九头。仅参加两人的争斗，没有造成严重后果者，也应每人拿马一匹。以凶器对向他人者，没收其凶器。两人都使用凶器斗殴时，一方受重伤，胜者应视其受伤程度，拿出牲畜九头的五倍或以下，作为处罚。但伤势很轻时，只罚马一匹。

（4）关于不敬师长，男子施以父母、女子出嫁施以公婆和小姑的家庭暴力伤害的惩治与处罚。

①与自己的恩师、父母格斗或有下流行为的人，罚牲畜三九；轻者罚二九；再轻者罚牲畜九头。出嫁而反抗翁姑的人，法庭应征收该妇女三九牲畜；出嫁而殴打婆婆者，除如上处罚外，至少还应笞打三十、二十，最少也要打十下。

②岳丈为了教育而善意地鞭打了女婿，无罪；但是，若无正当理由而纯系暴力行为的话，应罚牲畜九头；如系丈母娘，则应罚牲畜二九。

见有反抗双亲的儿子，应立即将其扭送王公处告发。若系成人且已分居，应罚交同等级的一个士兵所用甲胄一领，并罚牲畜九头，同时令其与双亲完全隔离。父亲为了惩戒其男孩而若将其致死，对加害者，除其生命外，则剥夺其他。类似情况，如果女子用不幸的方式将别的男子或女人致死时，或女子杀了人的时候，视其情形来判决该女人，最重的处罚是挖去鼻、眼、耳，卖做奴隶。殴杀已离异的妻子者，罚牲畜五九；如果是殴杀女奴隶的话，只罚牲畜三头。

（5）婚姻家庭及财产的继承与离异时财产的分割。

①做父亲的人，应分给孩子们应得的财产。如果以后变得贫穷潦倒，父亲还有取得孩子们五分之一家畜的权利。

②上层家庭在出嫁女儿时，可以接受彩礼骆驼或其他贵重品三十（件）、马五十匹及羊四百只。与此相应，父亲也以与其财产相应的嫁资作为嫁妆。百户的宰桑出嫁女儿，可以接受聘礼骆驼五峰、马二十五匹，同数目的牝牛及羊四十只。同时，女儿也可从父亲方面得到缝制好的衣服十套、衣料十套以及完备的马具、家具、新婚礼服、乘马二匹、骆驼二峰作为嫁资。父亲如果给出嫁女儿陪送仆人或婢女，其他嫁资如果与此有同等价值的话，可以不再给骆驼。下级宰桑嫁女儿时，可接受聘礼骆驼四峰、马二十四、牝牛二十头、羊三十只，同时，以缝制好的衣服五套、马一匹、骆驼一峰及廉价家具作嫁资。富裕的平民嫁女儿时，可以接受聘礼

马及牝牛各十五头、骆驼三峰、羊二十只，并给女儿马一匹、骆驼一峰、缝制好的衣服四套、衣料四套以及与其相应的家具等作为嫁资。贱民也可以要求最好的马及牝牛各十头和羊十五只作为聘礼，女儿也可以要求给予马一匹、衣服一套、马具一套以及够用的家具作为嫁资。

③年满14岁的处女便可以结婚，但未满年龄的人，不能订立婚约。如果在婚龄以前，父亲把女儿嫁出的话，应收回成命，再无偿地给予别的青年。举行婚礼时，宰桑可屠宰大牲畜三头、羊五只；以下级别的首领可以屠宰大牲畜三头、羊四只；平民可屠宰大牲畜一头、羊二至三只。管四十户的得木齐应该每年促成四对夫妇（每十家一对）；否则应罚骆驼二峰、马五匹及羊十只。值得注意的一点，接受聘礼应按所定数额。对无资力的新郎，别人可以援助他牲畜，从嫁资中予以适当的返还。

④已订婚的处女年满20岁而对方仍不迎娶时，可以通过媒人三次催请履行婚约。如果男方仍不履行婚约时，女方的父亲应报告王公，由王公将此女子另行择配其他男子。其父已接受的聘礼，归其父所有。但是，父亲不报告王公，不仅应将所接受的聘礼归还男方，还要罚牲畜九九。若一处女在准备结婚时死亡，聘礼归父亲所有。但在准备结婚以前死亡，应由双方协商解决。分配时兜鍪一领合骆驼一峰或其他牲畜九头；腕甲一付合牲畜五头；铳一挺合牲畜五头；甲胄一领合牲畜九十头；高级刀剑一柄合牲畜九头，低级刀剑一柄合牲畜五头；枪一枝合牲畜三头；弓及箙一套合三九牲畜。应罚物品也同样依此计算。

⑤想解除婚约或订婚后不想嫁女儿者，视其情况应罚牲畜。新娘的双亲必须宣誓证明该姑娘还是纯洁的。结婚或聘了之后，如果证明该女子已与其他男人有染（指怀孕），女婿可以从姑娘双亲处接受所赔偿的牲畜。但是，证明青年在婚前已有不轨行为时，也应视其资力向姑娘的双亲提供若干赔偿。

⑥关于养子结婚的费用，应由养父母负责。诱骗少女的人，如果是上流（上层社会）姑娘，应罚骆驼七峰；中等姑娘，罚骆驼五峰；下层姑娘，也要罚骆驼一峰。在其他部落（畜群）生活了一段时期之后回来的人，只能把在那里所得财产的一半带回来。

娶已离婚妇女的人，如果该女人美丽漂亮，应给其前夫贵重物品及牲畜八头；如果丑陋，给其前夫马一匹。奴隶的证词，除非常明确的以外，对法律事件一律无效。

（6）关于连带责任与过失犯罪的处罚。

①被疯狗咬而重伤死人时，应处罚狗的主人。狗的主人应以全部牲畜的五分之一给被害者作为赔偿。疯狗咬死人时，被害者的家属应得到狗主人所有牲畜的一半。杀掉威胁自己性命的敌人的人，不予处罚。在有人居住的山谷或其他隐蔽的地方被害或被坑埋致死的人，在发现死者的地区住的人们或掘到这不幸之穴的人，应赔偿受害者遗族骆驼一峰及牲畜九头，但附近没有居民而只有牧畜的话，遗属只能从牲畜中获得赔偿。牲畜伤害别人的牲畜时，不得要求赔偿。发狂的牡马或牡牛杀伤人畜时，不能由附近的居民负责。

②酒醉后弄脏别人帐篷的人，因是酒醉，不予处罚。但酩酊大醉的人，如果杀死人，要罚牲畜五九。未醉而犯杀人罪的人，没收其妻、武器及其他一切财产。如果加害人的财产不足赔偿的话，被害者的遗族可以从加害人将来可能取得的财产中，或由其继承人逐渐取得适当赔偿。

（7）战利品的奖励、获取、分配、继承与过失伤害的赔偿。

①在战斗中杀死敌人的人，可以取得其甲胄。最先给予援助的人可以选取兜或腕甲中任何一种，其他的人取得其余物品。分配没有武装的敌人的缴获物品时，可按此法施行。但是，趁乱劫掠别人的正当缴获品者，应杀掉其乘马，夺其所有劫掠品，另外再罚牲畜九头。救助弱者或非武装人员的人，可取其马二匹及武器一件。从困境中拯救出勇士或武装人员的人，可以要求获得战利品中的一件贵重品及大牲畜八头。得到王公许可驰赴战场而战死者的家属可以得到与上述相同的报酬。但是未奉命令而战斗的人，其遗族仅可要求获得一件贵重的战利品。

②战斗中因过失致死己方人者，应以牲畜九头赔偿给其遗族。有人证，并非过失时，加三倍赔偿。打猎时误将他人当猎物射死或伤害致死的，应将自己财产的一半给其遗族作为赔偿。对于一个被杀者的法定全额赔偿，是一个人的整套甲胄和武器以及自己财产的一半。对丧失四肢的人，应依其肢体效用及价值予以赔偿。对丧失拇指的，赔偿牲畜二九；对丧失中指的，赔偿牲畜九头；对丧失食指、无名指的，赔偿牲畜五头；对丧失小指或重伤筋肉的，赔偿牲畜三头；中箭射而未穿透衣服的伤势，赔

偿马一匹。在与上述类似的情况下射死别人马者，除马尸外再赔偿活马一匹，如果被害人不想要马尸的话，应该给予比死马更好的良马一匹。

（8）关于无意间引起火灾和有意纵火造成草场及其他财产损失，对从火中抢救财物者的处罚与褒奖。

由于没有很好地把火熄灭掉便跑开的人们，如果那里发生了野火，被人很快扑灭时，该部落应给灭火者一只羊以为奖赏。从水里或火中救出一个人，可以接受牲畜五头的报酬。这种情况下，救助时丧失了自己的性命者，其遗族可以从被救人那里取得一个人使用的武器、甲胄、兵器以及牲畜九头。从火中或水里救出家具或奴隶的人，可以任选奴隶、甲胄或帐篷之一种及马一匹。此外，救出家具的人也可以取得牡牛一头。从野火中救出畜群的人，可以从各所有者那里取得褒奖。对大所有者可以要求两头，小所有者要求一头，作为报酬。但是，故意引起野火的人，应该受到严厉的处罚。

（9）关于盗窃追赔的有关规定。

若犯罪嫌疑人与被盗人之间达成某种协议而私了，被官府查知，被盗者则得不到相应的赔偿；若盗窃生产工具和生活用具，量刑轻重则以砍不同手指论处或折合实物罚付。

①偷盗骆驼一峰，应罚牲畜十五个九；窃种马一匹，罚九的十倍；盗牡马一匹罚九的八倍；盗牡牛、儿马或羊一只，罚九的六倍。其中，物主可以取得被盗牲畜的二倍，其余归王公所有。窝藏赃物者，视其情节，予以严重处罚。正月以后，被盗牲畜应按一头一胎，各赔偿马一匹。盗贼面对确凿的证据又故意不付赔偿时，可以向王公的法庭申诉，应加倍处罚被告。被害人不向王公、法庭申诉而被断定已与盗贼谈判妥协时，王公可以前往收取自己应得的份额。在这种情况下，被害人连本应按被盗物获得两倍的赔偿也不可取。申诉要求取得高于被盗物数额以上的人，同样要丧失应得赔偿额的一半。

②追踪盗贼足迹到某住户时，该住的人应负责任。但是，在没有可以断定这种嫌疑的旁证时，裁判官可以酌情判断。足迹止于一个爱玛克的人口处而不能断定哪个部落或哪家住户时，由宰桑作适当调查后，则宣告关于窃盗事一无所知或无隐瞒。实际告发盗贼的人，应该是偶然判认盗者行为和牲畜的邻居本人。十户长报告宰桑，宰桑报告王公。不忠实地处理这

种事的上司，应罚甲胄一领、武器及牲九头。

③盗取不能加锁保管的物品（如马具、小刀、手斧、火镰、铗、槌、纲、衣料等）者，可处以割掉一只手的手指的惩罚。想免以处罚的，必须依手指交牲畜：大拇指交牲畜二头，中指交牲畜五头，小指交三头。偷窃毛线或其他物品，不论罪行如何轻微，至少应罚带羔羊一只。

（10）债务与债权。

负债人到期没有支付债务的意思或能力时，债权人在三次警告之后，可向上司报告。债务人接到上司命令仍不支付时，应罚马一匹。反之，对债务人滥施暴行的人，丧失其请求还债之权。夜间袭击债务人者，除丧失其请求权力外，应罚牲畜九头。

（11）对迷途入境牲畜之处置。

对迷途入境的他人牲畜，三天内应给予保护，并公开声明。三天后可以使用，若无声明且藏匿不报或打上自己的烙印者应予处罚等。

①迷入别人畜群的牲畜，三天以内应加保护。在此期间，在自己畜群内发现迷入牲畜的人，应该公开表明，经过三天以后，可以自由使用，如果是马可以乘骑。但是，使用并没有公开表明的，应罚三岁马一匹。若在迷入牲畜的肢体上打上自家烙印的人，应罚牲畜九头。在有效合法期前，剪夺取别人牲畜之毛者，应罚牲畜五头。但是，预先提出正当理由者，不在此限。迷入牲畜首先应该给收楞额看，收楞额在有牲畜查索者来时，报告给查索者。拾得许多牲畜的人，应该报告首领或牲畜查索者，不报告者，罚其牲畜之二倍；否认时，应再罚牲畜九头。为隐匿迷入牲畜而将牲畜转给别人的，应罚牲畜三九。

②拾得被野兽或被人杀死的别人的一头牲畜，并把它吃掉的人，应交出两头牲畜作为赔偿。

（12）关于奸污罚锾的规定。

与有夫之妇相好并与之合谋通奸的男子，罚牲畜五头，女的应拿牲畜四头给裁判官。女的如系被强奸，对双方的处罚都由男的负责。与女奴通奸的人，应该给女奴的主人一匹马，但如系合谋通奸且未告发者，不罚。被告发强奸处女的人，罚牲畜九头的二倍，如果是合谋通奸而由处女的亲族告发的话，仍要罚牲畜九头。兽欲发作而侵犯别人牲畜的人，罚给牲畜所有人牲畜五头，并应将被污牲畜带走（换一头给主人）。

（13）关于斗殴伤人之处置。

关于打架、斗殴过失伤人以及对十岁以上女子有性骚扰行为者的处罚。

①以棍棒或石块伤害别人者，应罚甲胄、武器及牲畜九头；以鞭或拳头加暴行于别人者，没收其牲畜五头。争斗时撕破别人衣服者，罚仔马一匹；揪头发的人，罚牲畜五头；揪胡子的人，罚马一匹及羊一只。往别人脸上吐唾沫者，或以土及其他污物投掷别人者，罚马一匹。打斗对手的头，或把别人从马上拉下来的人，罚马一匹。犯以上所列各罪中的两种以上者，罚马一匹及羊二只。这些情况，最轻的处罚羊一只，羊羔一只。但揪妇女的帽子或发辫的人，罚牲畜九头。施暴于孕妇致其流产的人，应罚牲畜的数目是以九乘怀胎月数。摸处女的乳房或其他羞体，或与之接吻或接触的人，如有人告发，应当众以手指弹被告人的耻部，但这种刑罚只限于对方是十岁以上的幼女；如对十岁以下幼女有这种行为者，不在此限。

②在游戏或格斗中，一方因过失负伤而死亡，当时在场者，都应罚马一匹；如果遇难者是上层人士，所有在场者，除上述处罚外，还应再罚甲胄一领及武器一套。两人在玩耍中格斗，一方因过失受致命伤时，应向对方赔偿牲畜九头。倘若有隐蔽行为时，应加三倍处罚。游戏中伤及别人的眼、牙或四肢的人，如伤势轻微可以治愈的，则不予处罚；但不能治愈时，罚牲畜五头。

（14）关于逃亡、窝藏罪的处罚以及罪犯在审理过程中死亡后的财产处理规定。

①罪犯乘马逃亡，罚牲畜九头的七倍。藏匿重大盗窃犯者，罚牲畜三九。纵然是轻微罪犯，也罚羊一只。

②重罪犯人在审理过程中死亡时，从死亡者的财产中没收甲胄一领、武器一套，并没收牲畜九头，交与法庭。判决前犯人死亡时，从其遗产中拿出牲畜三九，归法庭所有。

（15）关于拾到别人的牲畜、别人猎杀的野兽及设陷阱捕兽而伤人畜的处罚规定。

①拾得的牲畜在提出报告前死亡时，拾畜者应以自己的牲畜作为补偿。当拾得人已提出合法报告时，可免除一切责任。

②拾得别人杀死的野兽者，应还给真正的所有人。无论谁设下捕捉野

兽的陷阱，都应该将此事通知所有邻居。这样，若有人掉陷阱遇害时，设陷阱者除拿出一套上等衣服之外，不负其他责任。或有牲畜因此遇害时，只赔偿同样的牲畜。但是，如果有人证明具有谋害他人的企图，如有人死亡，应罚牲畜三九。如有人受伤，应负责在该受伤者痊愈以前的放牧等事，另外再给马一匹。

（16）关于从狼口救羊、从沙漠穷途救出骆驼、从凶手刀下救人或救人于危难的奖赏。

①从遭狼袭击的羊群中，救出十只以上羊的人，除给他遭狼咬杀的羊只以外，另加一只健全羊，作为奖赏。若被救出的羊不满十只，只给予五支箭作为奖赏。盗窃被咬死的羊的人，罚三岁牲畜一头。

②救出因疲劳而被沙土埋没的骆驼的人，应奖一头三岁牲畜；如果是马，则只奖羊一只，是牝牛，奖箭五支。

③从杀人凶手手中救出了人或救济了因迷路而濒于饿死的人，可接受被救者力所能及的报酬。如果未请医生治疗而痊愈，最少可接受一匹马的报酬。因狩猎或战斗而远离家乡，失去马而又不能徒步回乡的人，给他一匹马的人，可以取得归还两匹马的权利。

（17）有关执行法庭判决及见死不救，强索邻里酒料，损坏他人器物，在王公封地内动土，过失杀死他人牲畜，消除罪证，藏匿别人牲畜、财物，供出同案犯的处罚规定。

①已经作出判决，再要求对方给予判决以外的赔偿并发出威胁的人，丧失自己依判决应得的权利。已下判决，但因贫穷而不能支付判决所科赔偿，且向其首领宣誓，并得到许可者，可以当作对方的奴隶去服劳役，直至赎完所科处罚为止。

②拒绝给口渴者一杯牛奶的人，应罚羊一只。向邻居强索乳酒喝的人，应罚备好鞍子的马一匹。

③一怒之下把别人的家损毁，罚马一匹。在王公地内动土挖坑的人，罚牲畜六九；而属平民者，最少罚牲畜九头。

④因过失杀死牲畜的人，除赔偿外，再罚马一匹。无论何人受到无证据的盗窃罪判决，但后来断定无罪的人，可从原告处获得两倍于处罚的赔偿。偷牲畜的人为了毁灭自己的罪行，把偷来牲畜的污物、骨头或其他东西弃置于别的部落而被发现者，应该给部落首领牲畜九头。冬季，雪上留

下的牲畜蹄印一直走到另一部落时，虽然收楞额已发誓证明所属部民未犯罪，如果没有其他证据，还是应由全部落负责，所有居民每人应罚马一匹。脱离盗窃团伙而向法庭出首其中一个同伙的人，应受到保护，免予处罚，他的罪责由其他同犯分担。如果虐待该人者，罚甲胄一领及牲畜九头。

（18）关于地方吏胥不令行禁止的处罚及为官府吏胥提供驿马和吏胥执行公务时的注意事项。

接到命令而不立即出发的急使，应罚交贵重物品一件或牲畜八头。急使要求乘马，没有正当理由就应当提供，拒绝提供乘马者，每一头罚两头。急使在出差时不得喝酒，如违犯，罚牲畜五头。急使喝醉不给钱，只能到王公那里去讨还。

（19）关于杀害被收容人员或将其带到王公面前乃至再次逃亡的处罚规定。

杀死已收容的从别的部落逃亡出来的人，罚牲畜五九。把逃亡者带到王公跟前去的人，每人罚马一匹。逃亡者如果再次脱手，逮住并交于王公者，可以得到该逃亡者的马、武器、马具及其他所有物品的一半。

（20）狩猎活动中的违规处罚。

狩猎中追赶别人打到的猎物或负箭逃跑的猎物者，以窃盗牲畜罪论处。视其情形，罚马一匹、羊一只或箭五支。拾得别人射死的野兽而藏起来的人，如果暴露，应罚牲畜五头。拒绝交还猎人所放箭的人，罚马一匹。捕到爪子上缚着皮扎的猎鹰而杀死的人，罚同上。

（21）在庭审中诉讼双方的责权及法庭执事、地方领主的裁判权力。

①无论哪一类诉讼，原告都可以取得被告交出的科罚品的九分之一。

②不管是否起诉，如无充分证词，其诉讼费用应由原告负担。对法庭所派使者，拒绝对自己住所进行正当搜查的人，应判败诉。但如没有证人证明此事，或被告的首领宣誓他无罪的话，不在此限。

（22）关于在民间限制、禁止巫师与魔术活动的法律条文。

召请巫师作魔法者的乘马及巫师的马，归告发人。知有巫师作法而不告发者，或仅到过巫师作法现场者，罚交自己的乘马。蛊惑他人的巫师，罚牲畜五头。巫师用魔法显示云雀、鸭、犬等以惊吓人时，罚马一匹。用五色蛇以外的美丽蛇演奇术的人，至少罚箭二支或小刀一把。①

3.《卫拉特法典》的裁判制度

（1）审判体系

《卫拉特法典》时期卫拉特各部蒙古的社会组织，在各部汗诺颜的统治下有鄂托克和爱马克，是汗诺颜管辖直属领地。鄂托克下有得沁（即四十户），得沁下有和林（即二十户），和林下有阿尔班（即十户）。与鄂托克平行的社会组织，另有昂吉，是各台吉的治属。集赛，是寺庙领地，办理有关喇嘛事务的机构。各部汗诺颜的军队组织，是和硕。

在上述社会组织中，各部的最高首领是汗诺颜，汗诺颜的"乌日古格"（大帐或称殿帐），是各部蒙古的最高法庭，在这里执行裁判的均为大案或要案。裁判的执行官员是断事官，蒙古语称"札儿忽赤"。札儿忽赤之下，办案的公务人员有"雅尔古赤"，还有逼审员名为"西哈赤"，再下有出去下达法庭命令的使者。

在鄂托克，其首领是宰桑，宰桑的牙帐就是第二级法庭，蒙古语称"乌日古格"，这一级法庭官员、公务员、逼审员、使者的配备与大法庭相同。得沁、和林、阿尔班组织的首领是得木齐、收楞格和阿寅勒因阿合即十户长，这里的案件要交鄂托克的法庭审断，大案要案要交汗诺颜的大法庭审断。

（2）审判程序

首先原告要有证人并带被告到法庭，断事官裁决。如被告人不到，由雅尔古赤派使者去叫。裁决中，《卫拉特法典》及其两个补充法对札儿忽赤、雅尔古赤、原告、被告以及庭外的各级诺颜、赛特、宰桑等人都有具体要求和规定。法庭审断案件，要收法庭费用，除大法庭汗诺颜收取的费用外，札儿忽赤、雅日古赤、西哈赤、使者都要吃东西（即财物或牲畜），他们的这一份费用，根据不同情况向原告、被告、宰桑或其他包庇者收取。

在法庭裁决前，原告被告间发生的案件，另有一种民间调解的方式，在原、被告头人宰桑之间进行。法庭裁决中，不许作假证，不许暗地说

---

① ［日］自田山茂：《喀尔喀法典》，潘世宪译，内蒙古大学蒙古史研究室，1981年，第32—41页。

情，不许包庇，否则要判连带罪。

（3）刑罚种类

①斩刑；　　　　　　　　　②没收全部财产和牲畜；

③没收全部财产和牲畜之一半；④监禁；

⑤罚畜；　　　　　　　　　⑥以人或畜顶替；

⑦罚物；　　　　　　　　　⑧以畜赎人；

⑨钳手；　　　　　　　　　⑩烫铁烙；

⑪撤职；　　　　　　　　　⑫撤喇嘛职称名号；

⑬罚金；　　　　　　　　　⑭羞辱耻笑。

⑮鞭打、笞杖；　　　　　　⑯打耳光（击颊）；

⑰骑生个子马；　　　　　　⑱脸上烙印；

⑲把犯人卖给商人；　　　　⑳钳刺犯人下腮帮；

㉑握斧设誓。①

4.《卫拉特法典》的主要特点

《卫拉特法典》是蒙古族传统法律文化的传承和发展，保护草场、严禁偷盗、保护和救助牲畜、保护妇女胎儿等仍然是其中的主要内容，并具有鲜明的游牧文化特点。

（1）以政教二法合典的形式，在宗教方面规定藏传佛教为唯一信仰的宗教，以法律形式保护喇嘛教在蒙古地区的传播，保护宗教权益，提高宗教威望。在施政方面极力强调各部蒙古之间的团结协调，取消内部分歧和历史上沉积的牧场和牧民的矛盾纠纷，共同抵抗外敌。在蒙古族法制史上第一次以法律形式整顿蒙古民族的内部秩序，用以消除各部之间的历史隔阂，加强内部团结，求取生存环境，反对侵略，共商挽救民族危亡之大计。

（2）法典在继承过去蒙古族法典、法规基础上，内容丰富多彩，囊括了蒙古社会的各个领域，并建立、健全、完善了蒙古族草原裁判制度。一般审判在牙帐或法庭进行。对蒙古社会各个领域的犯罪做了详细的处罚规定，对于与裁判有关的人或一些特殊事项又制定了专门法（《约孙》）。如为了甄别溃散在外与敌国近邻的人们返回鄂托克故居事情的真假，防止

---

① 奇格：《古代蒙古法制史》，辽宁民族出版社 1999 年版，第 133—157 页。

丢失财物和牲畜，规定"住宿的约孙"或称"夜宿法"，还有"札儿忽赤的约孙"关于惩治"抢劫的约孙"、关于查踪追找马匹的"足迹法"、关于"逼审的约孙"，等等。

（3）极力维护各级封建特权，保护封建领主所有制，规定了严格的等级标准。封建领主分上、中、下等三级，诺颜、阿勒巴图、平民分上、中、下三等。以法律形式调整各部蒙古的内部关系，规定了上自诺颜下至平民的婚嫁规范，等等。

（4）为稳定蒙古社会内部秩序，禁绝人们抢劫掠掳和内战，对严重罪犯的处惩有斩刑，这在财产的处罚上，有没收全部财产和牲畜的处罚。

（5）法典全面继承古代蒙古习惯法，尤其在保护草场、防止草原荒火、救助牲畜、保护妇女儿童、严禁抢劫偷盗等方面，反映了草原游牧经济的特点。

（6）保护女性，保护孕妇及胎儿，十岁以下的女孩犯罪不受惩罚。规定女子的合法婚龄是 14 岁以上。另外，规定十户人家每年内必须帮助一户人家完婚。说明这种婚姻制度的建立，对蒙古民族自身发展的重要性。在封建社会父权制度下，妇女的社会地位比较低下，但在游牧社会中因妇女在生产劳动方面的重要地位，较农业地区的妇女有较高的社会地位。

（7）重视文化教育，并制定出必须接受教育的有关法规。

总之，《卫拉特法典》中包含的刑法思想比较复杂，绝非用民族性、游牧特色文化所能解释，需要更加深入研究才是。但是这种二元等级体系与元代的身份等级有一定的区别，在一个相同的等级里，可以有蒙古人、汉人、色目人和南人，而无身份、政治地位上的差异。《卫拉特法典》的刑罚重在维护游牧民的等级制度，进而维护封建主的各种特权。①

5.《卫拉特法典》的历史意义

（1）法典对于加强喀尔喀、卫拉特蒙古各部的团结，共同抵御外患，发展社会经济，具有重大的历史意义。

法典的制定与实施，不仅促进了卫拉特蒙古各部之间的内部和谐与社会稳定，并促进了畜牧业、农业、手工业及商业贸易的发展，城镇雏形始

---

① 黄华均：《蒙古族草原法的文化阐释》，中央民族大学出版社 2006 年版，第 249 页。

见端倪。①

（2）加强了内部团结，发展了社会经济，为卫拉特蒙古新文字（托忒蒙文）的使用创造了条件。

（3）《卫拉特法典》的形成，在蒙古族历史上保留了一部较早和较为完备的法律文献，是研究17世纪前后蒙古民族的社会制度、风俗习惯、宗教信仰、文化艺术、语言文字等的重要文献。

（4）《卫拉特法典》与《成吉思汗大札撒》不同，是一部研究蒙古民族反侵略的历史文献。制定该法典时沙俄已侵入我国北部和西北边疆，侵占了喀尔喀和卫拉特不少辖地。因而该法典所强调的共同抵御外敌的内容主要指反对沙俄的侵略。

（5）关于战争的条文很多。它规定了各阶层人士对战争必须承担的义务和应享有的权利。

（6）极力维护各级封建主的权威和特殊地位。如对辱骂王族、官员者予以严厉处罚，而王之家臣秉承王的意旨杀死部属则不负任何责任。属民打骂王之家臣必须赔偿其名誉和牲畜。

（7）尊崇喇嘛教，保护僧侣。如不得侮辱僧侣，喇嘛有权向平民征收财产，喇嘛享有赋役豁免权。

（8）法典维护传统的蒙古社会的伦理关系。如晚辈不得对抗长辈，儿子不得反抗双亲，媳妇不得反抗翁姑、不得殴打婆婆等。

（9）法典保留了许多蒙古习惯法的内容。如拒绝给口渴者一杯牛奶的人，应罚羊一只。拯救羊群者可得到一定的奖赏等。既体现了淳朴的蒙古民俗，也表现出草原畜牧业的生产特征。

法典最大的特点是刑罚上以科罚牲畜为主，极少科以实刑。罚畜数量一头至九九不等。所罚牲畜种类有马、牛、羊、骆驼等，其他财产则有甲胄、弓箭、箭囊及财宝等。赤贫者则罚做奴隶劳动。有限的实刑内容包括羞辱刑（如剥光衣服、穿女人衣服游街等）、笞刑、挖去五官、割去手指刑及死刑等。一般说来，这些刑罚只是作为罚牲或赔偿制度的补充来使用，有的实刑可代以罚牲。实刑中的最高刑死刑只有几条，即适用于战时

---

① ［俄］伊·亚·兹拉特金：《准噶尔汗国史（1635—1798）》，商务印书馆1980年版，第180页。

遗弃汗王的人和知道有敌人侵犯而不报警的人。这些充分反映了法典与蒙古游牧社会特定的经济基础的适应性。在当时，牲畜无疑是牧民最主要的财产，而人作为社会主要生产力极度缺乏，必须加以保护。所以法律上便采取了改实刑为罚牲或赔偿财产的刑罚原则。

（10）《卫拉特法典》有新旧之分，新法典吸收了《旧察津毕其格》的内容，也称《新察津毕其格》。该法典总计 121 条（包括补充细则）。

该法典关于刑法方面的内容是最重要的。条文涉及的犯罪种类有杀人、伤害、奸淫、辱骂、盗窃、拐骗人口、违抗公共权威及其他犯罪。犯有上述罪行的，根据情况不同，给予不同的惩罚。如杀人罪，法典列有：子杀父母、父杀子、夫杀妻、前妻杀重婚之妻、纵火杀人等；过失杀人案，虽然都罚牲畜，但有的要籍没财产，有的仅罚五九牲畜和重要财产一份。

（11）作为《卫拉特法典》的重要补充，还应提到另外两部法典补充条例，一是《噶尔丹洪台吉的敕令》。此系噶尔丹统一卫拉特四部时颁布的补充《卫拉特法典》的命令，包括第一号和第二号两篇敕令，发布于1678 年前后。内容包括赋税、救济、防盗、盗案审理、诉讼及审判程序等。二是敦多布达什汗的补充条例——六大僧侣认证下公布的法典补则，一般称为《敦多布达什补充法规》。此系迁到伏尔加河流域的土尔扈特部敦多布达什汗于 1741—1761 年间为《卫拉特法典》制定的补充修订条款。《法规》内容比较广泛，除对宗教教规、社会治安、司法制度方面的规定外，增加了文化教育及抵御外敌侵略方面的内容。与 1640 年法典相比，补则有了一些新的变化。一是关于僧侣的权利义务的规定增多，僧侣的特权地位有所限制。二是实刑有所增加，除笞刑外，有项枷、烙颊等，死刑的范围扩大到凡故意杀人者均处死刑。三是经济处罚方面增加了罚金、罚薪的处理。

（12）《卫拉特法典》是跨国、跨境、跨界的民族固有法。① 《卫拉特法典》（包括补则）执行范围广，时间长，直到漠北和漠西地区并入清朝以后才发生变化。变化之后的法典突出了喇嘛教和呼图克图的特权地位。

---

① 黄华均：《蒙古族草原法的文化阐释》，中央民族大学出版社 2006 年版，第249 页。

如不得侮辱呼图克图和汗的使者；盗窃呼图克图官库马匹要加重处罚，等等。法典中增加了宣誓的内容，这里台吉、诺颜、塔布囊宣誓可以视为一种作证形式。罚牲仍是刑罚的主要形式，但在牲畜不足时，子女、妻子可作为财产予以抵偿。实刑方面，出现了监禁，分监禁一年（盗窃犯）、终身监禁（行窃杀人致死者）两种。法典吸收了清廷所颁法律条文，如抢劫犯处死刑，以财产及子女、妻子抵偿所罚牲畜等等，出现了抢劫、盗墓、抢水等新罪名。此外对商业、商人采取抑制政策，禁止任何人贩卖牲畜及其他物品，违禁从事投机生意者处没收财产和鞭刑，商人夜间外出并留宿以窃贼论处。

这部法典在相当长的时间内广泛适用于僧侣及世俗社会的各个阶层。①

《卫拉特法典》正式颁布的时间虽然比藏族《三典》要迟，但在民间流行的时间较长，是蒙古法在其本民族内部保留的一部比较完整的法律文本。其主要表现为诸法合体、民法较为发达的法律特征。处罚以"九"为基数，多则罚"九"的九倍，并带有显明的阶级性，极力维护王公贵族的社会地位和司法权力等；甚至用发誓来证明未嫁女子的纯洁与否；妇女的社会地位虽然低下，如丈夫饮酒杀人，视其妻子如同财物、可被人没收。但在有关方面仍然表现出维护妇女，尤其是孕妇权益的内容；有割鼻子、割耳朵、挖眼睛等伤害肢体的肉刑及罚没财产的经济处罚，而少有剥夺罪犯生命的刑律条文；畜牧业文化和部落制度的印记比较鲜明。《卫拉特法典》是一部在西部蒙古族内部实施的由部落习惯法演变而来的成文法，与藏族习惯法在法律体系、政治、经济、社会、文化背景等方面有着诸多相同的方面。加之西蒙古与藏族地区的地缘关系，其法律文化对藏区习惯法影响之深，可在"三区"（卫藏、康、安多）习惯法的内容及条文中得到大量的印证。

---

① 义都合西格：《蒙古民族通史》第四册，内蒙古大学出版社 2002 年版，第274—282 页。

二 藏族"三典"的立法背景

公元 842 年，吐蕃王朝因王室内讧和部族、边将之间的混战而分裂瓦解，出现了众多互不统属的地方势力。

吐蕃自松赞干布起，在政治、经济、宗教、文化诸方面采取了一系列改革措施，在促进社会发展的同时，加速了民族共同体形成的过程。然而，在寻求发展的过程中，也难免有潜在的危机和冲突存在。由于松赞干布提倡佛教，故引起了后来的苯佛斗争以及贵族专权、穷兵黩武，使政治、经济乃至宗教方面危机四伏，终于在 839 年发生弑君灭佛事件。842 年朗达玛死后，吐蕃政权旁落大妃琳氏手中，发生其子云丹、哦松争夺王位的斗争，自立为王，互相混战，达 28 年之久。以上诸种因素酿成了（868—877 年）大规模的农民起义，彻底摧毁了雅隆鹘提悉勃野家族建立的吐蕃王朝。至此"其国亦自衰弱，族种分散，大者数千家，小者百十家，无复统一……各有首领"。

总之，从五代到南宋（907—1127 年）间，吐蕃社会处于各自为王、四分五裂的大混乱状态，藏史称其为"分裂时期"。由于政治上的大分裂，其间，在吐蕃时期形成的民族共同体则表现出部落意识强于民族意识的个体心态。作为吐蕃时期形成的法律文化也随之流失于民间，成为无形法，并与不同政治势力的需求构成具有区域性、部落性质的习惯法规。

随着吐蕃政权的变迁，与之相适应的宗教派别应运而生，并在意识形态领域占主导和统治地位，促进了佛教在藏区的再度兴起。史称佛教"后弘期"。其间，教权政治的雏形开始形成，出现了四个大的宗教集团，并在割据势力的培植下先后出现了萨迦、噶举、宁玛和格鲁及其他小宗派。这样突出的部落意识加之意识形态领域教派意识的分歧，僧侣集团因"宗教首领乘机参与军政，自号法王，排斥异己，骄奢淫纵，万民诅咒"。俗人社会因部落及割据势力的纷争，则法律废弛，社会糜烂。[①] 在如此激烈的派系斗争中，萨迦派始浮水面，成为藏族历史上第一个集教权与政权

---

① 杨士宏：《论藏族社会发展史上的四次飞跃》，《西北民族学院学报》（哲学社会科学版）1997 年第 1 期。

于一体的政教集团，它作为藏传佛教的一个派别，推动封建农奴制登上藏族社会的政治舞台，为后期政教合一制度的形成始创了模式。

另外，萨迦政权在其五祖萨迦班智达贡嘎坚赞时与其他教派相比较，则影响较大、势力较强，统治手段也较为娴熟。贡嘎坚参为了维护其教权政治的利益，渴望有一个稳定的政局，他试图通过辨识社会反映在人世间的百态万象及真、善、美与假、恶、丑来倡导崇尚知识，尊重人才，贵于品德；宣传"仁慈"，主张"爱民"；以佛教的基本教义"忍让"、"施舍"、"利他"、"正直"、"诚实"、"精进"为做人的标准和新的道德规范。这些对整治混乱无序的社会现状起到了法律的整合作用。就其社会功效而言，《萨迦格言》是吐蕃王朝崩溃后地方割据近四百年来，以宗教的面目出现的一部政治标准和道德法则。

在萨迦政权时期，西藏虽然实现了与祖国的大统一，但在意识形态方面又出现了教派之争，加之蒙古各政治势力的介入，教派斗争日趋加剧。如噶举派支系繁多，其势力范围基本上控制了前藏和西康地方，与萨迦派形成分庭抗礼之势。随着萨迦政权的日趋衰落，到13世纪90年代（1293年）教派斗争达到白热化，首次利用外力进行内战。这时的部落意识、教派意识随其斗争而不断升华，并超越了民族的整体利益。是时以降曲坚赞为首的帕竹噶举乘机于1349年攻取萨迦占领前藏，1354年占领后藏推翻萨迦政权，形成了政教合一的帕竹地方政权，得到了元朝的承认，并封降曲坚赞为大司徒。

1368年明朝建立后，采取了"众封多建"的政策，对具有政治实力的地方诸教派首领均赐以"王"、"法王"、"罐顶国师"等名号；王位的继承必须经皇帝的批准，遣使册封。随之，达赖喇嘛和班禅喇嘛两大活佛系所属的格鲁派兴起，三世达赖索南嘉措向明朝入贡，获得明朝中央封赐的"朵儿只唱"名号。明朝中央对西藏的治理，沿袭了元朝的办法，先后设置乌思藏、朵甘两个"卫指挥使司"和"俄力思军民元帅府"，分别管理前后藏、昌都和阿里地区的军政事务。其间，帕竹地方政权注意发展生产，加强经济实力，在西藏部分地方推行"溪卡"（庄园）制度，建立13个基层行政单位，称之为"宗"；并依据吐蕃时期的"十善法"为法律依据，对地方习惯法进行了收集、整理、厘定，立"十五约法"，即《十五法典》，结束了萨迦时期法令无常，"流于欺诈，或犯宽严不均等弊端"的状态。约法以教训为主,辅之以惩罚。绛曲坚赞试图以佛法和俗法,或者说以道德教条同法律的混合物来整合藏族社会。

17世纪中叶,第五世达赖喇嘛索南嘉措、固实汗、第司·索南饶登三位喇嘛和施主为发扬格鲁派的教法和进一步巩固正教合一体制,参考帕主、蔡巴政权时期的有关法律条文,对《十六法典》作了部分删除和诠释,主持完成了《十三法典》。

(一)《十五法典》

《十五法典》是自元而明,从萨迦而向帕莫竹巴政权过渡的产物。据《西藏王臣记》等史料记载,在萨迦政权后期曾融合蒙古法律和吐蕃时期的法律,制定了《十五法典》。当时,适逢13世纪中叶西藏政教集团不断壮大,统治手段不断娴熟,宗教各教派之间的斗争和教派内部戒律松弛,宗喀巴大师为了改变这种局面,在噶当派的基础上创建了格鲁派,使得众派在宗教意识方面达到求同存异,最后实现众派归一的目的。《十五法典》正是在这样的时代背景下,由帕莫竹巴地方政权的执政者绛曲坚赞根据文献记载和残存的吐蕃时期的法律条文及民间习惯法规,并参照蒙古法律编纂而成的一部成文法。共15条,故称为《十五法典》。

《十五法典》在很多文献和研究文章中仅有条目的介绍,而没有具体内容的引证,因而引起了一些学者的特别关注。在现已出版的藏文版《西藏历代法规文献选编》中有两份关于《十五法典》的文献。一份名为《大司徒·绛曲坚赞时期制定的十五法典条目》,其中简要介绍了参照萨迦及蒙古法,是制定《十五法典》的主要依据,并列出了具体的法律条款。

(1)英雄猛虎律;   (2)懦夫狐狸律;

(3)地方官吏律;   (4)听诉是非律;

(5)逮解法庭律;   (6)重罪肉刑律;

(7)警告罚锾律;   (8)使者薪给律;

(9)杀人命价律;   (10)伤人抵罪律;

(11)狡诳洗罪律;   (12)盗窃追赔律;

(13)亲属离异律;   (14)奸污罚锾律;

（15）半夜前后律。[1]

我们通过分析这份文献的名称，可从中获得它的形成时间是在大司徒·绛曲坚赞（1302—1364 年）执政的帕莫竹巴地方政权时期的信息。绛曲坚赞 20 岁时被萨迦帝师耿噶罗哲任命为帕竹寺的住持，37 岁时（1388 年）当了万户长，实行"政教合一"，始集政治、宗教权力于一身。在萨迦政权的第六代法王罗哲坚赞执政期间，王室发生内讧，绛曲坚赞趁势起兵推翻了萨迦政权，于公元 1354 年建立了统治全藏的帕竹政权。后遵循吐蕃时期的立法宗旨，制定了内容涉及 15 个方面的新法典。那么，《大司徒·绛曲坚赞时期制定的十五法典条目》，这种只有条目没有内容的模式，只能说明它还处在制定《十五法典》的前期准备阶段，并根据叶蕃时期的法律内容，参照蒙古律例构成了《十五法典》的基本框架。

另一份是《霹雳十五法典》。应该说《霹雳十五法典》才是《十五法典》的正式文本。

《大司徒·绛曲坚赞时期制定的十五法典条目》和《霹雳十五法典》的条目在排序、内容等方面出现了一些差异。如《霹雳十五法典》的（9）平衡度量律、（10）多少清算律、（11）损失平摊律三条，凸显出人与人之间因经济交往而引起的诉讼在当时社会的诸矛盾中占有比较重要的地位，表现出当时在制定法律时强调法律务实和进步的一个层面。

《霹雳十五法典》有以下四个方面的内容：

1. 《霹雳十五法典》的理论依据

佛教创始人释迦牟尼在舍卫城祇陀林修行期间，对世人行"十不善业"（即杀生、偷盗、邪淫、妄语、离间、恶语、贪欲、嗔、邪见、持坏心）的恶行有所见闻。佛陀为了杜绝世间"十不善业"的肆虐而宣扬因果报应的思想，以冥罚和报应来震慑犯罪。认为："行不善者，轻者转生牲畜；中者转生饿鬼道；重者堕入地狱，由狱卒操持，让你忍受无数苦难。如有些被刀切割，有些互相用刀劈，有些被磨碾压，让有些上刀山，有些被沸腾的铜水煎熬等。忍受无数痛。"又在《宝蔓论》中对人生在世的所作所为作了进一步阐述。佛说："杀生者寿命短；多行不益者多苦难；偷盗者人财两空；淫人妻女者树众多敌人；说谎者遭人骂；离间者得

---

① 黄奋生：《藏族史略》，民族出版社 1989 年版，第 204 页。

不到知识；恶语中伤者常闻恶名；绮语者无信用；贪心者希望落空；持坏心眼者遭遇不测；邪见者无善心"，等等。行"十不善"会遭无数报应，为此讲了"十不善法"。

为了杜绝"十不善"，圣人龙树专为国王写了《致国王的信》，为大臣写了《智慧大全》，为民众写了《人的培养方法》。

据此，从佛所提倡的"十善"（即十个道德标准或价值标准）和要杜绝的"十恶"正反两个方面切入，并参照先世法王制定的法律，作为制定《霹雳十五法典》的理论依据。

首先，以因果报应的对比手法，对比较抽象的"十恶"作了人性化的描述。通过十个寓言故事，形象生动地宣扬了因果报应的立法思想。

认为俗法（国法）与教法，从表面看似有矛盾，但究其实质并不相悖。所以，一个比较完善的俗法（国法）会成为一部教法。二者相得益彰。

2. 法律体系的建构

（1）合议庭组成及职能：在审判各类案件时，审理人员由四位调解人、八位证人、一位公证人组成。所谓公证人是指法官和证人；四位调解人是指经验丰富者一人，能掌握别人心理活动者一人，询问疑点者一人，分析供词真伪者一人；八位证人是指当事人双方各自所请的四位证人。法官或公证人的心怀要像平原一样坦荡，对事实如陡山之滚石，寻机给被告做不利的证词；对是非的曲直如锦缎之纹路，两耳像盛坏话的器皿。

（2）对法官、公证人、当事人和担保人的要求：法官和公证人要坚守三誓言、四遵守。三誓言即公证断案，认真听案情，要有极强的耐心；四遵守指不遵守调解书约不判案，要公证无私，要坚持以事实为依据，要向无私心的智者征求意见。总之，要像缝补之针，切割之刀，轻重适当。

（3）传讯方法：首先，当传令员召集诉讼双方当事人时，要向他们说："四方身体乃福祸之源，人有旦夕祸福，但也由人来减免祸福。木头长疖子，可用斧头削平。两人产生纠纷时，出现中间人，叫神仙下凡。纠纷在天界，调解人在罗刹国。当初针锋相对，最终在室内调解。双方之间虽然有上百条人命，最终还得调解合好。欲倒的树盼望刮风，谗食肉者喜欢饮血，无端滋事者想破钱财。"无论如何，在断案时，要认真听取当事人的辩辞。当事人辩护方式有五类：

①走进死胡同的辩护。如反对不为自己说话的朋友，拉拢不明真相的人捏造罪名。

②对付八种狡辩的方法：不能像鼠洞似的嘴（狮子大张口）漫天要价，也不要斤斤计较（别死钻牛角）。

③看是否加罪于死者或别人。

④答辩要言简意赅。如对方宁折不弯，自己则要柔软似绵。

⑤贵人的辩护。之所以高贵，是从其成为高贵的四原因、四特点、四优点来认定的。

四原因：祖辈之血统高贵，贡献大，势力大，财力旺。

四特点为：饮用茶酒，身着绸缎或猞猁及狼皮皮裘者，客人及远方来宾。

四优点：尊敬三宝，瞻仰父母，传承血统且抚养子女及家眷，而对敌人则冷若冰霜。

辩护词：如这个世界是你父母所创，在我的父辈时被毁了吗？在我这一代被卖了吗？公证人听完这话些后，就会说：请你们说话要和气，说话要讲究方式。话虽没有角却能抵人，虽无手脚却会舞蹈。所以要讲究方式，以理服人，根据实际情况而定。

对当事人的要求：当事人要舍弃三罪恶，坚持四遵守、三要求。

三个罪恶为：盗贼狡辩，淫乱者狡辩，不育母牛宜犁地。

四遵守：不把司法人员当敌人；不让亲属当辩护人；不要得理不饶人；不欺骗担保人。

两要求：说话要和声细语，对己不利的证词要给予精辟的反击。

总之，要从事实、例证、特点等三方面予以辩护。要以求同存异的原则达成协议；寻找对手的缺点来让其服法；从对手的诽谤、粗野、夸大事实中仔细观察破绽。

对担保人的要求：要对己方负责；要抓住对手的罪行；赔偿要有始有终；要仔细审视判决书。

3. 《霹雳十五法典》的内容

（1）杀人命价律：根据蒙古法典，杀人要偿命，藏区依据佛教精神，杀人偿命等于杀了两条人命，所以杀人要赔命价。由于死者失去了生命，所以叫"东"，"东"在藏文中意为"空"或"千"。

从前，杀了地位尊贵者，要赔一千加一百两（银子），遇贵人说情时，可免去零头。由于"东"（千）之意为空，所以得到赔款的人家也不会变富，赔款者也不会变为乞丐。"东"是与死尸等同的赔款，也叫替尸款。

赔命价，有时根据个人的强弱（等级）有所区别。萨迦班智达说：有百匹马的，也有千头牛的。特别优秀的人被杀，要赔十万头（匹）；智者（知识分子）被杀，命价无限。俗话说，亚孜国王被蒙古人杀死，赔了与尸体等量的金子；丹玛杀了盖萨尔（这里的盖萨尔不是岭格萨尔——译者），至今无人赔命价；亚泡、嘎热、贤巴三人被杀后，只赔了一条草绳。

普通人的命价分上中下三个等级，上中下又各分三等，共27级。

其中上上等的命价为一百一十或一百一十五两；

上中等的命价为九十两；

上下等的命价为八十或八十五两；

中上等的命价为七十至七十五两；

中中等的命价为六十至六十五两；

中下等的命价为五十至五十五两；

下上等的命价为四十至四十五两；

下中等的命价为三十至三十五两；

下下等的命价为二十至二十五两。

杀害妇女的事很少发生，如果发生（命价）为十至十五两之间。不满八岁的儿童用刀伤人致其死亡时，只赔丧葬费；盗贼在行窃时被杀，虽无赔命价之说，但可进行诉讼，最多赔点丧葬费，具体事项具体对待。杀死被俘人员和证人时，可根据第司律，由双方协商，视具体情况而定，或赔双倍命价。对怀疑有教唆杀人或投毒的案情者，经辩护仍无法排除嫌疑时，要赔命价之一半，有时也可圈定一块良田来代替命价。

现今守法的人越来越少，除以上规定的命价外，大人、贵人之情面（说情）也可抵命价。命价的十分之一为罪孽费，丧葬费的一半为安抚费，剩余的用于超度亡灵之用，也叫超度费。

命价一两，搭一驮（驮在藏语称克，西藏旧的计量单位，24升为一克，一克相当于一斗）青稞，酥油与青稞的比价为一斤比两驮，也可定为一比四的比价。现今一驮青稞折合两斤酥油。盖尸衣、葬礼费、血褥等可视具体情况而定。还有火化等处理尸体时所需的费用，可酌情而定。杀人了还要把镇邪分为黑白花三种，用于断绝锐器事故的仪式，也可根据情况而定。还要为死者妻子付拭泪巾费（也叫洗头费或奶费）、孤儿抚养费、死者母亲的安抚费、死者亲属的胜诉费等，要立字为据。

死者属孤儿，死者父方胜诉费，死者兄弟的安慰费、亲属的胜诉费、女婿的御箭费等项均需立字为据，若不立字据，后患无穷。

丧葬费先交或后交有区别，拖延交费者可加倍收取。对死者感情深的家属，做七天超度亡灵的法事，变数较大，要提前收取费用。个别对死者不善待的家属，索要双倍的费用，若不满足要求就不接收，是不正确的。因为丧事结束后，就不会有人自动上门来交丧事费的。对于细软、实物的处理，要按重量、数量、价值来核定比价。如细软与实物的比价为翻倍，实物与杂物的比价也应翻倍计算。为权贵阶层赔命价时，其命价的三分之一为金银。从前也有把丧事费计入命价的现象。

凶手将凶器交出时，从命价的三分之一中扣除一两，这样做会给复仇者带来好运，所以多数凶手不交凶器。

赔命价时，山（山区）畜、川（川区）畜、马驴等有用牲畜、铠甲、丝织品、氆氇、南方和北方的商品、本地商品均以三分之一的价格收取。这种算法一般会引起双方的异议，最好把当场兑现细软的价格单位换算为命价的两。

另外，杂物与细软的比价为八比一；布匹与细软（黄金）的比价是十六尺（肘）为一玛雪（计量单位一钱），即一钱金子；十二尺（肘）为一白雪（实物计量单位）实物；八尺（肘）为一桑雪（杂物计量单位）杂物；八羊皮袋粮食为细软（黄金）一钱、四羊皮袋为（一白雪）实物一钱，两羊皮袋为（一桑雪）杂物一钱。

根据以上标准换算细软、实物、杂物之间的价格。另外竹垫 1000 张等于（黄金）一两。交来的超度物青稞、酥油按各自的实际价计算。多交的金、银、丝织品、铁锅之类均折算成青稞或酥油的价格。

（2）伤人流血抵罪律：从前有如下规定：上等人的一滴血要赔一钱金子；中等人的一滴血要赔一陶罐实物（粮食等）；下等人的一滴血赔一斗（粮食）。现今，要视当事人双方的过错大小、伤势轻重来决定。一般要赔整羊肉一只、青稞两驮、糖少许，酥油五斤、盐巴一斗、油两斤。至于伤衣、血褥、赔情费等要根据具体情况来定。若伤势严重，可遵照原有赔偿法，细软与杂物的比价为1:1.5。重伤者需要火炙（艾灸）时，除伤衣、血褥、赔情费外，还要为每个艾灸痕迹赔一钱金子，伤口切除的痕迹要按两论处，如从伤口剔出骨头时，按骨头的大小赔偿同样大小的金银（同态复仇的例证——著者），或者每块骨头赔三两金银。赔情的酒肉数量，杂物的种类和数量，可根据具体情况而定。由于往常产生对物价换算的异议，可根据以上标准。

（3）盗窃追赔律：法王松赞干布说：偷盗者赔偿八倍，并加被盗物。与第司法的不同点是：如到自己领地以外去抢劫，要赔七罚一或赔四罚一；相同点是：如到本地以外去偷盗，数量较大的赔三罚一，数量小的赔三；邻里之间互相行窃的，根据被盗的东西来定损失费、道歉费及处罚类型。如不交出被盗物可上法庭处理，罚款数量可视具体情节而定。如发生冤案时，要提前谈妥道歉费。偷盗寺院集体财物者，逐出寺院；偷盗佛的供品者，罚被偷物的80%；偷盗村长库房的罚被盗物的90%。

（4）赌咒昭雪律：法王松赞干布说：让说谎者赌咒。若是非难断时，迎请地祇、护法神为证，让当事人赌咒，请懂法律、明利弊的人作证人，把赌咒过程记录在案，这样人们会重视誓言。若各打五十板，则好人冤枉，坏人猖狂。

赌咒昭雪时，要排除以下四种人。

①俗语讲，"黄鸭不会陷到泥中"。不让僧人赌咒，由于僧人是普度者，不能装入器皿中。

②俗语讲，"小瑙玉不串线"。因为儿童不懂事，容易背盟，所以把儿童排除。

③俗语讲，"不给乌鸦下套绳"。所以把妇女排除，理由是女人为了自己的男友而不惜发誓。

④俗语讲，"别给黑毒蛇下套绳"。把咒师排除在外，因为咒师会解咒。

赌咒的方法：当事双方各请亲属证人一名，旁证一名。对亲属证人有异议时，由法庭视情况定夺；请熟悉赌咒仪式的三至四人，并统一标准，预防事后产生歧义。要清楚双方争议的焦点，在誓言中要避免与事无关的字句。俗话说："誓言为罗刹，发誓者如新娘。"誓衣上要标明发誓者的名字，发誓者脱光衣服，头顶铜锅，项上拴条黑绳。对当事双方证人的数量应有明确的规定，证据用书面形式陈述。发誓时双方不得穿鞋戴帽，不佩带佛像、舍利、护身符。手拿写有日期、神名的字条念一遍后发誓，且必须按规定誓言发誓。若当事人一方退出时，则被视为有罪，拿出先前写成文字的东西，当场宣读，并按规定的数目进行赔偿。藏、蒙法律都有这种方法。

至于盗贼，有夜间和白天行窃之分。如有在作案现场看见盗贼的证人，案犯仍不承认时，才作出发誓的决定，并根据被怀疑对象疑点的大小、赔偿的能力来处理，否则不被法律认可。

物主与当事之（盗窃嫌疑人）间的争论无法解决时，如不发誓就无法确定真伪。被诬陷者试图用发誓的方法弄清是非，如洗去污垢要用水，荡涤心灵用发誓；不分青红与皂白，黑暗中再好的镜子也无法照自己，所以无论如何要发誓。对此有异议时，让双方发誓，对损失应当赔偿。并立中间人为证，使双方都无疑虑。不宜发誓的争端，双方互相强加罪名，尽管发誓，终因没有确凿的证据而不得不放弃。

若发生盗窃事件，怀疑某个人时，失主就说："如果不是你偷的，就画誓山发誓，我给你倒赔。"这时会发生两种情况，被怀疑者自己清楚自己是无辜者，他不但不会发誓，反倒让失主发誓。双方之间以前就有纠葛，无辜者则清楚是对方在诬陷自己，这就像给敌人下毒，让栽赃者发誓，必食言无疑，其食言会殃及自己。遇到这种情况，叫作"失主进了死胡同，盗贼心里清楚，失主心里狐疑"。若能确定盗贼，或觉得是某人，失主想让他发誓，而被怀疑人不想发誓时，就应订立法律上认可的协议，发誓及调解费由盗贼负担，也有失主负担的情况。

当今，有些无知的人说没有必要发誓，因而不分黑白，随意决定，且诉讼费用全部让失主负担。有些让失主负担财物损失费，让盗贼负担诉讼费，这是不合理的。其实，赔偿与否由调解人定夺，接受赔偿与否由誓言决定。也有由被告负担发誓及调解费，由原告负担发誓费的情况。

抢劫犯有权辩诉，失主有权让其发誓。对赌博类纠纷，发誓的费用由赢家负担，输家负担发誓及调解费。此乃世间公认的法律精神，贵在准确执行。

另外，当事人双方在诉讼时要以案件本身为主，就事论事，不得牵扯与本案无关的事项，否则会劳而无功。

当事人要求将发誓结论作为终审判决的，要缴纳保证金。其比例为：金银部分中抽取三两，或按惯例交一两不等，视具体情况而定。誓衣费包括在诉讼费中，法庭在判决、传讯、参与诉讼的过程中产生的临时性开支，要根据案件的大小，从当事人手中适当收取。善良的调解人不要求报酬的多少，调解人发誓比金子贵重。所以给他们每人送一整匹料子作为誓衣，送半两金子。

（5）奸污罚缓律：该律的范畴为：奸污别人的妻子、母亲或妹子者，剁手指或脚趾后驱逐。当时，法王松赞干布规定：对奸污者罚款，奸淫别人妻子者，交媾时所接触的部位分金、银、驮（粮食等的数量单位）、袋（粮食等的数量单位）、匹予以罚款。但是，夫妻俩密谋勾引别人的妻子时，要倒赔。

（6）离异调解律：在家庭婚姻中，两人结婚又因故离婚时，要涉及损失费的问题。首先要弄清是非，若过错在男方，则赔女方损失费一钱金子，一些地方也有以细软杂物等折赔四钱金子的做法；若过错在女方，则赔偿男方损失的三分之一。从前，有男错赔一钱、女错赔一两的习惯，还有不追究双方过错的法律。另有"男财无发，女财无策"的说法。计算女方损失费的方法：雇用工资每天为两升（一般指青稞），双方同意时可交接，并索字据，同时还要订立具有法律效力的最终协议。

（7）听诉是非律：调解人要用三天的时间从知情人处了解情况，然后考虑三天，弄清纠纷双方谁是谁非则至关重要。有过错方要赔偿标的的三分之二，也有赔四分之一的。像石头和鸟的关系，此类案件结案要干净利索。如果过错方不按规定日期缴纳罚款时，可请求法官强制执行。

（8）诽谤污辱律：当众污辱人或以势欺人，以及假借法律的名义实施抢劫，均视为当众污辱人，处以下跪敬酒的惩罚。

（9）平衡度量律：买卖双方首先要确定在自愿的基础上进行公平交易。如八驮青稞为一钱金子，两驮盐或铁为一钱金子，八驮杂物为一钱金子，两驮零五斤酥油为一钱金子，四件茶为一钱金子；四罐银砂为一钱纯银，六钱银子为一钱金子。金与银的比价为一比六，依照上列标准，双方规定交易结算规则。

（10）多少清算律：古人规定：买卖中的计算错误，当事人有三年的追溯权。对借贷利息、买卖中出现的计算错误，而双方意见不一致时，须拿出算子当面核算。

（11）损失平摊律：例如，某人翻山去实施抢劫，被追赶人抓住，称双方在交接被抢物资的过程中又丢失了牲畜，对此有异议时，经协商同意后发誓。先由失主发誓说："我的牲畜是在这里丢失的。"抢劫者说："我抢到的就是这些。"相互间取得信任后，至于损失则由双方平均分摊。

（12）半夜前后律：例如邻里间互相借用马、牛、驴，傍晚时还给了主人。如果该牲畜死于前半夜，损失由借用者负担；若牲畜先前有毛病，损失则由双方平担。

（13）英雄猛虎律：以防止双方误会（误解、失误、错误）为前提。如双方之间曾有过大契约或大怨恨（仇），然而难以强制（硬行）决断（判定）之诸事，经交换（变更）诉讼书（争辩词）而涉及不利于一方时，此方收受一定的赎金等，选派调解人调解（或放弃原起诉，或不再坚持原起诉），使之符合贤哲之成规。

（14）懦夫狐狸律：例如某人曾盗窃别人的财物，事后自觉惭愧，主动交还所偷财物，或者在引起失主怀疑的初期，立即归还财物者，叫作"自首的盗贼胜过亲子"。所以只追还被盗财物或赔偿相当于被盗物本身价值的钱物外，不予追究罪责。（十三、十四两条的内容与名称不符，疑为在《十五法典》的初始阶段，还没有摆脱吐蕃法律的影子。但当时的藏族社会与吐蕃时期相比则发生了较大变化，因此，如同填错空一样添加了与条目不符的内容——著者）

（15）诉讼费用律：世故老人说："法庭的诉讼、润笔等费用是嘎尔大臣想取巧取班玛雄努的钱财而设计的，日后变成了法律。"但是，在杀人等案件中，如果凶手先动嘴动手，凶手除负担三分之二的诉讼及赔情费外，还要承担三分之二的润笔费。被害人只承担三分之一。反之亦然，由被害人承担案件标的的四分之一。其中，润笔费的四分之一要交金银。法官等办案人员也要收取一定的报酬。

下达判决书时，根据参与人员的多少、范围大小来决定酒肉数量。其中一半归法官和中间人所有，剩余的六分之一归担保人，六分之二归管理人员，六分之一归书记员。需要外调派人的费用另外收取。普通案件只收取一定数量的酒肉。审理案件时，经常会收到当事人的贿赂，原则上应该拒绝。但是，若不接受断定是无罪者的礼物，他们会觉得法官有成见，所以接受后也不能偏向该当事人。审理案件时要根据当事人的情况，要为好人和弱者做主。不能收有罪方的贿赂，否则违犯国法。

作为法官，要说到、想到，要是非分明，当天的事当天理毕。有这样一个小故事。项贝的同事对项贝说："国王虽坐龙椅，龙眼望着碟子。你是否需要注意一下，这是给虱子作标记。你聪明，熟悉法律。"项贝说："明天，我嘴里含块松儿石试探一下。"第二天早上，待吃喝完毕，项贝对国王说："因早上说话快而没有听清楚，是否按原定方案？"并将嘴里的松儿石用舌头顶来顶去。国王说："昨天事情太多，忘了你的话。既然如此，你言之有理，就照你说的办。"

办什么事，都要讲究方式方法，要公正，不能亏待好人；既要尊重有知识的人，也不能嘲笑愚者。总之，按人世间的规矩办事很重要，这样的作风会成为后人的榜样，法的罪孽不会报应你。先小人，后君子。公正无私得像雷劈，这样办理的案子会成为案例。不能办"伤后披铠甲，死后念寿经"的事。办过的案子不应有违约的现象，如有违约，由法官监督执行，并依法收取一定的违约金和适当的罚款。如惩罚过重，则不利于今后执法，将会造成违约者多，赔偿违约金者少的现象。总之，无论地方长官、部落头人、司法人员均须依照法律行事。①

4.《十五法典》的历史意义及法律特征

《十五法典》总体上倡导做人要谦虚，反对傲慢逞强；强调抑强扶弱；要求办事人员应有一定的责任性；处理诉讼要求明辨真伪；对仗势欺人者绳之以法；对犯有重罪者处以刑罚；立约要有凭据；借贷要求责任明确，期限清楚，偿还分明；对勒索他人财产或贪污公物者予以财产罚没；杀人者按被杀者社会地位赔偿命价；伤人者视伤势轻重偿拿治疗费用；诬陷他人或狡狂无赖之徒，要求盟誓神断；盗窃犯罪，要按物主的社会地位赔偿损失；提倡家庭、邻里之间的和睦相处；奸淫犯罪要视情节，向被奸者或其丈夫偿拿奸淫罚金。

---

① 恰白·次旦平措：《西藏历代法规选编》（藏文版），西藏人民出版社 1989 年版，第 47—81 页。

《十五法典》是藏族法制史上的一大进步，主要表现于对萨迦时期执行蒙古法杀人应偿命这一律条的改进。《十五法典》的编纂者绛曲坚赞的立法理念深受佛教大慈悲思想的影响，认为"执行死刑是造孽行为，因为佛教认为伤害生命是一种恶行。他说："尤其元代蒙古，杀人以命相抵为代表的法律规定，使恶业越积越重，因此以贤王'十善'的优良传统为依据制定本法，只要求杀人赔偿命价，不允许杀人者偿命而同时害死两条生命。为使吐蕃赞普以来的法律传统不受破坏，因此规定对杀人者罚交命价。"①

《十五法典》是吐蕃王朝崩溃以后，对流失于藏区各地习惯法的首次结集，除失去国家政权性质的一些法律内容外，则基本上反映了吐蕃时期的法律概貌。但在法制进程上有所进步，明确规定限制官吏的特权；制定了诉讼的法律程序；极力维护统治者的地位与权益，赎刑盛行，妇女地位低下，然而女子享有财产分割权。《十五法典》是研究吐蕃社会的一部珍贵文献。

(二)《十六法典》

1. 立法背景

《十六法典》产生于 17 世纪初的西藏噶玛政权时代。噶玛政权始于辛夏巴·次丹多杰之时。1565 年，辛夏巴·次丹多杰推翻了仁蚌巴政权后，其势力迅速膨胀。1605 年，他又联合止贡噶举打垮了第巴吉雪巴，控制了前藏。此后，辛厦巴·次丹多杰之孙彭措南杰，接连击败山南的领主雅郊巴并攻破澎波的乃乌宗，到 1618 年又消灭了名义上还延续着的帕竹地方政权，基本上统一了西藏之大部，正式建立起西藏历史上有名的第司藏巴地方政权。1621 年，彭措南杰得天花病去世后，由其 16 岁的儿子噶玛丹迥旺布继任藏巴汗。

噶玛丹迥旺布于藏历火阳马年（即 1606 年）生于森格垅地方，童年时代他便显露出多方面的才能。史称他"智慧超群，深思熟虑，豁达大度，气量宽宏；对佛教尤加敬信；精通书写和念诵，善知诸学问；通达佛教和世间诸事，对臣民仁慈爱怜，对残暴、顽固者如同帝释天教训有

---

① 　徐晓光：《西藏法制史研究》，法律出版社 2000 年版，第 150—152 页。

方"。噶玛丹迥旺布在执政的二十多年时间里，凭自己的聪明才智创造了许多业绩。

注重地方治理，防范强人据险逞强。为了有效地遏制地方势力、拆毁城堡、稳定局势，噶玛丹迥旺布继位不久，即下令除桑主孜（日喀则）等重要的 14 个大宗外，其余险要地方的小城堡全部拆毁，有效地防止了反叛者以城堡作为据点进行谋乱之事的发生。噶玛丹迥旺布在位时的西藏农业五谷丰登，牧业六畜兴旺，人民生活富裕丰盛，美满幸福，西藏社会出现了"老妇携金上路而不担忧的太平盛世"。

护持佛法，维修寺院。噶玛丹迥旺布为护持佛法，拒受所有僧侣尼姑之礼拜。他对藏族地区的诸多教派（除格鲁派外）皆采取了平等对待、积极扶持的政策，并在经济上给予大力支持。他曾将数百个庄园赠送给各教派的寺院，把地方的大部分收入用在各教派的期供和茶供上。同时，将各教派的数万名僧侣迎请至驻锡之地桑主孜殿进行供养。为便利众香客前往寺院朝佛，还在各地建立了驿站。此外，他多次维修夏鲁、那塘、塔尔巴林和桑顶等寺院，还从边地运来曼荼罗和贵重服饰，献给大昭寺的释迦牟尼像。

身先士卒，驰骋战场。噶玛丹迥旺布是地方势力的积极维护者，为扩大领地，巩固地方政权，曾积极组织和训练八支精锐部队。从 1621 年到 1462 年的二十多年间，率领军队南征北战，多次与蒙古军队交锋。每次战斗，他都身先士卒，亲自指挥，亲自参战。因此，噶玛丹迥旺布在军队中具有很高的威望。1630 年，拉达克王僧格南杰率军入侵后藏，被丹迥旺布指挥的军队击溃。

立法定制，巩固地方政权。噶玛丹迥旺布为维护封建农奴主的阶级利益，加强对人民的统治手段来保障内部稳定，遂制定了通常被人们称为"丹次卡如"（官家称斗——度量衡）的统一度量衡制度，并命令手下官员贝赛哇草拟一部法典。贝赛哇遵循第司噶玛丹迥旺布的旨令，前往乌斯藏、门域、洛瑜及蒙古族聚居的地方长达 11 年之久。其间贝赛哇每到一地皆细心观察当地的风俗习惯，调查了解民事纠纷，拜访谙熟法律的乡贤遗老，并先后参考了帕木竹巴时期的《十五法典》及《桑主孜法典》、《奈邬德漾宫的吉祥圆满之法律》、《蔡巴法律》和古代法典之附则、传记等，而后依据最基本的法律条文及噶玛丹迥旺布的旨意，于藏历第十一饶迥的金羊年（1691 年）制定出《十六法典》。①

《十六法典》是在对帕木竹巴时期《十五法典》有所增删的基础上制定的，每个法律条目的解释更加详尽、完整、具体，所依据的资料丰富而翔实，并增加了"异族边区律"。

2. 《十六法典》的主要内容

（1）英雄猛虎律：该律适用于遭受外敌进攻时，以和平或武力等手段制服敌人。破敌之上策是不战而胜，即"外部不使莲花蕊瓣凋落，内部不使百灵巢穴受损；不惊动禽鸟而取其卵"。"英雄"须具备摧毁、引诱、施舍、辨别和完成部队诸项任务等五种能力。首先要派遣使者与敌方直接见面，要大胆地利用善巧之办法，循循善诱，陈述利害，晓之以理，动之以情，劝其退兵或归降，以便使人民避免灾难，生灵免遭涂炭。如果此策不奏效，则可实施中策。中策则以小恩小惠瓦解敌人，可赐予敌人一部分地盘、城池及房舍等，造成离心力，削弱敌人的主力。此间免不了使用欺骗等手段，例如声东击西等，但万万不可以吃咒、投毒等手段相诈，否则将不齿于人类。同时要观察地形，分析敌我力量。若中策无效，则用下策，即动用武力。是时，要做好整治军务、委任军官、准备后勤、注意行军等诸项事宜。对战斗中英勇杀敌、功勋卓著者，要大力褒奖，并可授予"英雄猛虎"之称号。

（2）懦夫狐狸律：该律适用于遭受强敌进攻或无法克敌制胜时用以避免失败的一些措施。强调在固守阵地及防御期间，莫胡乱射弹掷石，谨防关隘和陷阱，要分清敌我，绝不可攻击善良的调解者。若战时临阵败逃者，不论其地位高低，均须将其盔甲献于英雄之面前。若遇败阵者，无杀害之例。若以计谋抓捕敌人，要奖赏参战官兵；禁止虐待投降者，并予以奖励，但不可过度。

（3）镜面国王律：是针对地方官吏洁身自好的法律条文。此法规定：凡由大王所派遣之地方官吏，皆须摒弃谋私之恶习，以操持公务为主，尽力效忠于历代第司和法王所开创的业绩。宗本不得大量食用上等糌粑；私

① 周润年：《西藏古代"十六法典"的内容及其特点》，《中国藏学》1994 年第2 期；周润年译注、索朗班觉校：《西藏古代法典选编》，中央民族大学出版社 1994年版，第 123—131 页。

人所欠公债，宗本不得私自前往索取。同时还规定，所有官吏要秉公办事，不得徇私，对守法者予以保护，对违法者予以严惩。

（4）听诉是非律：用于判理诉讼、明辨是非的法律。本法规定：首先要进行起诉，诉讼双方需到场对质，然后调查审讯。审讯时，辩明是非后即依法判处，诬告者则予以严惩。如二者均不坦白事实真相，双方则各负一半法律责任。已向法庭提出起诉而拟收回诉状进行内部调解的，原告和被告需同到法庭申请，说明缘由，可准予内部调解。

（5）逮解法庭律：是有关逮捕犯人并依法惩治的法律。此法规定：对于触犯法律者均视为犯罪，应下令逮捕法办，特别是在王宫前持刀斗殴者、饥寒行窃者、向头人造反者、恶意起诉者，以恶语攻击地位高于自己者，皆须拘捕；对重犯则要强行拘捕，并加盖关防印信，套上枷锁、脚夹。对处以肉刑者，须公开宣判，并施以重刑。

（6）重罪肉刑律：是对罪犯施行各种酷刑的法律。此法规定：对弑父、母、阿罗汉者，伤僧、往佛身上洒血者，抢劫上师、僧人和国王之财物者，严重损害官方之名誉者，放毒者，挑拨离间者，杀人劫马者，打家劫舍、持械行凶、阴谋反叛者等人犯，皆施行肉刑。肉刑的内容主要有剜目、刖膝、割舌、剁肢、投崖、屠杀等，使用肉刑的目的在于震慑罪犯。

（7）警告罚锾律：是惩戒再次犯罪而罚以财物赎罪的法律。此法规定：凡未构成肉刑罪的违法者，皆给以一定的物质惩罚。惩罚一般以黄金或合金的"两"为单位，或以合金的"钱"为单位。其中较严重的罪行要分别处罚黄金十五至八十两不等；对较轻的则处罚合金三两或视情节而定；稍有触犯法律者，要处罚合金二至三钱，予以警告。为便于缴纳罚金，此条款还列举了黄金与财物的九种折算方法（略）。

（8）使者薪给律：为缓解社会矛盾，制定官与民在公务往来中，各自应遵守的法律、应尽的义务及行为规范等。规定：后藏地方过去以藏升为计量税赋的标准衡器，然此种衡器太大，若如今继续使用，则属民负担过重。因此，规定自发布此法令起，无故不得私自前往讨税。除布达拉宫派遣专人外，不许擅自领人前往。公派前往讨税者须知，昔日之法律规定，若税金不足一两者，不得设宴，不交付其他费用。

（9）杀人命价律：指强制杀人者按被杀者不同身份等级所规定的命价，赔偿相应财物的法律。规定：如果命价太少，影响劝诫凶手，也起不到惩处之作用；如果命价太多，凶手未能承受，地方众人亦会为此而发生争执，互不答理；倘若凶手交付不起，即便把人肉拿来作抵押品，也会发生不安宁的情况。为使凶手和受害双方都满意，除为死者赔偿较多的"压悲钱"外，还要为凶手留一小部分生活费。

（10）伤人抵罪律：是责令斗殴伤人者依伤势轻重赔偿财物的法律。此法规定：凡使人受严重内伤者，须缴付赔偿金二至三两；只有外伤者，若创伤面积为四指宽，则须缴付赔偿金二两；对骨折者，若受伤面积与豆子大小相等，则付赔偿金一钱；对受伤流血太多者，应罚付血垫、氆氇等物，血垫的多少视出血的多少而定。对被打掉牙齿或拔掉头发者，旧时法律中有一种"掉牙偿马，拔发偿羊"之规定，后来不再实行。此法典规定，对被打掉牙齿者的赔偿费要比骨折者的赔偿费略多一些；对被拔掉二、三根以上的头发者，对方须酌情付赔偿金一钱等。倘若五官以及手、脚、指头等被致残者，可按其命价的四分之一、三分之一或五分之一来赔偿，赔偿金数量的多少要根据致残程度的轻重来决定。

（11）狡诳洗心律：是责令抵赖狡诈的诉讼双方在神前发誓、抓油、抓石等依此来辨别是非的法律。规定：喇嘛、善知识、尊者等人无咒誓可言，故不可算入吃咒发誓人之内；饥饿、馋嘴（食）的穷人等，因彼等故意舍弃罪恶，为维持生命求得食物而随便发誓，故不可吃咒发誓；具有法力之咒师可用魔力解除咒誓，故不得参与吃咒发誓的活动；妇女为了其丈夫、孩子的利益可违心地吃咒发誓，故不可吃咒发誓；不能分辨是非之幼童和傻子等人不晓得取舍誓言之利害，亦不能参与吃咒发誓的活动。凡懂得或知晓自利和利他者、明见事理者、正直诚实者、能遵循因果规律者、胸怀宽阔即可视仇敌为己友者，若符合上述条件，方可立誓。如不符合上述条件，即须用煮油抓石、热泥抓石和掷骰子等方法来分辨是非。

（12）盗窃追赔律：是对盗窃他人财物者依情节轻重责令其交还原赃物并加倍赔偿之法律。本法律规定：除对盗窃犯视其所盗财物的多寡和被盗者身份高低区别处理外，尚须对盗窃犯以退赃、课罚、赔新等三种方法惩处。此外，还规定因饥饿不能忍受的傻子或边地语言不同的流浪者进行盗窃，须给予所谓的"羞耻同情费"，即给予适量的食品和衣服；对诬陷他人为盗者，须对诬陷者进行必要的惩处，同时令其赔偿与所诬盗物相等的财物；对拣到财物不归还失主者以及将财物隐匿他处者、狡诈欺骗者等，须以退赃和赔新等方法进行惩处。

（13）亲属离异律：是关于处理婚姻家庭、夫妻、亲属等因某种原因发生纠纷而发生离异的法律。在离婚案中，如果妇弃夫，要实行"虎纹赔偿法"，即女方须分三次付给男方十八钱黄金，并付一套衣服或照顾好饮食和衣服等，理多者尚须赔偿其活人命价，理少者须赔偿其三分之一的活人命价。如果夫弃妇，则要实行"豹斑赔偿法"，即男方须付给女方十二钱黄金，还要交付所谓的"服侍赔偿费"，即日薪为三藏升青稞；夜薪亦为三藏升青稞。此外，对家庭兄弟分家、父子分家等，须根据其家庭人口的多寡，合理分配财产。女方应得部分应为男方的四分之一，土地、房屋和财物等所有家产须按人头合理分配，父母及其长辈有权优先选择所需财产，剩余的财产可用掷骰子等方法轮流挑选。如果有要出嫁的姑娘，其嫁妆等陪嫁物要从公有财产中提留（女子有财产分割权）；若有出家的尼姑，则须为其代分厨具、份地、僧粮、衣物和小马等；若有出家的僧人，亦可依照上述分配原则，妥善办理。若由非血亲关系组成并且以往能同甘共苦的家庭离异，则须查清组合时双方拥有财产的多少，作出合理公正的判决。

（14）奸污罚锾律：是对与他人配偶发生奸情的处罚规定。该法规定：与不同地位者之妻通奸，要处以三两罚金以及活人命价之四分之一的罚金，并责令其缴付以茶叶为主的七份赔礼费；与同等地位者之妻通奸，要处罚活人命价总数之二至三两（黄）金，并罚付以衣服和食品为主的五份或七份赔礼费。如系女方主动勾引男方，则处罚男方奸（污）金一两，赔礼费是以瓷碗为主的三份，不用赔偿活人命价。奸污尼姑者，可按寺院法规惩处。若有女人勾引邻居有妇之夫，勾引之妇须缴付其妻以茶叶为主的七份或以瓷碗为主的五份赔礼费等。

（15）半夜前后律：是有关解决在租借活动中出现的一些争议案的法律条文。此条法律规定：租借牛马等家畜，若牲畜死，则须赔偿；若所借牲畜无病无伤归还后，过夜而死，主人则不可诿罪于借者；将所借牲畜无病无伤归还后，若前半夜死去，借者须付给主人赔偿金；若后半夜死去，主人不得向借者讨取任何赔偿金。

（16）异族边区律：重点阐述西藏周边地区不同地域、不同民族之间地方法律的差异。如在门地，中等官员被杀，规定凶手缴付八十眼绿松石作为其命价，若以一眼价值为一头黄牛计算，则须缴付八十头黄牛；在蒙古地方，中等官员被凶手杀死，规定凶手缴付六十（mdzo-khal—牛载）"驮"财物，若以一"驮"的价值为一头挤奶犏雌牛或一头驮牛计算，则须缴付六十头犏雌牛或驮牛；藏区则以"松坠"（gsum-sprod）之方法进行处罚，即以合金缴付其命价之赔偿费。①

（三）《十三法典》

1.《十三法典》的立法背景

《十三法典》是五世达赖喇嘛罗桑嘉措时期，由顾实汗、第司·索南饶登以《十六法典》为蓝本，删除了其中的第一、二、十六条，即"英雄猛虎律"、"懦夫狐狸律"和"异族边区律"而补充、修订的一部著名法典。

总论部分是对于自松赞干布以后到制定《十三法典》期间吐蕃法律文化渊源及法律体系形成过程的简要概括，阐述了佛法在雪域藏地的传播，以"善"为本的佛家思想，完全适宜吐蕃社会发展的基本情况和要求。因此，在公元7世纪上半叶，吐蕃第一代护法君王松赞干布极力倡导"十善法"，同时制定了《人净十六法》。之后，赤松德赞和赤热巴巾两位君王先后建立了吐蕃的职官和政府管理机制；制定了合法与非法，有益与无益的取舍范围。其间还制定了36条法令，即六法文、六会议、六文书处、六令大印、六条件；六英雄部。总论部分没有涉及吐蕃政权变迁之后的法制情况，只提到准噶尔国王制订的法律。说明自元朝以后，蒙古法律对吐蕃法律影响之大则是不言而喻的。

2.《十三法典》的修订原则及量刑处罚标准

（1）执法原则

治下所有百姓务须严守政教合一制度，若发生强盗、盗窃、拦路打劫

① 周润年：《西藏古代"十六法典"的内容及其特点》，《中国藏学》1994年第2期，第42—50页；周润年译著：《西藏古代法典选编》，中央民族大学出版社1994年版，第17—58页。

及伪造官方文书等诉讼时，须向法庭呈报。

严禁杀人纵火、结众报复、投毒杀人。若发生类似案情，查清首犯，捕其归案，各宗知事应按犯罪事实可将其推坠悬崖处决。

对于有争议的案子，在未查清之前，宗本不能轻信一面之词偏袒一方作出轻率的裁定。同时没有宗本的命令和安排，溪卡的管家也不得擅自处理案子。

政府、贵族、寺院的属民百姓要按时按规定缴纳各种税收，收税者不得有强收食物等敲诈行为；凡盖有官印且长期有效的税收公文所规定的用于佛事活动的各种税物，应照章缴纳，不得有违。

没有官府行文，宗本及以下各级官员不得强迫当地百姓差运私物，违者没收其所有财产，拘留案犯，将人、物上缴政府，由政府处治。

以田地及家庭固定资产为抵押借债，应严守契约，不得制造纠纷。放借债务应以自愿为原则，不得拿宗本执事的手令强行放债。

查清集市贸易的商务会计和管理人员所掌握茶粮的多少，要如数上缴，废除从百姓中征收茶粮的规定，不得强行摊派。

未经宗本允许，其卫士和仆人不得擅自外出，需外出办事者，应以宗本的安排，代表政府和民众的利益秉公办事。衣食费用应按规定索取；不得藐视家庭主妇；不得逾越政府有关纳税、减租的标准；更不容许冒充执法人员。

没有官府行文或宗本的手谕，不得擅自向百姓摊派劳役。若强行摊派，各地可采取措施联合抵制，也可向当地宗政府起诉。

寺院及任何僧人个人不得庇护杀人等重刑犯人。僧人要遵守寺院法规，一心向善；各阶层应敬重供养僧人。各寺院要收取其下属的供佛基金，作为来年施舍的款项不得短缺。所有百姓必须遵守纳税、减租、固定产权等方面的法规。

概言之，修订法律的目的主要是为了调整"政教合一"制度下不断产生的阶级矛盾，维护教权政治的巩固和发展。

（2）命价标准

若被害者是在职官员，赔偿命价白银二百两。

寺院经师、小寺的喇嘛命价同上，折黄金一十五两。

小品武官（达群巴）以上的各级俗官则偿命价白银一百二十一九十

两之间，折黄金九—五两酌情而定。

主管（君王）饮食起居（膳寝司）、税收、财库及"达仔"（马倌）等以下各职员的命价为八十—九十两白银，折黄金四两。

内侍、小职员、差民、耕种政府、寺院的土地者命价为白银六十两，折合黄金三两。

贵族的差民之命价为白银四十两，折黄金三两。

小烟户、单身汉（鳏寡孤独）、小铁匠（小手艺人）、屠夫等的命价为二十—三十两，折黄金二两。

若发生杀害妇女的案件，赔偿命价时则根据凶手的社会地位之高低可在"九普"内增减。

政府内侍、一般下层官员可与小烟户同等裁定。

折算标准：根据不同命价的等级，罚金在一两之间，青稞为一克（藏制二十四升为一克，一克相当于一斗）；若定命价为十克青稞，折酥油为一克；命价在二十两之间，则交纳一大两。

赔偿命价的重量单位"两"，在执行当中可按"钱"交纳。还规定：依据惯例，在处罚的命价中，要抽取其总数的十分之一给当地有名望的喇嘛，其余部分可用三种办法折算。即"玛尔"（纯金）一钱为八克青稞；"查"（各类牲畜）一钱为六克青稞；"冬"（细软杂物.）一钱为四克青稞。

（3）刑事犯罪

若喇嘛、贵族被暴徒杀害，逮捕凶手，在狱中关押七天以后，仍无人赎领者，则击响法鼓，吹奏法号，将主犯推于悬崖下；从犯则流放到边远地区。

对投毒者的处罚按上述条例应判以死刑。

对暗杀和抢劫杀人犯，要迅速逮捕归案。视其情节，严格执法，付清命价。

聚众骚乱、行凶杀人者，严重违法，视其情节从严论处，加倍偿纳命价。凶手应由当地人解送归案，严格禁止将凶手的财产转移或集中。若袖手旁观，不去协助捉拿凶手归案，按当地有关规定付罚金的四分之一予以处罚。

过去若凶手逃匿于群众供养的大寺院，容许该寺庇护，但不得超过六个月，过期不得转移他寺。故以前寺院、庄园仗势欺人，徇私枉法。今后各寺院不得窝藏罪犯。

贼在作案时被杀，不需抵命价。

①过失伤人

无意识致使他人坠入深渊、八岁以下儿童误伤人命、射箭投石偏离方向、互相弄刀死于非命者，只要有目睹者作证，一般不追究法律责任。但肇事者须引以为戒，并适当为死者超度。

②斗殴伤害

双方无理由格斗致伤人命，只对死者的赔偿从严执行，诉讼方面不作任何结论和判决。

③边界纠纷

若因封地地界发生纠纷，使用暴力致残或伤人性命，伤者会恶语攻击对方，诈说事实。故应在对酿成事端的根源调查清楚之后，再作处理。对造成严重残废、眼瞎、腿瘸者，按法典规定标准偿拿医疗费用。

头部及四肢严重伤残须截肢者，罚"查"（各类牲畜）和"玛尔"（纯金）各一两，且根据截肢的范围和取出骨片的大小量刑罚款。罚黄金一钱，按市价折青稞十六藏斗。

因关键部位如手脚、静脉、骨骼致伤，造成四肢严重残废及失明的案件，拿全部命价的四分之一作为致残疗养费。

断指或指残者，每一指罚"玛尔"、"查"各四两，折现款当场交付作为疗养费。轻伤偿付四分之一。

致使皮肤大面积受伤、流血者，要查验伤势的轻重缓急，是否及里，是否在关键部位，预计伤愈的时间，医疗费以一钱为起点，多少则用衡量处罚的准则断定。若发生争议，不再立案。

④结众谋反

对身披盔甲、手持武器、聚众骚乱、结众宣誓谋反者，根据犯罪事实罚金在五十两不等，首恶者加倍惩处。

⑤威胁他人

虽未造成创伤，但有弄刀行凶的动机，先出刀者罚金二钱，后出刀者罚金一钱。

⑥破坏佛像

对毁坏佛像、佛塔、佛经，经查证，事实确凿者，上刑架禁闭三天后推坠悬崖处死，从犯流放到边鄙荒野。

⑦偷盗圣物、僧财

对偷盗"三宝"（佛、法、僧）之祭品、佛像、僧人财产者的处罚，传统习惯为偷一罚八十。而行盗者往往属贫穷之辈，后改为赔偿所盗物品的二十倍，限期交清。若无力偿还则处以剜眼砍手之酷刑。

⑧僧人犯戒行盗

以各寺院的规定处理或击松板开除僧籍。

⑨偷盗府库

对盗窃府库者，要捕拿案犯处以砍手之刑。对偷盗骡马、犏牛、牦牛的案犯则以十五倍的处罚，并捕拿要犯。

⑩偷盗百姓财物

对于偷盗百姓的牲畜和财物者，罚金为七至八倍（相当于实际处罚的四至五倍）。对屡教不改者，当以相应的处罚。若有不交纳罚金的情况，则将案犯押解法庭，澄清事实，加以惩处。

⑪拦路抢劫

拦路打劫，罪大恶极，应推下悬崖处决。从犯处以剜眼之刑。

⑫奸淫罚锾

奸淫有夫之妇，其后果是混乱族姓血统，导致家庭不和，不论身价高低，均按情节轻重，罚"玛尔"和"查"各金二两至三钱不等。

为了某种利益夫妻共谋，唆使妻子勾引他人与之通奸，男方属受骗，一切罚金应由女方偿付。

（4）民事纠纷

①婚姻家庭与财产分割

随从或小品官身份的夫妻发生离异，遗弃费为十六钱。女方提出离异时，则为二十四钱。无论女在男家时间多久，每天只给三升粮食的补偿。

一般差民男子遗弃费为十二钱。女子遗弃费为十八钱，每天给粮食二升。

略低于随从或小品官，又略高于一般差民的夫妻发生离异，参照以上的罚金量酌情而定。除共同财产平分外，婚前各自的财产应分清后归原主。有子之妇，所得土地补偿的多少则按其身价而定。

②疑难案件与"神判"及"山盟神证"的规则

对于难辨真伪的案件，诉讼者以虚假诬陷之词制造舞弊，隐瞒事实。遇到这种情况要以发誓来表明动机。有一句谚语这样认为："欺骗的办法虽多，但立誓的范围窄狭。"

对诉讼双方不得有任何倾向，做到使判决的结论得到二者的承认。发誓时主持人要为发誓人预备誓装。对不愿发誓者要求向誓装管理者交纳一钱手续费；主动发誓则奖黄金一钱。若为自己的事情辩白，清楚地在法庭上发了誓愿，则不收回誓衣。对案件的判决界限，不超越誓愿所要取舍的先决条件。

对难以辨清是非的案件，要以炼石烧油来辨别。炼石烧油时，向苯教师奉献面粉一藏斗、酥油三两、羊羔一只、粮食一斗、头酒一壶、粗毡子四条（作围裙用）。

投油石时要距离油锅七步，向监管投石的人员给予"玛尔"、"查"、珍宝各一两为酬金；油石的质地能经得起烈火的煅烧，给青稞一藏斗。

拣油石时要将双手和脸用水和牛奶洗净，在原有伤疤处用墨笔做记，坚守"山盟神证"。立誓者在执事人员的监督下口念证言于七步之间，左右手随脚步移动的节奏速将油石从油锅内取出，再将双手用皮子包好，由监管员加上印封，于隔夜之晨经监管员查验后在诉讼双方当面开封。若油略呈黄色，并有水泡和黄水滴出现，即使取出油石也属无效。

发誓前的准备工作。油要干净，盛油器皿的深度需一卡多，且由发誓者准备。将重约一钱的石子投入锅中，观其变化，若是日光暴晒的石子入锅不久可能会出现爆裂并迸出油锅外的情况。

立誓者要正确诵念"山盟神证"，真实以白石为证，虚假以黑石为凭。若捞到或未捞到时可连取两次。若捞到白石，手虽被烧伤也说明清白。若对发誓、取油石、蘸油的"山盟神证"不会念时，可由监管人员领读，之后置于头顶。

（5）监管人员的生活费用及报酬标准

黄金一钱，折合粮食十六藏斗；酥油一"雪岗"（重量单位）折合粮食八藏斗；衣食及鞋脚费按判决的多少提成。

执事、当事者、侍从的所需物品，一天配发两次。每次青稞一藏斗，仆人每次二升。有骒马者每天发粮二升、茶五次，三人发酒一壶。执事者的肉食用品每次发羊腔子一个，折粮两藏斗（实际发粮食），日常用品是上述标准的一半，其他依次类推。

朗生（家奴、内侍）日发粮二升，茶四次、酒同上。

炊事人员，分早晚两次发放生活用品，一昼夜十升。

对召集诉讼双方的办事人员的待遇，从日用品和鞋脚费中提成一钱为其酬金。所以办事人员的酬金定额须和判决的客观条件保持一致。

对大小寺院不能以种种借口和手段强行索取财物。

（6）法庭秩序

向法庭提请诉讼，暂不受理者，不得拦路告状，胡言乱语；在宫殿（官府）门前鸣冤叫屈者，无论是否提交了申诉，对此类案件应着先审理。

（7）度量标准

用斗称作为商品交易的度量衡时，要参考各地的度量标准。若出现弄虚作假、改变标准时，应将斗称砸碎并罚黄金一两。

3.《十三法典》的主要内容

（1）诉讼是非律

强调法律在具有取舍的前提下，在法庭对证时不管阶级与社会地位的高低，要公正地对待诉讼双方。因特殊情况不宜对证的案子，应分别提审。裁定是非要慎重，不宜操之过急。原告起诉的证据与法庭调查的事实相符，则依法惩办被告。若是诬告，对诬告者应加重处罚，若出现原被告双方各持一定的理由僵持不下的情况，对诉讼双方以适当而相同的处罚或量罪定刑。因发生口角而告到法庭，法庭在出面调解的同时，给予适当的处罚以达到和解的目的。

（2）逮解法庭律

对在宫殿（官府）门前无顾忌地喊冤叫屈及持械斗殴、做贼行盗、打家劫舍、以势欺人者，应当即逮捕；对罪大恶极者应施以重刑，钉上脚镣；对伤人害命的罪犯，处以游街示众、张榜揭示。判决时量罪定刑，轻者可由其亲属出治伤费赎罪或由他人保释，也可适当处罚，酌情惩治。

（3）重罪罚锾律

触犯"五无间罪恶"（五无间业：弑父母、杀阿罗汉、破僧和合及恶心出佛身血）；杀害喇嘛、经师和领主、官吏；任意虚耗、浪费僧侣的财产及国库库存物资；破坏领主、官吏的名誉；投毒、放咒、亲人相践；以骗、陷、诳等三种方式唆使他人杀人掠马；拦路抢劫、偷盗杀人、持械闹事、结伙谋反等罪应处以剜眼，割断膝筋、嘴舌，砍断双手推坠悬崖或投入江河。

（4）警告罚锾律

罪行没有达到处以肉刑的程度，则视其轻重，以黄金及合金对半两数的多少作为量刑的标准。对于结伙同谋杀害他人和德本，以及因纠纷怀恨他人，劫持对方子女为人质的严重犯罪行为，责罚碎金八十至五十两之间；对于那些因遭受某种困惑而犯有行凶、偷盗、抢劫等较轻罪行的，以黄金、合金对半的标准处罚；对于轻微犯罪，为了达到警告和教育的目的，责罚一至三"乃雪"或"域雪"。另外，在本条目中还制定了不同地方（如前后藏、安木多、尼泊尔），不同计量单位（如"雪"—"迟木雪"［法定税收或司法税］—"乃雪"［青稞税或农牧业税］—"域雪"［地方税］—"恰雪"［珠宝税或商业税］），不同物品（如黄金、银币、铜币、青稞、酥油、牛羊、珠宝）的折算方法和有关罚服标准。合称"玛、查、松"（各地计量单位折价货币的三个等级）。

（5）胥使供给律

因某种原因受到严重处罚者，不得充当政府的吏胥（差使或执事）。执事人员当差日用食粮按一日三餐计算，餐均一斗，不得有误；执事人员无论到何地，若有违法乱纪、蹂躏百姓的行为，应受到法律的制裁；执事人员的各种用具、食物、鞋脚费，有按涉案财物的四分之一提成的规定。对于涉案绸帛、碎金等贵重物品的裁决，若将执事及仆从的骡马强行征发而未得到判理的物品时，给主要执事三餐发一小肉腿，给仆从发大小肉腿各半，茶五次，酒酌量；牲畜日发料二斗（实际为司法税规定的八藏斗）。执事在两人以上得不到一两应得的报酬时，粮食肉类等日用品按一日两餐配发，每餐一小腿。

至于处罚税额，可派适当人员去执行，被处罚者在未缴付罚额前，向执事人员缴付吃粮和半个肉腿等食物，鞋脚费为四分之一，不得额外加收，缴齐后要给对方出具收据。

在收征租税，派发人力差役时，须派俩人去执行。给执事缴付食粮及日用品一份，对不减免差税的差头则由其自筹，减免者从百姓中征收肉食、酒类、薪水等，再不得征收鞋脚费。若拖延时间，鞋脚费日均五升，只计日收受，再不向每户摊派；没有管家的印信字据，奴仆不得欺上瞒下自行轮流下去强征税收。若此类事情发生在值勤家奴身上，则减发每月衣食补贴；若发生在家奴以下阶层，罚二至三钱与黄金等价的酥油。

对于强盗的处罚，无论从财主那里盗走多少财物，将所盗重要财物加以没收，并按百分之十的比例裁决处罚，执事人员的公务费不计其内。

有重大案情的起诉者，要交纳一"查雪"诉讼费；寺院和地方之间的誓约，不准备誓衣；属地方性争讼的誓衣则交纳二两酬金。

属个人争讼的案子，对立誓者在发誓后给予一两的处罚；对中下层人等则罚黄金二钱（色雪），立誓金一钱，并要求准备好抓油石祭神发誓的所有器具。无论发誓的根源在公私哪一方，对领主而言，有五、七、九三个标准，酌情而定。

抓油石时在距离油锅一步之间进退三次者罚金一两，并拿一两作为给盛油器具主人的报酬。

一般发誓者只需缴纳二"玛雪"酥油；因个人私事发誓者，收六克二升（青稞）费用；因分割家庭财产而发生纠纷者，前藏的分配原则是从将要分摊的上等财产中抽取三分之一，从已分摊的财物中抽取十分之一的罚金。

对罪大恶极者应绳之以法，没收其随带财物归执事人员；偿还命价，招集执法大会所需费用，按判决执行，缴纳处罚时斗的标准以中等升为计。

证据确凿时，在判决书上应写明赏罚数额。在诉讼判决书中裁决的数额有三份、五份、茶包、茶块为主的七、九份以及盔甲、马匹、犏牛等，按罪行轻重而定。将判决的四分之一交给执事、管家作为管理费，从中抽取四分之一交给司书人员作为笔墨费。

（6）杀人命价律

关于命价的定义：在旧法典中所谓命价者，是指致死人命所要抵偿的死者的身价。在元朝的偿还生命代价的法律中，杀头以作为命价明文规定下来，将人分为上中下三等。在近代，没有发生大的残杀事件，即使发生，也是地方性的冲突，无须使用偿付命价及传统的折算办法。

主人教训奴仆时误伤人命，须出为超度死者及料理后事的费用，不必付命价。三等中，中等以下可按一般"玛"、"查"、"松"的折算法。

旧法典中，区别上中下人等的原则是按宗族、门第、地位高下、授权大小的标准。其中上等分上、上中、上下；中、下等人也有同样等级。如一差民男子为中等之中；寡妇、鳏夫、乞丐为下等；铁匠、屠夫为下等之下。在旧法典中杀害铁匠、屠夫，命价只抵偿一条捆尸体的草绳。后来对下等之下等人也分为三类，至于命价的高低则看各地执法的严格程度，及当地的喇嘛、寺院、领主的社会地位的高低、权力的大小。

支派地方守卫兵的差户、骑兵、步兵，寺庙、庄园的鳏夫、铁匠、屠夫等的命价照例分为三百至二百、一百六十、五十到四十之间。偿还命价的上等财物包括酥油、青稞、茶叶三种。偿还命价时，杀人者除如数偿还外，还要拖尸体的牲畜及尸衣、尸毡的费用。除此，在供品青稞和酥油上加倍计取。

命价"两"数实付为钱，钱数折合谷物"克"，并不得掺入杂质。所偿纳的牲畜只要出庭就得接受，所偿纳的财物包括犁、弓箭、碟碗、瓢勺等器具。

各种"内侍"享有一定的权力和地位，命价为二百两。

随从之中等以上者一百两。

和尚、比丘以及官府的司膳、司寝、司饮、小司马命价一般为九十至八十两。

官府的牧马差役、政府职员以及领主的差民其命价均为六十两。

中等俗家贵族的差民命价为五十两。

平民、单身汉、氓流的命价为四十两。

铁匠、屠夫的命价为二十至十五两之间。

若有杀害妇女的情况发生，按上述不同等级的命价标准抵偿；如飞鸟撞飞石，死于非命者，命价则是其身价的一半；对于聚众谋反、行盗杀人者，在赔偿被害者命价时，要在原定命价标准上加罚两至三倍。

罚一两命价，缴纳做法事的（宗教活动）青稞一克；罚青稞十克，缴酥油五克；罚命价二十克要求缴纳一"桑钦"（旧法典中制定的关于生老病死等综合类型的处罚标准）；"玛雪"按法定斗量的二十克计算，每八克合一"桑钦"。若折合财物缴纳者，金银、绸缎、青铜、盔甲、骡马、牦雌牛、牦牛、黄牛、毛驴等，凡有生殖能力和有使用价值的，要作出准确估价。

进行宗教活动所用的酥油、青稞是为超度死者用的，无须另加在命价中计算。

命价以纯金折合粮食的，不得单方私自以克代替；交纳茶叶、绸缎、氆氇、褐子、盔甲、坐垫、器皿、碗碟者不再缴银子。

牲畜和财物价值多少，要由执事和中等以上人员裁决。税收标准，银为十二克，"查"（指生灵，意为牲畜）为六"雪"。

法庭判决命价的多少，等级的高低与一般规定是一致的。

六十多两命价可折茶叶一包、哈达三条、缎子三幅、薄绫七幅以及褐子、布匹等；召集裁决会议所要的糌粑三斗、酿酒原料四克、牛羊肉各一角以及茶叶等，执事人员和诉讼双方可共同享用。

在前藏，新奴仆虽死于无罪，因领主有权有势可不付命价。

死于狗伤或牲畜踢伤者，虽有向狗或牲畜主人索要命价的规定，然毕竟是牲畜造成的伤亡，不宜过分追究。

八岁以下儿童致伤他人，过七昼夜死去，此类事件应归为无意识造成的伤亡，除补偿损失外不缴纳命价。

对于故意挑起事端者，则罚以缴纳标准的四分之一，命价的三分之一。

家奴偶尔发生杀人事件，则由领主自己审理判决，将结果报政府法庭，处罚由领主自己承受。

将逃犯（贼盗）抓住杀掉，仅给死者念经超度即可；盗贼在作案现场毙命，不赔偿命价。对双方争论不休的事，则由地方上有威望的老人或有知识卓见的人们处理。即"野马蹂躏人，山羊作证，乞丐当证人，终由国王裁定"。

（7）见血赔偿律

"上等人的一滴血值一钱，下等人的一滴血值一司（司，西藏古代的一种容量单位，一钱为二十四司）"。

领主和奴仆之间，奴仆被领主失手致伤，只负责治疗，没有领主向奴仆缴纳创伤费的先例。

在斗殴中，二者俱伤，一方有悔恨之意，但另一方不但不忏悔，反而强词夺理，歪曲事实，对此类人只负责治伤，无需赔偿。

持刀格斗，对先动手者处罚半两至一钱罚金。

对格斗中身体的要害部位严重受伤者，则按活人命价（伤衣、血褥）四分之一的标准缴纳罚金。以中等人为例，根据受伤者的等级以及伤势的危险程度，赔偿六两以补失血之费。

对未伤及里、伤势不重者，只缴纳一两抚恤金。在衡量一个族姓的贵贱时，有以金子为标准的做法。对自身有病、身体衰弱，家族像豌豆样渺小的受伤者，只赔一钱失血费。

对失血过多，需急于治疗所要缴纳的费用，不计入应缴的总量之内。若在治疗的前三天内，送来的东西要计入罚金总数，但要适当减少；若拖延时间，养伤费要缴糌粑一至六斗，全牛羊各一只，酥油一克，烧酒视伤势轻重缴纳。至于治疗费和医生的酒肴费，在限定的时间内缴不齐，要在赔偿失血费之上加倍计取。

斗殴双方受伤，按二者伤势轻重酌情赔偿。对于在斗殴中致使发、齿脱落的事件，旧法典中有"齿马发羊"的赔偿条例，后来对打碎牙齿的处罚比旧律稍重；扯落头发处罚一钱；若将五官之中的眼睛和四肢的某一部致残，按受伤者强弱、贵贱的命价标准的四分之一计算；五分之一是衡量五官、四肢受伤轻重，是否伤及关键部位的判决标准。

（8）狡诳洗心律

对于惯用狡诳、诈骗手段的坏人，为了辨别是非，得到公正的裁决，要求立誓者抓"油石"，蘸铁汁，以此来辨别真伪，力求得到正确的判定。

发誓时请有远见、有智慧的当事者和内慧示现的护法神作证来分辨是非。

在旧法典中有这样的记载："不要把金鹅常记心中；不要把黑毒蛇作为马的羁绊；不要向乌鸦抛投石子；不要用棍子去惹有子母狗；不要把红色璁玉串在一起。"

"金鹅"——格西、高僧、地方头人和大德们不是立誓发愿的对象，不作为立誓者召集。

"黑毒蛇"——指企图依靠放咒的方式消除罪恶者，不宜作为发誓人召集。

"有子母狗"——女人会为其丈夫、子女背誓逾盟，故不作为发誓人召集。

"红色璁玉"——孩子不会分辨真假，痴哑人不理解立誓发愿的结果，不懂如何从善去恶，故不作为立誓人召集。

对立誓者的要求：执事对发誓双方要有了解，掌握事情的来龙去脉；要求理由充分，真实公正，坚守誓言，品质高尚，原被告双方精明踏实。否则，以抓"油石"、"铁汁"、"沸水"来验证"山盟神证"是否高尚可信。

立誓者可能因某种原因诬陷他人，对此类案件的处理，由虔守护法神秘法的精明人，用天灵盖骨置罪犯头上进行发誓神证。若天灵盖掉落，则说明心机不纯，与案件有关系。对逾誓者惩以剥皮、开膛、剖腹的极刑。

如果在法庭上向智慧神验证，须有智者和证人的明察，首先要立誓书，请神作证，辨明真伪，之后做出裁决。因此，在法庭上要有中证人，首先要立誓书，请神始终作证，明辨真伪。

若以大自在天作为誓证起誓发愿，要预备好适量的神酒、誓酒等；若要抓油石赌咒，则需准备神幔、神垫、布幔、白布、铺垫、打铁的砧子、没破碎经得起火烧的三个石子，还需要选择三个无损伤的、人头般大的石头及整锅、碟子、干净的盛油锅和三瓶油等。拇指大小的黑白石子要重量相等。

在沸水中捞石，备铜锅一口，深浅以淹没手头为宜。山盟神证应忠实高尚，证人不应有亲疏之分。神证应对各自需要表白的事情全面宣明，将誓愿写进誓书，之后宣读誓书，审核誓词。若有分歧，按所下赌注的判决求得统一。若对所发生的事情已作了判决，将立誓者赤身带到神殿、领主、地方政府官员的行署（原文为国王的行宫）等处削发，无论对强人或弱者的判理要与事实相符。发誓时在自己的誓约上加盖私章，唾上口水。有立誓同伙则一起发誓。识字者自己宣读"山盟神证"，不识字能口述则有奖，否则把誓言置于自己头上。

若采取抓油石的办法，要备抓油石必须的物品（神殿的供品，给护法神的哈达，庙祝的酥油、糌粑、茶叶，喇嘛的三次诵经费等），并向政府缴纳取石费七份，向执事人员发备石费一两，誓会所需细糌粑一克、粗糌粑一驮、酒料青稞一驮、茶叶二两、肥羊腔一个、牛前胛一角。头酒及酒器须在投石前备齐，而后请苯教师检验是否合格。

投油石者先要用水或牛奶净手，手上的伤疤和旧痕用墨打上记号，将选好的碟子擦净，投石者两手应距器具三至七步之间，使烧得通体发白的石子在双手中来回滚动，抓住适当时机投到预备的锅中，若掌心与石子接触处起火星，其他地方毫无损伤，则表明案情清白。再将双手用布包扎，由法庭执事人员加上印封，等三至七天后验证，若水泡中有豆点，则有轻微过失；若出现三个以上水泡，则说明有罪过。假若石子经不起煅烧，连续七次碎于炉膛之中，也说明案情属实，免于投石（抓油石）。

抓油石须净双手，宣读"山盟神证"，在抓石时口念"愿抓到白油石，手如洁白的绫绸柔软，不然将抓来黑石，使手头烧烂"。念毕，将黑白石子投放到油锅内，当油温升到一定的高度时，油石暴烈成豆粒般大小，此时用一手将誓书捧上头顶，另一手触动油石，抓到白色油石，证明清白无罪。否则油会起烟冒火烧伤手头。也有不抓石，用手或手指搅煎，验证是否烧伤的办法。在哲蚌寺密宗殿有舔烙铁验证舌头是否滴血，且不伤舌头的区别真伪的方法。

立"山盟神证"的要求和"捞油石"发誓的形式一样；沸水中抓放黑白石子的要求与抓油石的要求一样。

抓油石用过的神幔、神垫归苯波，锅、碟、围裙归铁匠。

（9）盗窃追赔律

在旧法典中明文规定："属赞普的东西追赔所盗物品的一百倍；佛、法、僧者为八十倍；若偷到赞普头上则处以极刑，并赔偿一切损失；若偷与己同等地位者的财物则赔七倍。"而今在执行过程中则为罚九实八；罚八实七及赔、退、补（齐）、还（清）所有赃物。盗贼在十天内收回赃物，一日内还清追赔者则罚八实七；对于盗窃邻居之物的贼盗，赃物的追赔应是罚九实八；快要饿死于深山，为活命而行盗者，有加倍追赔财物的传统规定，但须重调查原因而酌情处理。

（10）亲属离异律

夫妻离异要断清事实，有关这方面的规定在旧法典中如此记载："男离异费为十八雪，俗称'虎纹清楚'；女离异费为十二雪，俗称'豹花斑斓'。"若理在男方而被女方离异，离异费为五十四雪。对证据确凿、理由充足的离异费，仅用几件衣服搪塞，还是大则制定"活人命价"，小则退拿财物，要看证据和理由的充分与否决定。

女方有充分的理由而由男方提出离异者，离异费为十二雪，以及为奴的工钱、吃食等报酬每天给青稞三升。也有一日一厘黄金、一夜三升青稞的规定。计算时按所从事事情的重要与否而付出相应的报酬。至于出嫁时其父赐予的陪嫁衣物等仍归女方，现有财产中男女各自的用物分别归己，男女有权继承各自父母赐予的财产。男方坚决要求离异则要付出所有费用和离异费；女方有充分的理由，但男方以正当的要求提出离异时，其名下的所有财产则不要求交给女方。有孩子需要分离时，子归父，女归母。男孩抚养费的多少要酌量偿拿，给女子分给应得的食粮。分配给母亲应得的粮食、耕地、房产等要合情理。女方再嫁，则收回前婚离异时断给的全部粮食；若出家为尼则收回一半离异费。

调解兄弟和父子之间不和的离异，按人数的多少，以男子应得分量的四分之一的比例分割财产；女子则按人数摊派房子及所有财产。

父母及老人跟谁生活要看老人的意愿，有不懂事的弟妹，要共同协商，妥善安置。

女子出嫁陪送嫁妆时，按当地的习俗要合情满意；家庭成员中若有出家僧人，要配以耕地和足够的生活用具；若有尼姑出家也同样要摊配财产。

对门第、贵贱不同而结合的男女，要离异时，当初结发时的各种因素不作为先决条件，要在重证据、重事实的前提下作出正确的判决。

（11）奸汉罚镊律

在先王制定的法典中有这样的规定："将奸淫者肢体的小肢砍掉，而后流放到别的地方。"其中还有这样的规定："如果奸污了喇嘛、领主的妻女（量刑标准比前者更严）应判极刑。"且对别的类似案件的判决，在一些旧法典中有这样的规定：男子罚镊金为"雪"（藏文本意为睾丸，引申男），女子养汉为"商"（即两，重量单位），"包商"（这里特指男子奸淫行为殖器，引申为养汉）。通奸者罚羊，猥亵调戏罚以绸缎，长期同居占有则罚以马、牦牛等。所有这些都是奸淫者应得的处罚。其性质与杀人者同样恶劣，犯下了严重的罪果。故人均缴纳奸汉罚镊金三两，为"活人命价"的四分之一。若证据确凿，将包茶为主的七类东西合为一种偿拿；若无法无天，"活人命价"等项总计为二至三两。以茶为主的五、七类用品的任何一种，都要如数缴纳。

企图依仗权势与地位等同的女子通奸，但因女方不接受或当时来了第三者而未能得逞者，罚女方一"雪"的罚镪，对男方来说，因证据确凿则罚五类（份）来表赎罪。

权势者如果扭住妇女进行强奸，应处三两的奸汉罚镪，向女方缴纳三钱罚金，对其丈夫则以包茶为主的七类东西作为赔礼金。

若瞒着丈夫与他人通奸，罚金应为二两，向被奸者的丈夫偿拿"活人命价"。对女人的罚镪按法庭的决定缴纳一两黄金。

长时间离开妻子，到远地支差时与偶然相遇的女子发生两性关系，要缴纳三钱奸汉费。假若纯属女方招引，则只交一钱奸淫费。法庭对女方以二两罚镪的款项或根据情节轻重处罚。且对那些仅野遇一次的风流之事，惩罚青稞六斗，白毡一条。有这样一句谚语："母狗不摇尾，公狗岂竖耳。"因此，对这类案情需作全面分析，不能从表面现象作出武断的处理。

寺院的僧人若被坏女人勾引，若发生两性关系，则不缴纳奸淫罚金。对贱妇则处以一两的处罚，并要求向寺院供施忏悔。至于在偏僻途中，僧人被女人勾引还俗，不仅要缴纳奸淫金，且女方则要受到寺院法规的制裁。

在《十六法典》中，有关淫乱的处罚如同上述。假若女人引诱汉子（俗人）通奸，以一两奸汉罚镪，并缴纳所罚罚金三倍的赔偿忏悔赎罪。

有妇之夫被邻居女人设法勾引，娼妇应向主妇缴纳以茶为主的七类赎罪费及五类忏悔费，之后仍按常人对待。

若在很远的地方偶尔与有夫之妇发生一两次风流之事，不必缴纳奸汉罚镪。至于勾引出家僧人还俗，就按寺院制定的法规无条件地处理。

（12）半夜前后律

借用的不管是骡马、犏牛或牦牛，若死于借用者手中，要照价赔偿。若交还时没有任何毛病，过夜而亡，像此类事故，不能怪罪于借牛人。

又如交还主人时没有任何毛病，若交还后于当夜死去，则要求借用者赔偿损失，于下半夜死去与借用者无关，主人也不能执意抢辩。像这类事情的处理原则在早先的法典中就有规定，故当今仍需要按此执行。比如借来的牲畜因过老等原因造成死亡的，就酌情赔偿部分损失。

（13）其他及狩猎律

如从自己围追范围内逃失一头野牛得缴纳八个猎物，即使逃失一头野驴或一只兔子也要缴纳一件猎物。

在领地内先发一箭射中猎物者，全归己有。在指定围追范围内，追捕动物时因失手射死人或坐骑，只付为死者念经超脱之费用外，再无须交任何东西。

当野物单独奔跑时，最先射中者，只交一尾巴。即使一百多骑士围猎一只野兔，也要将肉按应得多少合理分配（原始公有制的遗存——著者）。如由猎狗追捕，就按民俗习惯解决。

每当在领主、喇嘛放生行善的封山期内偷杀禽兽，游玩狩猎，就要履行封山禁令，烧掉捕捉野兽的网绳，以示惩罚。

又如山上的动物被猎狗追杀到河谷田野，狗主无论是任何人也要追究其责任，并罚酥油二至三"雪"，绝不允许连带动物被杀之地方。

野物被无主之狗猎杀或被无知孩童猎杀的一类，鉴于这种情况，不予处罚，只将猎物上缴法庭即可。

假若骡马驴等被有角牲畜触伤而亡，在藏北一带称"带角凶手"，当发生此类事件，捉拿真正的"带角凶手"顶替算完事。

在西藏法典中，于各自的领地范围内，骡马等若自动来到有角牲畜跟前而被带角牲畜撞伤而致亡者，则赔偿本身价值的十分之一。

若带角牲畜跑到骡马群内触伤骡马等致亡时，则赔偿损失的一半。

也有被石头、棍棒、刀子一类东西致伤者，按伤势轻重赔偿损失的条例。

对于放火纵烧庄稼、森林、草场的事件，不仅要量罪判刑，且向主人赔偿加倍的损失，还据情节轻重附加忏悔赎罪费。

对狗伤，称狗为"狗凶手"，狗的主人要向被伤者缴纳粮食一至三斗作为疗养费。

狗主不前来阻挡，致伤他人，并撕破了衣服，被伤者在处于无奈的情况下用石头或刀子致狗于死地者，不偿还狗命。

主人极力阻挡家犬，而有意追杀，用刀左刺右打而致狗亡，应偿拿二至三两白银来偿命。

另外，又如出于恶意向春田放水，庄稼未熟乘绿割掉以及放进牲畜等，对这种人的处罚应是上述规定的四倍，还要求为主人赔偿秋收的损失及重播的种子。

有关草山的问题，超越自己的草场范围，让牲畜在他人之地任意吃住，将越境的牲畜赶回作为处罚或"山价"处理。若有约在先，对稍有越界的地方，实事求是地加以分析，力求证据充分，然后酌情定罚。

若是不驯服的野牲口跑到好草场来吃草，就设法赶走，不需要赔偿损失。

若有无法驾驭的牲口被他人杀死，肉缴主人作为赔偿，或将肉归还主人后请对方作客，以示赔礼。出于恶意歹心杀生者，要赔其价值的两倍。

不论事情重要与否，无中生有，从自己嘴里漏出有关行盗做贼之事，被别人抓住了把柄而胡言乱语，乱咬一气，正如常言道："说出去的再也追不回来。"假设说人家偷了一匹马，但查明确无此事，造谣栽赃者要向被诬陷者偿拿一匹马赔罪。

法庭的中证人不管是谁，要作没有倾向、不徇私情的表率。请"三宝"（佛、法、僧）作证，重证据，护正义，揭发诡辩者的行为。如执法人员都这样，就能忠实执行上司的旨意，这就是最大的行善积德，百姓也因此安分守己。

4.《十三法典》补充、修订的内容

在抓油石神判的过程中，若佛苯之徒能证明案情的是非，缴纳什物要合理，再由法庭施舍支出。对神判时所需的用品除"哇特"（缠头的羊毛）、彩箭外，如对头等面粉、酥油、羊肉或牛肉，祭品青稞、头酒、细糌粑、粗糌粑等的需要量作了较为详细的规定。

另外，对监誓人、主持人的酬金、粮草马料、鞋脚费用和仆从的生活所需的提成数额也作了详细的规定。

（1）明确了抓油石的费用应由诉讼双方承担。

（2）修订了夫妻离异的审理标准及离异费的多少。

（3）在奸淫罚锾中提出了向被奸淫者丈夫缴纳所谓"活人命价"的法律概念。

（4）规范了审理案件须由诉讼双方、审判人员、辩护人员参加，并组成审判机构，明确出现了法庭的概念。

（5）同时规定了向审理人员缴纳罚没的数量。首次以法律的形式使辩护合法化。

（6）进一步明确了上中下三等人的纳税标准，并单列了拥有少量财产的奴仆（自由民）的纳税数量与庄园主相同的标准。

（7）修订了创伤疗养费以及抵偿命价实物，如青稞、酥油、干肉、湿（鲜）肉、牛马的优劣、数量及折算标准等。

（8）补充了"色商"（指衡量黄金的标准或两数）、"商钦"（大两）、"古雪"（衡量金银的单位，约重市制七分强）、"雪"、"玛尔雪"、"桑雪"、"玛尔恰"、"雪商"等度量单位的换算方法和实物折算标准。又根据对人所分的三、六、九等推算出数量不等的命价。

（9）补充了对持械行凶、动刀伤人及致人受伤而未及时抢救造成死亡一类案子的处罚和医疗费的规定。

（10）明确了夫妻离异（离异者无论是男是女）的补偿金（离异税）与其身价相同，若是男方首先提出离异，要按终身夫妻计算，付给女方相应的劳动报酬；女方首先提出离异者则另当别论。若是有子之母，离异税的多少与其子所承袭的身价等同。若要分离子女，子归父，女归母。儿子的抚养费实际需要多少应根据家庭条件有计划地判理。至于子女的抚养费及母亲生活上必需的土地、房屋、衣食等，按当时的条件酌情而定。

（11）本法典鉴于当时各教派之间的矛盾与斗争，补充制定了判决寺院之间纠纷时应注意的一些事项。强调两寺应守佛法戒律，恪守诺言，以和为贵。假如双方弄虚作假，渎职法律，因细节小事冲犯双方制定的协议，即使僧人也要受到佛法戒律的严惩。

（12）补充了调节处理领主与领主、喇嘛与施主、村落与村落以及藏巴与布丹、哲孟雄之间矛盾和纠纷的有关原则。

5.《十三法典》的法律特点

（1）《十三法典》根据当时藏区部落及佛教教派之纷争，格鲁派初领风骚，僧人及寺院集团内部仍然存在戒律松弛和争权夺利的现象。故在本法典中特别强调，僧人要以弘扬佛法为己任，严守戒律，讲授好佛经要义，传授好修行仪轨，按期净行修行，按时供养，学习和继承各世喇嘛的良好德行，取得教民的敬仰。节制敛财，常向卫藏、多曼的僧人布施斋茶及金银、绸缎等。同时还规定了作为僧人出家的标志和基本的生活条件及其他法令条例。

（2）《十三法典》明显地受到大乘佛教慈悲为怀思想的影响，废除了吐蕃时期制定，而在《十六法典》中仍然沿用的断肢、剜眼、流放、缚肢等残酷肉刑。将罪大恶极的罪犯推坠悬崖或投入河中以示严惩，而不把罪犯致成残废留在世上活活受罪。在"十善"范畴内杀人害命者，属罪大恶极，应将凶手和被害者的尸体连同凶手的所有财产一起投入河中。

（3）《十三法典》在《十六法典》的基础上删去了"英雄猛虎律"、"懦夫狐狸律"和"异族边区律"三条。在以前的法律条文中，则将上述前两条列于整部法典之首。而《十三法典》不再宣扬尚武精神，没有吐蕃政权时期显示武力扩张的特征，仅仅是在清朝中央政权之下的一部普通的地方民法。

（4）《十三法典》是对以前吐蕃法制历程的全面总结。

（5）《十三法典》规定了对百姓减免税收及各宗市场贸易税的具体措施。

（6）《十三法典》首次明确地提出了关于动物保护及封山育林的法律条文。也有关于处理地界纠纷的内容。

另外，《十三法典》中增加了环境与资源保护及农牧业生产的相关内容。

三　寺院管理制度

蒙藏社会自出现僧侣集团以来，乃至形成"政教合一"制度，政治和宗教如同一对孪生子。俗人集团与僧人集团、政治与宗教之间的一些关系问题，则一直成为研究蒙藏社会的两大课题。因此，蒙藏法律文化也必然涉及俗人集团与僧人集团这两大群体。而且教法作为蒙藏法律文化的源头之一，对俗法（人法或民法）产生过深刻的影响，如"十善法"则是蒙藏法律的基础，僧俗共守。而僧人集团，又有比丘和比丘尼之分。它作为一个比较封闭而特殊的社会群体，在本集团内部的协调方面，一般不受俗法的干预。因此，僧人这个特殊的群体，除了严守各自教派的寺规、教义外，更重要的是严守不同僧职层次的戒律，由此来达到规范个人、协调团体、整合社会的目的。僧侣集团内部所遵守的规范可称之为"佛教内规"，"从广义来讲，所谓'佛教内规'可以泛指经、律、论的全部内容"。①

1. 戒律

藏传佛教的戒律体系非常庞杂，主要有沙弥戒、比丘戒等。

沙弥戒：又分沙弥和沙弥尼。沙弥：以少年儿童为主，以是否受过具足戒（比丘戒）为准；沙弥尼：女性沙弥之意。沙弥尼满18岁以后，在20岁可受具足戒（比丘尼戒）以前，经过两年的"正学"及观察，严格持戒者方可成为比丘尼。在藏传佛教的有关经论中，阐释和翻译各种戒律的著作占有较大的比例。如《三律仪论》、《三律仪论说》、《律仪二十颂》、《戒律注释如意宝穗》等。藏传佛教非常重视僧侣的戒行，在制定各种戒律的同时，对受戒、犯戒和舍戒的诸因素进行了分析。佛像、佛经、亲教师、轨范师和僧伽为"受戒五境"；不知、不敬、放荡和烦恼粗重为"犯戒四因"；决心向解事明理者说明还戒、死亡、生起无因果等邪见，二根人和性别三次变异者为"舍戒四因"。

沙弥十戒：

第一，杀戒。

第二，盗戒。

第三，淫戒。

第四，妄语戒。

第五，不饮酒戒。

第六，不著香花蔓、不香油涂身戒。

第七，不歌舞娼妓及故往观听戒。

第八，不座高广大床戒。

第九，不非时食戒。

第十，不提钱生像金银宝物戒。

以上十戒是沙弥（尼）通用的戒律。

根据有关材料介绍，藏传佛教的比丘戒有36条；比丘尼戒有348条，罗汉戒有253条。内容涉及僧尼入法门之后的日常起居、衣食住行、言行举止、接人待物、修习规范等。甚至僧尼个人的隐私等，也在戒律的范畴之内。

———————

① 劳政武：《佛教戒律学》，宗教文化出版社1999年版，第3页。

总之，大乘菩萨戒中的"十重戒"（十不善戒）和"十善道"（十善法）是出家僧尼和在家信徒共同遵守的戒行，也是严守其他戒律的基础和根本保证。

2. 寺规

藏传佛教派别众多，有宁玛、萨迦、噶举、格鲁巴四大教派。之外，又分若干支系，各有门墙。各派之间由于仪轨之差异，表现在寺规上也不尽相同。

（一）察哈尔正镶白旗查干乌拉庙庙规①

察哈尔正镶白旗查干乌拉庙建成于 1787 年，之后该寺成为蒙古地区翻译、印刷蒙文经典的中心。察哈尔正镶白旗查干乌拉庙庙规则保持于 20 世纪 50 年代发现于查干乌拉的《察哈尔格博希文集》文集之中。

1. 查干乌拉庙及其诵经法会制度

主要介绍了查干乌拉庙诵经法会的源起和形成过程，每年诵经做法事的具体时间、法会中以藏蒙语诵经的次数及庙殿制度；对喇嘛在诵经、开法会时的时间和着装、座次要求；下座时的注意事项；规定诵经声要清楚、和谐，以及螺号、法器的吹奏和打击之法；大殿卫生，请众佛菩萨归位，为众佛菩萨上祭品、上香、点灯，保存音乐法器的条文，等等。

2. 寺庙教育、服务和牲畜苏鲁克制度

（1）寺庙教育。寺庙负责寺庙喇嘛们的经典修习，老师的配备，学习及平时着装、法会礼节及不许与坏人结友、喝酒、耍钱、偷盗等规定。

（2）管家职责。管家要备齐茶、饭、肉食，不得短缺。茶、饭、肉要洁净，不能混入草渣、木棍等。法会分肉时要均衡搭配，普遍分予；庙仓使役人员要把锅、桶、食具洗净，拉水人要备好水，保管好水车等后勤服务的内容。

（3）庙仓放牧人员的管理制定。规定庙仓放驼人何时乘公马或母马，

---

① 本庙规的资料，来源于内蒙古师范大学金锋教授搜集整理、1983 年印刷的《蒙古文献史料九种》一书。书中的《察哈尔格布希文集》全面记载了查干乌拉庙庙规。

何时挤奶，挤奶次数，挤奶头数，何时放归，酿马奶酒的数量、用途；规定骑乘的缰绳、笼头、扣环要用三至五岁的公马鬃、四峰驼的膝上长鬃制作，以及剪鬃、绒的时间；放马、驼之人，五年给一副马鞍，二年给一张牛皮。规定给放牧人乳牛、绵羊、山羊挤奶的头数，初挤和放走时间，制作奶制品的具体要求；八个放牧人的吃穿标准。

3. 庙仓的财政制度

（1）庙仓财务及公共财产的管理制度，限制达喇嘛、德木齐、格斯贵、爱马克达、管家喇嘛等滥用职权，不许随意把庙仓的牲畜给人骑用或驮用。强调民主协商，在法会期间对施主接待的用度、建新修旧，均要求有关人员商量决定。办事情要考虑寺庙的利益。如买卖庙仓的牲畜，喇嘛、涅日巴等人不能只身前往，要与可靠之人同去卖牲畜。不使用角、散、碎银。庙仓畜银账目要公开，限定从庙仓拿银的数量，如需订新制度多拿，大家共同制定。对喇嘛、格博贵、官员、管家当中有损庙仓利益者，要揭发批评，不得包庇。

（2）关于达喇嘛、得木齐、格博贵、爱马克达、管家，苏木的嘎博等首领赊拿庙仓之银诸事。以上人等若赊拿庙仓之银不归还，或虽归还本金不给利息，或以不足价的财物、牲畜顶账；僧职官员同流合污，侵占庙产，隐瞒庙仓账务，拿庙仓之物与别人暗地交易，用庙银放账，中饱私囊；对布施分放多拿少报，把庙仓的牲畜交给自己喜欢的人保管或想贪图便宜把庙仓牛、乳牛等分予众人保管；以低于时价的将庙仓的马、牛卖与别人，或以低价处理自己买回；以便宜价格从庙仓买牲畜、物品或以高价把自己的牲畜卖予法会、庙仓；一边放债获息，一边收回做买卖的银钱，收放时改换细、粗账目；拿庙仓之物与别人暗地交易，徇私舞弊，包庇坏人，报复自己不中意之人；在春秋两季收放利银时节，有些人对自己中意之人虽没本事也多放给银钱，或收取不足数牲畜顶替本银等有损庙仓集体利益的处罚规定。

（3）清点庙仓银钱，牲畜账目诸事。清点银钱、牲畜时，要写清年、月、日。清查牲畜时，要把参加人是否参加清点，牲畜是增殖或损少及清点的粗细情况，都要一一简要写明。牲畜中卖出和使用消耗的也要与同年的账目一样写明。卖出牲畜的价格、银钱数、使用数等要清楚写明。每年使用的牲畜皮张也要记写。（施主）贡献的牲畜价格、年龄、毛色、上贡的日子等项，当时都要清楚记明。平常要给所有的牲畜打上不能错认和换取的印记。大仓、上仓、内仓的牲畜、银钱不能混记，而要一一另册记写。平常要把收入的牲畜、银钱，给人借出的、让人保管的等项不能混记，要使后人览阅即明，单一另写。

清点庙仓的银钱时，要把清查年、月、日和参加人的姓名作记录。公共银钱总数，其中给了某某人多少钱要记录。从谁谁那里收回了利息要记录。上贡来的银钱和卖畜皮等钱、出租牲畜的钱、外来人给法会贡献的熬茶钱、祭佛的贡钱等要按时写清后，或庙仓收取，或用于某项事情，或给放牧人吃穿使用，或给庙仓派出做买卖之人做路费等常规之事，或修理庙仓车辆，或意想不到的养畜事上使用，或用于供佛的点灯、烧香事宜，或用于常规法会上的饭、茶、上贡份子，或临时的念经等项，所用畜、钱、饭、茶等都要一一明记。（以上文字是对原文主要内容的缩写——著者）

4. 法规

法规共分四部分内容，共35条：

（1）法会的僧侣们不论其职位大小不许随便缺席，如缺席需本人或通过可靠之人向喇嘛、格斯贵请假，准假后可缺席。如不请假或虽请假未获准而居家不参加法会，格斯贵要把此事在内部通告，用格斯贵的责杖打其一杖。如仍与前次一样两次耽误法会，打两杖，误三次打三杖。如误了整整一天的法会，让其在法会门口跪拜一百下，然后打一杖。同样如误两三天的法会，以耽误的天数计算处理。

（2）检查诵读，如系不会诵读之人不让其参加法会，并在夏天的大会上让其与刚学诵读的小孩一起学习，让其手拿经卷，每天规定页数，如其不认真诵读，打三杖。

（3）法会的僧侣们学会看经卷朗读但不会背诵的话，拿来自己的经卷诵读。如自己没有经卷，在开法会以前，与相邻座位之人相商，串换看他的经卷。会阅读但自己和相邻之人没有经卷，要注意看远处上下人的经卷阅读，这样如仍不会背诵，让其在座位上手握烧香站立，直到把这部经诵完，在大家面前羞辱他。

（4）没有袈裟之人不准其参加法会。如有能力制办袈裟而不办或无能力不能制而参加法会，要严厉批评他并打三杖。

（5）没受戒之人不能参加大殿的法会，如其随意参加，在法会门口叩拜 100 次。

（6）在法会中笑、动作、顽皮、说话，打一杖。

（7）在上饭、茶时如先收碗或添碗，把茶饭之残余洒在庙里，在庙院里吐唾沫或鼻涕，圆披袈裟，在法会上翘起袈裟大襟或不披回，把靴子露在明处，随意就座，左右顾盼，不认真诵读，要责骂批评。

（8）在法会每日轮值诵读之人，如不按时轮值，一次可原谅，二次要批评，三次批评后责打一杖，四次以上责打两杖，以后三次以上按失职次数杖责。

（9）诵经和拉长曲调交替之时，错误替换诵读或拉长曲调，当时就要批评并责打一杖。

（10）大家都要好好学习曲调和法器，在法会上会背诵之人都要执持法器，如不执持要批评。如不学习曲调和执持法器者要批评。要让其必须学习。做首领之人如不这样要求，把其职位交与别人并责打一杖。

（11）如奏乐之人把音乐错奏或合奏时拉长、拉短吹奏，当时就要责打一杖。多打一个鼓点也要找其人责打一杖，如不会转奏鼓点也要打一杖。

（12）法会上吹号时，大会必须配备两个号。早会一开始大会的大小人员要到庙前跪拜，绕庙一圈后开法会。在晚会结束时，在庙前跪拜后解散。对不参加跪拜和转庙一周之人，如对会诵读而不诵读之人一样责打一杖。如吹号之人不管法会能否开够时间，把号吹得很快，使法会不能按时结束的话，撤其职并责打之。

（13）如吹号人无故偷懒，自己不吹让别人吹，要把中间相帮之人和他一起杖责。

（14）互相击掌时多击者，必须查清责打一杖。诵念咒语时，对没有念珠之参会者要让其站立。

（15）开始开会和散会时，不许在大殿前吵嚷，如吵嚷要其停止，并在法会上以训诫劝说之。

（16）开始开会和散会时摘帽、戴帽要一起进行；解散时须从后排起立逐一散去。如一排之中后头的人没站起之前，前头的人忙着先起，责打一杖。

（17）在法会上令人诵读、奏乐、洒甘露、祭坛等事而不接受，要问其缘由，如合理则无事，不合理责打两杖。如接受指令而不会（操作），仍打两杖。

（18）法会上诵读的长调、短音、停顿、慢、快诵、音乐等项，按原来规定的进行，不能增多、减少、不慢、不快，如改变责打三杖，并在大会上以训诫说明以后不能办这样的事。如有人不知道这样做不对，在大会上诵读时把快慢音改变，要在大会上以训诫教导之让其改正错误。

（19）袈裟要放在适当的地方，除首领外其他人不能把袈裟放庙里或庙院内。要禁忌在开会和散会时身上不披袈裟而拿在手里这样不当的事情。如其把袈裟抱在怀里走，要让他在会上跪着接受批评。

（20）开会时要坐在由格斯贵指定的一排和每排上下指定的座位。如无故不坐指定的座位，要让他一天内坐在最后一排的最后一座，假如此人是平常最后一座的人，要让他直到法会结束跪在门口。

（21）上饭、上茶时，从后排一一施放，不按此施放责打一杖。

（22）法会的饭茶不能无故混在一起，如果无故使饭茶不好，在会后要告诉格斯贵、涅日巴等人让其改正。如其不但不改反而在会上发脾气、惹事端，因其破坏法会原则，让其跪拜 300 次。

（23）法会上饭、上茶时，如其过分嘴馋挑捞肉食，要批评其人，让其跪着听劝说。

（24）在开会、散会时，如未走出庙院而大声笑、说话或吵嘴，要在会上批评。

（25）不论何人，无故争斗挑事端引起诉讼，要召集喇嘛、格斯贵等人开会，以法处理其人。

（26）开法会时节、未准假远走多伦淖尔地方而缺席，以缺席法会天数计算，让其人打扫内外的积雪和尘土。

（27）如其违犯庙院外四方标记内之禁忌，责打一杖。

（28）会上对诵读、吟长调、敲击法器、奏乐等人在经检查而未训练之人，已令其熟练而不当一回事，不去学练，让其跪拜 100 次，在法会门前直到法会结束罚其下跪，然后严令去学练。

（29）在夏季的大会上，自己所辖的僧侣来参加而丝毫不会诵读的话，不让其参加法会，让其守寺门，做扫院、送饭茶、上贡份子等事。如不懂经卷为安逸、躲避和逃离外边的活计而来参加法会，让其在门口下跪、叩头 100 次。

（30）法会的僧侣绝对不准喝酒。过去师尊释迦牟尼曾下禁酒令："我的徒众如把我当做老师，连草尖上的一点酒也不许舔。"

如果喝酒，僧侣会自然而然地会不认师尊。因此，要罚喝酒者在法会门口叩拜 1000 次，并叫其老实下跪。

（31）过去诸师祖曾严令忌烟，因此法会的僧侣们谁如吸烟而被发现，在法会门口让其叩拜 500 次，责打五杖，并严令今后必须禁忌。

（32）谁若不遵从合理的公事，破坏大家的制度，喇嘛们在庙仓集会，依法惩处之。

（33）谁若趁大家犯口舌、吵架之机无端加入惹起事端，大家在庙仓集会，依法惩处之。

（34）法会中，如请假需喇嘛、格斯贵中一人批准；如四天以上，需喇嘛、格斯贵二人批准。如违犯此规定，以未准假处理。

（35）如喇嘛、格斯贵们违犯此规定，进行批评或责杖，责杖时不知本身有错而强词夺理或反手还击者，让其跪拜 300 次，责杖 15 下。

5. 察哈尔正镶白旗印务处书

为永远遵循事，送查干乌拉庙首领喇嘛、得木齐、格博贵等印务处书。

（1）喇嘛、格隆门要穿黄色、红黄和红色装，班弟穿红装。喇嘛和班弟要戴正黄帽。乌巴希、乌巴三察要穿红黄和红色装。如是上头恩赐的衣着，都可以穿戴。大喇嘛们如违犯此项规定罚一九，班弟、乌巴希、乌巴三察（如违犯此项规定）打 80 鞭。

（2）不论何人如寻请喇嘛、班弟治病或念经，要向头领喇嘛请示前往。完事后，邀请之人要送回（他们）并向头领喇嘛当面报告。如不向头领喇嘛请示而随意出去或随意领走，或（领走之人）留家住宿，依法对随意出去、住宿的喇嘛、班弟罚三九牲畜，对随意领走（喇嘛、班弟）之人要把其交所辖衙门惩处。（喇嘛、班弟）如住在无丈夫的女人家，（因其）破坏戒律，打 100 鞭。（此女人）如是外地的女人，同样要打 100 鞭。如是所属辖区的女人，要交所属衙门惩处。如与察卜干赤交往（有通奸之意），（因其）破坏了察卜干赤的戒律，要打 100 鞭。（与察卜干赤交往之人）如是所属寺庙的头领喇嘛，依法罚三九，如是札萨克喇嘛罚二九，得木齐罚一九。喇嘛们所居住之家，如让女人打扰，大喇嘛罚二九，得木齐罚一九，格隆、班弟罚一五。

（3）所有喇嘛所居之家，禁止女人走动。如喇嘛们所居之家让女人走动，头领喇嘛罚二九，得木齐罚一九。格隆、班弟罚一五。

此女人之夫如系所辖内部吏民，要把男女双方一起交所辖衙门惩处。

（4）所有喇嘛因罪需抓捕惩处时，先撤职后惩处，如审判证明其无罪，再行复职。惩处喇嘛所没收之财物，要交印务处保存，用于对各寺庙喇嘛进行赏赐的事项中。

（5）所有喇嘛如收留自己奴隶之外的人做班弟，或包庇收留不在册的喇嘛、班弟，撤销其职位罚三九，格隆、班弟们罚三九。

把所辖属之人、家人做班弟送给喇嘛、收留在家以及包庇收留随意游走不在册的喇嘛、班弟，要把所管辖旗的执政官员以下、小至十户长以上，收留包庇人、证人一起交所属衙门审断清楚，从重治罪。除在外蒙古注册的喇嘛之外，对毫无目的随意游走的喇嘛、班弟要全部赶走。如不赶走、包庇、收留或把自己的阿勒巴图、家奴随意做班弟，如有所属家奴指证，如系王、贝勒、贝于、公、执政台吉等人，要撤销其年禄，如系无俸禄的台吉罚50匹马，如系官员撤其官职，如系平民责打100鞭，有关执政王、贝勒、贝子、公、台吉等人，要撤销其九个月的俸禄，罚管旗章京、梅林章京、札兰章京一九畜，罚苏木章京、收留的十户长罚二九，（其他）小呼格赤十户长打100鞭。所罚之畜分三份，其中一份给证人，如系阿勒巴图、家奴指证，要由其主人付给。对随意出家做班弟者，随意留居的喇嘛、班弟，因其破坏戒律，要送回原旗、原主人。需搬迁的察哈尔盟、旗苏各克之人们，仍以此法衡量惩处。

查对国家制定的这些法律，喇嘛应知而遵循。任何喇嘛僧人如此；遵守而歪行，第一次违犯，所属寺庙的大喇嘛、得木齐、格斯贵等人要在寺庙内批评、责杖、转法会、叩拜或搬送茶饭、拾柴捡牛粪等法处置。如果仍不遵守再行违犯，向旗里报告从重处置。有这等违犯法规的僧人，大喇嘛如包庇隐瞒，得木齐不揭发或隐瞒不处理使之漏过，被别人指证或检查时查出，要对大喇嘛、得木齐、格斯贵等人依法罚畜，所罚之畜要依法分与证人和旗里办公使用。从今以后如有人愿意把子侄送做喇嘛，要向所属苏木报告，签押写保证书，然后送给寺庙当喇嘛、班弟。无保证书不能随意出家当喇嘛……

（6）正镶白旗八苏木书

法会喇嘛们和苏木的哈班（满语：官员之意）等法会施主们需互相支持传扬福祚事，如使崇佛、念经等福事长久施行，参加此福事之大众将受无量的利益。因此，法会的喇嘛们、苏木的哈班们、涅日巴（管家）们办事时要互相商量，使僧俗不去考虑无益的公役，努力去把事情办好。如遇使庙仓牲畜损失、办事物品使用不当等事，要毫不犹豫地制止。对此大家如清楚明白，因其对长远有益，要向大家反复宣传，为此，向僧俗等有觉悟者发此书人手一册，世世阅读，谨慎自身，处理政事，教育属下。如掌权者不平安善行，法会的僧人们与苏木的军民大众相商，报苏木和旗里惩处。[①]

6. 查干乌拉庙庙规的特点

（1）寺庙财产丰富，经济活动频繁。从查干乌拉庙庙规的第一部分所反映的内容分析，当时蒙古族地区的寺庙经济比较发达，庙产丰富，喇嘛有奴仆，除香火田地外，还有数量可观的驼、马、羊等各类牲畜。货币借贷以及其他经济活动频繁而复杂。

（2）维护集体利益，制定理财制度。维护集体利益，加强庙仓共有财产的管理；建立各种制约机制，规定各级僧职人员对公有财产的用度和权限。

（3）重大问题，集体决策。对寺庙重大事务的处理与决定，要求集体商量，集体决策，表现出民主存在的信息。

（4）重视修习，强调传承。明确规定僧人的修习内容、作息时间、处罚的形式及参加法会所要注意的事项。注重诵经、配乐、声调之间的和谐和历史传承。

（5）僧装颜色，区分等级。僧人着装有严格的等级区别，以不同颜色区分僧职地位的和学识高低的界别。对无力或有能力而不置办袈裟参加法会者以批评加杖责处罚。

（6）政教合仪，犯事分理。若僧人、俗人同犯一事，处理时政教分离。喇嘛犯罪，先撤职，后审判。

---

① 奇格：《古代蒙古法制史》，辽宁民族出版社 1999 年版，第 219—234 页。

（7）强调公正，人人平等。若寺庙茶饭不好，尤其在法会、施主供茶期间茶饭质量太差，向格贵、管家提出建议而不改者，罚格贵、管家磕头百次。

（8）僧籍严明，违者严惩。为了保证佛门清净，收留或送班第入庙先要报告有关管理部门，再由保人签字、画押保证方可。违者，是官员取其俸禄，无俸禄罚马50匹；一般官员撤其职务，贫民则鞭一千。鼓励揭发犯罪或包庇犯罪之人。

（9）纵酒好色，严惩不贷。要求僧人严守戒律，不饮酒、不吸烟、不赌博，不接触女性。饮酒，罚跪1000次；吸烟，罚跪500次，责五杖。

（10）重在教育，轻于处罚。处罚分等级，类型有杖责、罚站、跪拜、撤职，以及剥夺俸禄等，少有实物处罚。

（二）噶丹寺寺规

1. 噶丹寺寺规的基本内容

噶丹寺是藏传佛教格鲁巴的主寺，坐落于拉萨市东达孜县境内旺布尔山的低坳处，由宗喀巴大师在此创立格鲁派（俗称黄教），并于1409年创建该寺。噶丹寺属藏区六大寺院之一，该寺寺规规定：凡接受居士或守沙弥戒者，要在教规、衣饰、仪表方面符合出家人的标准。不得留长发、带长刀，被褥不得用兽皮，不准戴项链，不准穿细褐袈裟，不得穿汉、蒙等人的鞋，出家之人只许穿袈裟。

聚集经堂念经时，首席为贤位，右为领诵员席，其余席位，由公认的资深僧人坐上席，诵经熟练的坐中席，其他的仅为吃施舍品者坐下席。

坐列要整齐，不得背靠柱子等物；擤鼻涕时要用袈裟将头遮掩；不得睡觉、打哈欠；诵经时不得交头接耳；不得用袈裟捂嘴。

吃饭时不得大口吃饭，不得扳嘴巴。一切行为要符合教规，要向老资格的僧人学习。

平时大会诵经时间的长短无严格规定，一般要念《皈依发心》、《显密道次第论》，念三遍《祭朵马》、《白伞盖陀罗经》，或念《般若经》21遍，或念《度母经》25遍，《长寿经》200遍。不能中断或应付自己平时睡前、起床时所念的经。

斋茶分配：噶丹宫三铁壶，公堂一铜壶，施主一水壶。夏天至经堂吃斋茶者不限量。

茶叶渣不得堆存，不得取斋饭的表层油脂。

施物分法：施主所施物品均不得调换。噶丹宫在位大师、领诵师及两位格贵（执法喇嘛）、两位总管均为大份额，殿堂管理员为小份额；殿堂灯芯费为十二份；咒室管理员二份，道次殿、佛堂、施药师、工艺师均一份；总管为六份。

施舍期间，除病人或静修者外，凡无故不到者不得领取斋饭、布施、现金。到康区或蒙古地区去为寺院化缘者可领取施舍，外出教学人员可领取布施。

根据施主的财力，在确有财力的施主施舍时，给有列席席位的大师五份；访问学者一份；领诵员五份；格贵六份；公务员、医生、司（吹）号员、漱水僧、金刚侍、高级厨师、领诵员、薪管员、四位帮厨、量盐员均为两份；三位清洁工为一份；招收厨师及帮厨时要严格审查并了解清楚所招人员的籍贯、信仰，经严格审查合格的，招收为厨师或帮厨。

因故请假不在位者仍可发放施物，数量为一份。

总管的辅佐四十扎（指饭桶容积，一扎约五寸）；库房部二十三扎；噶丹宫总管为三份；总管为两份；利乐宫、德央宫、咒室等三殿的管理员为两份；护法神殿为七份，八位祈祷师每人一份；夏宫总管为五份。

寺院在布施期间，对秘书、公务员、随员以及各扎仓的人数要核查清楚。

祀殿管理员及其助手等在册人员人均一份；寺庙总管、夏宫监管员每人一份；慧觉院、果莽扎仓的僧人每人四份；利乐院、德央殿、修供室等三殿的总管每人三份；各喇嘛殿每殿一份；甲哇、德哇、西合高哇三宫以及药师、祭殿管理员、上密院出纳、大元帝师各一份，拉马宗（县）的七位官员每人一份。

如果给同乡会（康村）成员每人三份，其他人为两份。

在不影响全局的情况下，给寺院作出巨大贡献者每人十份。

对经济状况好的施主而言，自己的同乡以及与同乡会有关者可视为重点。给资深藏僧及有关人员可分五份，其他人每人两份，自己的老师及与本会有关人员每人十份，其他每人三份。

给本同乡会每人三份时，给其他人的布施视本人的经济状况而定。

经济情况好的施主给果莽扎仓和洛色林的高僧、大师每人五十份以下；一般高僧大德为十五份以下；其他有关的高僧大德为三十份以下；各格贵每人四十三份以下；领诵员为二十份以下；噶丹宫及其总管和相关人员最多每人十份。

布施银两的等级分类，根据寺院代表所列名册：

一级为各扎仓；二级为未列入其他名册的本寺僧人及银汁书写员；三级为帮厨、清洁员以及有关人员。

外地来寺学习天文历算人员，高级修法僧的佣人不列入本寺发放布施的花名册。有些身体健康而不学习者不发放寺院的布施部分。

经刻苦学习，在论理学方面取得圆满成绩的高僧，以及仅修习《中观》经和《度母》经的诸高僧，因缺乏后续课程则不能升级，同时也影响到后面的课程。从现在起，凡修《因明学》（论理学）的均可进入该班，但也可返回原班级。

凡通过了《中观》、《度母》经的考试，可根据该班课程的要求予以升级。

夏、冬两法会期间，如有特殊法事时，须全体参加；若缺席，经严厉教训仍未到时，要逐户查询。

课时长短可根据（经师）导师的讲解情况而定。春季可按惯例延长。

洛色林的公务员也要按规定考试，不得徇私。

对影响僧人的改革要慎重。

挑选声诵员，要从五个扎仓中选拔，对声诵员要从声音和形象两方面考虑，最终要考虑音质因素。

大会辩论时，格贵有收受贿赂的徇私现象，此举对佛教传承带来严重影响。因此，今后任何人在大会考中不得徇私。

考取多仁巴学位时，要在五天内把"五经"（五部大论）考完。在格贵的主持下，辩经时要严谨、认真。参加拉萨毛兰木法会的人员，最好从通过"五经"（五部大论）考试的人中选取。其次，从通过"四经"（四部大论）考试合格的人中选取。寺院派往昂仁等地的人员必须具备中等以上水平，否则会影响寺院的声望，各导师要把好此类人员的选拔关。

带橛者要按寺院的规定天数执行，不得随意以改变。

雪顿节一般从二十八日至三十日结束。结束后于初一、初二陆续返回。从初三早晨始，立禁止通行标牌。

七月法会期间，施主特别多，因而茶饭用不完，剩余斋饭存于器皿内，不必散发。

此后供斋饭不限制，多则二十三天，少则十三天，根据情况而定。

对格贵顶嘴或动手者予以流放，用器械伤人、动刀斗殴或抢劫等行为，视情节轻重予以处罚。

在寺院内，严禁下棋、蹦跳、抛多果（rdo-shor-rgyag-ba）；严禁携刀具等违规行为。但是，在僻静处或野外游玩时不禁止下棋、蹦跳、抛多果。

堪布佛殿和咒室一般不能用碰铃，如遇特殊情况，经格贵批准可用一至两次；郭莽宫殿和时轮学院等不进行酬补仪轨。

除藏族妇女外，蒙古等族妇女不得在寺院留宿；是施主，经允许可留宿一夜。

寺院内不得宰杀牲畜。

朝圣的藏蒙女性，除朝圣期间外，不得在寺院长期居住。寺院内，无论僧俗，都不得骑马而行，不得大声呼叫或喧哗。

春秋季节，僧人不得参加农牧劳动；寺院雇用的当地人员，经请假批准后，穿带俗人衣服，方能参加农牧劳动。

除特需的个别不同教派的人之外，异教徒、逃犯、盗贼等均不得借宿。

本寺院的苯教扎仓在向康区、蒙古等地派经师时，要精心挑选，否则，会对本寺院及苯教的传承带来影响。

参尼扎仓的僧人不得去远处朝圣，本地僧人若非去不可，也只能去拉萨、热振等近处朝圣。

在寺院内，除格鲁派的教规外，不能诵念其他教义。

秋天去本藏区化缘，要符合出家人之规矩，不得阻拦；到汉蒙地区化缘时，只准寺院派代表，其他形式的化缘一律禁止。

在寺院附近的市场内，只能使用鉴定过的度量衡器，第一次生意未完结之前，不得进行第二次生意。

平时，各佛宫中可养两匹马，四头奶牛。特殊时期可视情况而定，供品在两月内完成。

寺院财务处，平时可留六匹马、四头奶牛。

外地来寺院办公事的人，与寺院关系较好的最多可住五天；在佛宫或同乡会内可住一至三天；寺院内不得留驴过夜。

格贵可留两匹马；利乐宫管理员可留两匹马；德央宫管理员可留两匹马，养奶牛两头；咒室祀祭员可留马一匹、奶牛一头；药师、被确定的转世活佛、钦则（一种通过捐资而得到高级僧人职位的人，与捐职、捐官相似）、同乡会经师等按法王敕令每人一匹马、两头奶牛；夏宫管理员可养一匹马、两头奶牛；咒室管理员、印刷管理员以及各佛殿管理员各一头奶牛；经务长阿旺西热五头奶牛。

在拉萨毛兰木法会期间分发布施时，法会工作人员可按规定发放，如施品剩余时，不得扩大发放范围。

居士、沙弥、比丘等戒守者，均按照各自所受戒律的要求，严格执行。①

2. 噶丹寺寺规的特点

寺规除僧人的修习仪轨、戒律、考试制度外，则以较多的条文制定了对不同僧级进行布施分配的细则。等级森严，等级以僧职和学问区分。财物分配作为该寺规的主要内容，且占了较大的篇幅。同时还制定了化缘的时间、地域范围及派出程序，不得以化缘为借口来敛财。

（1）倡导改革，务必慎重。主张教派之间兼容并收，不排斥苯教；注重僧人的修习与僧德修养。

（2）鼓励勤奋修习，重视"戒、定、慧"三学。强调修习本尊和个人圆满；严守"十善"佛法和各个级别的戒律，极力维护本派教法教义和寺院的集体利益，根据佛法仪轨和作为自然人的社会属性，制定了教、法双轨的两大体系，使教法和俗法既分离又相得益彰。

（3）按级供养，抑制贪欲。对各级僧人进行供养限额，针砭因贪、欲、色、财、气等引发的违规现象。

（4）容许经商，取财有道。允许僧人经商，但要节制敛财；防止诈

---

① 恰贝·次旦平措主编：《西藏历代法规选编》（藏文版），西藏人民出版社1989年版，第346—350页。

骗，严格度量衡标准，不得有短斤少两的欺诈行为。

（5）讲求团结，反对宗派。强调僧与僧、寺与寺之间的团结，严禁拉帮结派。

（6）惩罚严明，类型有三。寺规规定了具体的体罚、实物罚付及驱逐出寺院的三项寺规。其中前两项以磕头和供茶等宗教形式表现，反映出这里的处罚不是以阶级、告身、命价或活人命价的等级来划分，而是以接受被罚者的僧职地位、知识层次来区分。既是寺院总管、领经，一旦犯戒则严惩不贷。

藏传佛教寺院的寺规，除了因教派不同而有别外，又因僧侣集团的组成分僧、尼（男、女）两大群体，因此，比丘尼住持的寺规与比丘住持的寺规有所区别。

四　蒙藏"三典"及寺规之比较

蒙藏传统法律文化比较中蒙藏"三典"及寺规的比较研究是整个蒙藏法律文化比较中的重要内容。

蒙藏"三典"是元末至明清时期蒙古及西藏地方政府分别制定的三部影响较大的法典，寺规也曾对蒙藏社会稳定发展发挥过很大的作用。

（一）不同的立法背景

1.《阿勒坦汗法典》是蒙古北元图们汗时期土默特万户的首领阿勒坦汗为了控制和稳定青海、卫拉特、乌梁海、西至河套、青海、新疆等地的蒙古各部，他到青海迎请三世达赖索南嘉措，以教法和政令进一步治理他所控制的广大地域，宣布了他的宗教法规——《十善福经教法》，并于1578—1582年之间颁布了他的政令《阿勒坦汗法典》。

2.《喀尔喀七旗法典》是巴图蒙克达延汗时，蒙古草原七旗和六旗的首领们为了便利统一蒙古各部和加强自己的汗权，以及提高和巩固黄金家族的统治地位，把蒙古地区分为左、右翼各三万户，共六万户。尤其是公元16世纪末、17世纪初到1639年间，七旗和六旗的首领们通过会盟共同商定的18个法典及其他蒙古各部族的首领陆续制定的地方法规，是喀尔喀七旗及蒙古各族首领制定的联合法规。其内容与 1578—1582 年阿勒坦汗颁布的政令《阿勒坦汗法典》相承接。这个重要法典对此后的喀尔喀七旗及蒙古各部直到公元 1655 年保持了近 150 年的稳定状态。

3. 《卫拉特法典》是 1640 年 9 月喀尔喀和卫拉特蒙古各部封建主归降皇太极，及在中国国内外形势发生重大变革时期，漠北喀尔喀蒙古各部封建主会盟于塔尔巴哈台（今新疆塔城）的乌兰伯勒奇尔地方，总结蒙古族发展过程中的失败与挫折以及历史上的经验教训，为保持蒙古各部落的独立地位，化解内部矛盾，主张团结联合，共同抵抗外敌的大背景下制定的蒙古族最重要的法典。《卫拉特法典》主要用于蒙古族各部落之间的相互制约和调整蒙古和清朝政府关系的重要法典，曾对卫拉特蒙古社会产生过深远的影响。

4. 《十五法典》是在吐蕃政权崩溃后，青藏高原上相继出现了众多互不统属的地方势力。尤其是随着吐蕃政权的变迁，与之相适应的宗教派别应运而生，并在意识形态领域占主导和统治地位，促进了佛教在藏区的再度兴起，并在割据势力的培植下先后出现了萨迦、噶举、宁玛及其他小宗派，教权政治的雏形开始形成，在激烈的派系斗争中，萨迦派最终成为藏族历史上第一个集教权与政权于一体的政教集团，为后期政教合一制度的形成奠定了基础。萨迦政权向帕莫竹巴政权过渡以及藏传佛教格鲁派形成，使得众派在宗教意识方面出现求同存异、众派归一的局面。在藏区社会稳定发展的大背景下，大约在 13 世纪中叶由帕莫竹巴地方政权的执政者绛曲坚赞根据文献记载和残存的吐蕃时期的法律条文及藏族古老的习惯法和民间习惯规则，制定了《十五法典》。

5. 1565 年，辛夏巴·次丹多杰推翻了仁蚌巴政权后，其势力迅速膨胀起来，1605 年，他又联合止贡噶举打垮了第巴吉雪巴，控制了西藏，随后逐渐消灭了帕竹地方政权，并基本上统一了西藏之大部，正式建立起西藏历史上有名的第司藏巴地方政权。1621 年，噶玛政权的创始人辛夏巴·次丹多杰之孙第司彭措南杰得天花病去世后，由其 16 岁的儿子噶玛丹迥旺布继任藏巴汗。在他统领第司政权期间，为了维护封建农奴主的阶级利益，加强对人民的统治手段巩固地方政权的大背景下，他立法定制的最大成果是于藏历第十一饶迥的金羊年（1691 年）制定了《十六法典》。他曾派得力大臣贝赛哇观察当地的风俗习惯，调查了解民事纠纷，拜访谙熟法律的乡贤遗老，先后参考了帕木竹巴时期的《十五法典》以及《桑主孜法典》、《奈邬德漾宫的吉祥圆满之法律》、《蔡巴法律》和古代法典之附则、传记等，而后依最基本的法律条文及噶玛丹迥旺布的旨意，在对《十五法典》的部分内容有所增减的基础上，使每个法律条目的解释更加详尽、完整、具体，并把所依据的资料加以整合，针对边疆多民族、多部落的特点，增加了"异族边区律"。

6.《十三法典》是五世达赖喇嘛罗桑嘉措时期，为了更好地管理整个藏区事务，巩固第司政权及政教合一制度，从社会制度及法律层面进行积极的探索，尤其在法律方面第司·索南饶登以《十六法典》为蓝本，删除了其中的第一、二、十六条，即"英雄猛虎律"、"懦夫狐狸律"和"异族边区律"，经补充、修订，颁布了著名的《十三法典》。

(二) 体系建构、主要内容与法律特征

蒙古族的"三典"及教法寺规的主要内容简言之，主要集中于维护国家安全、处理部落及边界纠纷，宣扬尚武精神，惩罚违抗者，维护教权、王权及宗教集团的基本利益，规范社会秩序等，具体表现为法律与政治以及军事等交织在一起。而藏族"三典"从内容到程序，法律与政治，宗教与法律等立法依据的宗教性与法律的普适性等角度而言，相对于蒙古"三典"，则比较完整规范，更具本土性、民族性、法律性以及政教合一的特征。

(三) 不同的历史价值

蒙藏"三典"及教法寺规的创建，不仅是蒙藏两个少数民族历史上的一大进步，而且是中华民族法文化发展史上的一大成就。蒙藏"三典"及教法寺规对蒙藏社会的政治、经济、宗教、伦理及政教合一制度的巩固与发展发挥了不可替代的历史作用。蒙藏两个民族的成文法和习惯法以及教法内容和法律价值，藏族的比较突出和完善，它明确规定限制官吏的特权；制定了诉讼的法律程序；极力维护统治者的地位与权益，赎刑或赔命价、赔血价非常盛行，妇女地位低下，然而女子享有财产分割权；宗教集

团和政治集团共同支撑的政教合一制度模式比较典型，法律和规章制度以及教法仪轨明显地受到大乘佛教慈悲思想的影响。尤其是对百姓减免税收及各宗市场贸易税的具体措施；关于保护及封山育林的法律条文和关于处理地界纠纷的内容；环境与资源保护及农牧业生产的相关规定比蒙古族法律要完善。不张扬尚武精神，增加了宗教戒律和伦理规范，这一点在蒙古族法律文化中不太明显。蒙古社会重视军队和行政管理体制的建立，而藏族社会则重视宗教伦理文化的彰显。

(四) 蒙古"三典"的法律特点

蒙古"三典"有关死刑的条文仅三四条，也很少使用死刑，且以罚畜、经济赔偿或劳役，甚至用肉刑赎罪。对各种案件的处罚包括杀人案，都没有死刑，只罚牲畜。导致牧户生产、生活无法维系，要用人或骆驼去顶替。所谓"顶替"，就是杀人者或使人致残不能维系生活者要向被害人家庭派人或提供骆驼去顶立门户，使之得以维系生活。

杀死人命案件是当时社会经常发生的恶性案件，涉及条文较多。其中规定：杀人者，处以肉刑和经济处罚相结合的刑罚。在命案中，对误伤人命、奴仆杀人、疯子杀人、巫师占卜等不同原因、不同身份的致死人命案作了详细的处罚规定，其中特别强调失火引起草原火灾或无故加入两个人的斗殴，致对方死亡者，其罪行和处罚与杀人者相同。重视对野生动物的保护，关注人与自然生态之间的平衡，限定对各类飞禽走兽的捕杀标准。人身伤害事件是当时社会经常发生的事，立法条目在"三典"中最多。如《阿勒坦汗法典》设23条。为了维护社会安定，减少民事纠纷，对人身伤害案件的处罚则比较具体，如伤害眼睛，断齿、断指的处罚则有别。其内容基本继承了成吉思汗《大札撒》的传统；致使人失去性功能而不能生育，犯者处以重罚。充分反映了蒙古社会对蒙古民族自身生产和物质生产，以及对生产力和生产资料的保护、经济发展诉求的法律关照。

蒙古"三典"的立法理念，重褒奖轻惩罚。《阿勒坦汗法典》设立的奖励条款仅次于对当时社会偷盗频仍的处罚条例，前者20条，后者33条。其中较有特色者在阶级社会淡化社会层次，重视人的生存权和血脉传承；强调在各种自然灾难中救出家奴、儿童者要奖励。另外，因沿用了元朝宫廷的使役名称，在《阿勒坦汗法典》中首次出现"汉人仆役"，并分上、中、下三等，上等仆役，即亲信仆役，表现了地方特点，但在蒙古人内部这种等级差别则不明显。重视公共卫生安全，更看重民族整体素质的提高和身心健康。为了防止各种传染病的流行。立法规定为不发生疫病不准触动死人尸骨，病者不许到他人家宅，不准吃狼咬死之畜肉及人们在日常生产、生活中应注意的禁忌事项。

以政教合一的形式，极力维护各级封建特权，以法律形式保护藏传佛教在蒙古地区的传播，保护宗教集团的权益；在施政方面极力强调各部蒙古之间的团结协调，取消内部分歧和历史上沉积的牧场和牧民的矛盾纠纷，共同抵抗外敌。以法律形式整顿蒙古民族的内部秩序，消除各部之间的历史隔阂，加强内部团结，共同抵御外患，发展社会经济。此外，对商业、商人采取抑制政策。禁止任何人贩卖牲畜及其他物品。对违禁从事投机生意者处没收财产和鞭刑。商人夜间外出并留宿，以窃贼论处。

立法保护个人或部落财产，严禁毁改牲畜印记，重视生产力的发展和牲畜繁殖能力。若无故给各类种畜去势者，应予处罚。对各类财产的法律保护，关于惩罚偷盗的条文在整个法典中数量最多，内容最细。几乎把游牧社会家庭生产、生活中的所有财产，小至锅碗瓢盆等物，事无巨细，无一缺漏地列名指出，规定了偷盗这些物品的处罚办法。

蒙古"三典"全面继承古代蒙古习惯法，保留了较早和较为完整的法律文献。如注重社会风尚，严禁不正当两性关系。立法保护未婚（未成年）妇女的人身权利，着意立法保护女性，保护孕妇及胎儿，10 岁以下的女孩犯罪不受惩罚。规定女子的合法婚龄是 14 岁以上。另外，规定十户人家每年内必须帮助一户人家完婚。说明这种婚姻制度的建立，对蒙古民族自身发展的重要性，反映出妇女在蒙古社会具有一定的地位。尤其在保护草场、防止草原荒火、救助牲畜、严禁抢劫偷盗等方面，反映了畜牧业经济的特点。

随着蒙古社会的不断演进，程序法逐渐完善，审判机构比较健全，审理大案要案有类似的最高法庭。最高法庭之下还有类似二级法庭。审判时，首先原告要有证人并带被告到法庭，由断事官裁决。裁决中，法庭要收法庭费用。在法庭裁决前，原被告同意私了，可采取民间调解的方式，在原、被告头人之间进行。法庭裁决中，不许作假证，不许说情，不许包庇，否则要判连带罪。蒙古"三典"在刑事犯罪方面涉及的犯罪种类有杀人、伤害、奸淫、辱骂、盗窃、拐骗人口、违抗公共权威及其他犯罪。犯有上述罪行的，根据情况不同，给予不同的惩罚。如杀人罪，法典列有：子杀父母、父杀子、夫杀妻、前妻杀重婚之妻、纵火杀人等，过失杀人案，以罚牲畜为主，不使用实体法。刑罚种类有死刑、肉刑、财产罚没、赎刑等，种类繁多。

蒙古"三典"的最大特点是刑罚上以科罚牲畜为主，极少科以实刑。罚畜数量一头至九九不等。所罚牲畜种类有马、牛、羊、骆驼等，其他财产则有甲胄、弓箭、箭囊及财宝等。无畜可罚者则贬为奴隶。有限的实刑内容包括羞辱刑、笞刑、挖去五官、割去手指刑及死刑等。一般说来，这些刑罚只是作为罚畜或赔偿制度的补充来使用，有的实刑可代以罚畜。

蒙古"三典"是保留蒙古族法律文化的比较完整的法律文本，其主要表现为诸法合体、民法较为发达的法律特征，是在蒙古族内部实施的由部落习惯法演变而来的成文法。

（五）藏族"三典"的法律特点

藏族"三典"遵循吐蕃时期的立法宗旨，参照蒙古律例构成其基本框架。提倡"十善"（即十个道德标准或价值标准），杜绝"十恶"，以先世法王制定的法律为制定《十五法典》的理论依据。明显地受到大乘佛教慈悲为怀思想的影响，废除了吐蕃时期制定的断肢、剜眼、流放等残酷肉刑。将罪大恶极的罪犯推坠悬崖或投入河中以示严惩，而不把罪犯致成残废留在世上活活受罪。

法律体系、程序比较健全，突出特征为诸法合体。在审判各类案件时，合议庭审理人员由四位调解人、八位证人、一位公证人组成；对法官、公证人、当事人和担保人有明确的要求；传讯断案时，要认真听取当事人的辩辞，处理诉讼要求明辨真伪。对仗势欺人者绳之以法；对犯有重罪者处以刑罚；立约要有凭据；借贷要求责任明确，期限清楚，偿还分明；对勒索他人财产或贪污公物者予以财产罚没；杀人者按被杀者社会地位赔偿命价；伤人者视伤势轻重交纳治疗费用；诬陷他人或诬赖之徒，要求盟誓神断；盗窃犯罪，要按物主的社会地位赔偿损失；提倡家庭、邻里之间的和睦相处；奸淫犯罪要视情节，向被奸者或其丈夫偿纳奸淫罚金。另外，血统、门第等级明显。

藏族"三典"是吐蕃王朝崩溃以后，对流失于藏区各地习惯法的首次结集，除失去国家政权性质的一些法律内容外，则基本上反映了吐蕃时期的法律概貌。但在法制进程上有所进步，明确规定限制官吏的特权；制定了诉讼的法律程序；极力维护统治者的地位与权益，赎刑盛行，妇女地位低下，然而女子享有财产分割权。

立法定制，巩固地方政权。维护封建农奴主的阶级和宗教集团的利益，等级制度非常明显，表现在法律等方面则为法律的不平等。对藏族地区的诸多教派（除格鲁派外）采取平等对待、积极扶持的政策，并在经济上给予大力支持；对地方领主、土官头人赋予极大的特权，强化统治手段，控制劳动人民的生存权利。同时，根据当时藏区部落及佛教教派之纷争，僧人及寺院集团内部仍然存在戒律松弛和争权夺利的现象。因此，特别强调，僧人要以弘扬佛法为己任，严守戒律，讲授好佛经要义，传授好修行仪轨，按期净行修行，按时供养，学习和继承前世喇嘛的良好德行，取得教民的敬仰。节制敛财，提倡布施。同时还规定了作为僧人出家的标志和基本的生活条件及其他法令条例。

藏族"三典"，随社会之发展，不断完善，渐趋成熟，是对以前吐蕃法制历程的全面总结。如《十三法典》以《十六法典》为蓝本，删除了其中的第一、二、十六条，即"英雄猛虎律"、"懦夫狐狸律"和"异族边区律"。不再宣扬尚武精神，没有吐蕃政权时期显示武力扩张的特征，但又增加了处理地界纠纷的内容。

藏族"三典"既有游牧传统文化的立法遗存，也有农耕文化的法律特征。实物处罚多以农牧产品折算金银等有价货币。同时，从规定对百姓减免税收及各宗市场贸易税的具体措施来看，市场经济的萌芽已现端倪。

重视人与自然的和谐，以法律的形式明确规定了封山育林、动物保护、爱护环境、珍惜资源及与农牧业生产相关的法律条文。

（六）蒙藏地区的寺庙管理制度

在蒙藏历史上除了"三典"法律文化外，还有重要的教法庙规及宗教寺院的法律文化。蒙藏社会自出现僧侣集团以来，乃至形成"政教合一"制度，政治和宗教如同一对孪生子。俗人集团与僧人集团、政治与宗教之间的关系越来越密切，并成为制约蒙藏社会发展的最重要的两大势力。所以，当时除了世俗法律之外，还有很多宗教教法规范和控制着蒙藏全社会及寺庙的发展。蒙藏社会最具代表性的教法寺规有蒙古族的《察哈尔正镶白旗查干乌拉庙庙规》和藏族的《噶丹寺寺规》。察哈尔正镶白旗查干乌拉庙建成于1787年，后成为蒙古地区翻译和印刷蒙文经典的中心。《察哈尔正镶白旗查干乌拉庙庙规》规范了查干乌拉庙寺庙教育和诵经法会制度、庙仓财政制度及各种教法寺规。

1. 蒙古地区的寺庙管理制度

从《查于乌拉庙庙规》第一部分所反映的内容分析，当时蒙古族地区的寺院经济比较发达，货币借贷以及其他经济活动频繁而复杂。为加强对寺庙共有财产的管理，并建立各种制约机制，规定各级僧职人员对公有财产的用度和权限。对寺庙重大事务的处理与决定，要求集体商量，集体决策，表现出早期民主管理的信息。

为了保证佛门清净，收留或剃度僧人、僧人入庙先要报告有关管理部门，再由保人签字、画押保证方可。违者，是官员取其俸禄，无俸禄罚马50匹；一般官员撤其职务，贫民则鞭一千。僧俗犯罪，一视同仁，处理时政教分离。喇嘛犯罪，先撤职，后处罚或审判。处罚分等级，类型有杖责、罚站、跪拜、撤职以及剥夺俸禄等，因出家人不积累财富，故少有实物处罚。

2. 藏族地区的寺院管理制度

从藏传佛教格鲁派寺院《噶丹寺寺规》的相关内容得知，藏传佛教格鲁派主张务必在稳妥的前提下进行宗教改革，提倡教派之间兼容并蓄。注重僧人的经典修习与僧德修养；鼓励勤奋修习，重视"戒、定、慧"三学；严守"十善"佛法和各个级别的戒律。又针对僧人也属自然人的社会属性，要求僧人在严守教法的同时遵守俗法及社会规范。抑制贪欲，对各级僧人实行按级限额供养之策。

允许僧人经商，但要节制敛财；防止诈骗，严格度量衡标准，不得有短斤少两的欺诈行为。

对违规违纪僧人实行体罚、实物罚付及驱逐出寺院三项措施。其中前两项以磕头和供茶等宗教形式表现，表明处罚不是以阶级、告身、命价或活人命价的等级来划分，而是以被罚者的僧职地位、知识层次来区分。

藏传佛教寺院的寺规，除了因教派不同而有别外，又因僧侣集团的组成分僧、尼（男、女）两大群体，因此，比丘尼遵循的寺规与比丘遵循的寺规有所区别。

噶丹寺是藏传佛教格鲁巴的主寺，坐落于拉萨市东达孜县境内旺布尔山处，由宗喀巴大师在此创立格鲁派（俗称黄教），并于1409年创建该寺。这个寺院属于藏区六大寺院之一，除创建和规定了严格寺规、教义外，更重要的是严守不同僧职层次的戒律，由此来达到规范个人、协调团体、整合社会目的。

（七）蒙藏"三典"的立法背景及特征比较

1. 政权解体以后的社会需求

蒙藏两个民族在历史的不同阶段，曾以统治民族的身份建立国家政权。

公元842年，吐蕃王朝因王室内讧和部族之间、边将之间的混战而分裂瓦解，出现了众多互不统属的地方势力。以上诸种因素酿成了大规模的农民起义，彻底摧毁了吐蕃王朝。由于政治上的大分裂，其间，在吐蕃时期形成的民族共同体则表现出部落意识强于民族意识的个体心态。之后，因藏传佛教教派的产生及教派政治的斗争，到13世纪90年代（1293年）达到白热化，首次利用外力进行内战。

在萨迦政权时期，西藏虽然实现了与祖国的大统一，但在意识形态方面又出现了教派之争，加之蒙古各政治势力的介入，教派斗争日趋加剧。

1368年明朝建立后，对西藏的治理沿袭了元朝的办法。扶持帕竹地方政权注意发展生产，加强经济实力，在西藏部分地方推行"溪卡"（庄园）制度，建立13个基层行政单位；并以吐蕃时期的"十善法"为法律依据，对地方习惯法进行了收集、整理、厘定，立"十五约法"，即《十五法典》，结束了萨迦时期法令无常，"流于欺诈，或犯宽严不均等弊端"的状态。约法以教训为主，辅之以惩罚。试图以佛法和俗法，或者说以道德教条同法律的混合物来整合藏族社会。

17世纪中叶，第五世达赖喇嘛索南嘉措为发扬格鲁派的教法和进一步巩固正教合一体制，参考帕主、蔡巴政权时期的有关法律条文，对《十六法典》作了部分删除和诠释，主持完成了《十三法典》。

1368年，元朝虽被明朝所推翻，但此时仍控制着甘肃以西哈密、赤斤、火洲、吐鲁番等地以及青海、宁夏一带，占据着东起贝加尔湖、兴安岭山麓，西到天山，北至额尔齐斯河及叶尼塞河上游，南抵长城的大片领土，并且与东面的高丽、西面的蒙兀儿斯坦、中亚的帖木儿帝国保持着联系，形成了与明朝对峙的局面。然而，蒙古内部又围绕汗权展开了不断的斗争，北元蒙古汗位更迭频繁，各派系抢权轮流即汗位。蒙古社会复陷入纷繁的政治斗争长达20余年，到1479年巴图蒙克达延汗继位，使北元蒙古得以中兴。到15世纪以后，由于蒙古社会内部渐趋稳定，畜牧业生产慢慢得以恢复和发展。因此，为了社会稳定，蒙古贵族制定了《图们汗法典》、《阿勒坦汗法典》、《喀尔喀七旗法典》、《卫拉特法典》等有一定影响力的地方法规。

2. 地方割据和部落文化的回归

蒙藏"三典"是蒙古族、藏族先后从部落联盟上升为国家政权，随之又先后相继失去国家政权的控制力，重归部落或部落联盟的割据局面。因此，为了蒙藏社会政治、经济、宗教、文化的有序发展，以法律的形式来维护封建统治和农奴主、贵族的利益，以法律的严肃性来规范人们必须遵守的社会秩序；不仅反映了统治阶级的观点，亦反映了当时蒙古族、藏族社会的基本状况、草原畜牧业生产的特点、文化类型、价值观念、伦理道德及生产关系等方面的一些特征。综观蒙藏"三典"的内容，其特点归纳如下：

蒙藏"三典"产生于16—17世纪中叶，蒙藏社会重新回归于部落或部落联盟的初期阶段，社会的动荡不安需要社会整合力的产生。

民法在整个法律条文中占有较大的比重，且比较发达，轻刑重罚是一大特点；极力维护和推行等级制度，等级制度是构成藏族"三典"的核心精神，而在蒙古"三典"中，对独立法人身份、等级的划分虽有三六九之分，但在法律的表述中则没有过多的强调。

藏族"三典"与吐蕃时期的法律相比较，"告身"的等级不再是以官职、门第及社会地位之高低分为玉、金、波罗弥、铜、铁三六九等，而是以社会地位及所从事的职业来确定等级，使"告身"等次转化为个人的身份价值——"命价"、"活人命价"。在以"命价"反映一个人的社会价值时，藏族妇女的社会地位较为低下，夫权社会的特征比较明显。而蒙古"三典"均对妇女、孕妇提供专门的法律保护，反映了蒙古民族重视自身繁衍和生产力发展的立法理念。

藏族"三典"允许苯师和佛教徒作为神职人员共同参与有关案件的审理。蒙古"三典"废除萨满信仰和"翁贡"崇拜，确立喇嘛教和喇嘛的政治待遇及社会地位，但在案件的审理中很少有神职人员参与的影子。

在藏族社会发展进程中，畜牧业文明历史久远，农业文明的发展催生了吐蕃政权的建立。故在法律文化方面反映出农、牧文化的双重特征。罚没农牧产品及罚畜的法律条文兼而有之。

蒙古族在其形成乃至在建立大蒙古国和大元帝国的过程中，长期处于征战状态，尚武精神在其习惯法中占有重要的地位。奖惩除驼马牛羊之外，还有盔甲、矛盾、马具等。

蒙藏"三典"有着鲜明的阶级性，是维护封建农奴制度和农奴主阶级利益的法典。如《盗窃追赔律》规定："凡盗窃王、官员、头人之财物须罚赔原物之百倍；偷寺院僧人之财物须罚赔八十倍；偷与已同等地位人之财物须罚赔七倍至八倍或八倍至九倍不等。"由此可见，盗窃赔偿及处罚多少的标准主要根据官阶高低、社会地位及身份贵贱来确定。封建农奴制社会不平等的等级制度是执法的依据。尤其在藏族"三典"中反映得更加突出。

蒙藏"三典"是反映社会生产关系的一面镜子。在封建社会，绝大多数的劳动人民不占有生产资料，且与统治阶级的关系是依附关系。如西藏的全部土地和牧场以及依附在土地上的农牧民均属于农奴主。封建土地占有制和农奴的人身依附是农奴制社会生产关系的主要特征，也是封建农奴制度的统治基础。在当时生产力极其低下的情况下，统治阶级为维护封建农奴制度，制定出一整套向百姓摊派、索取差税和罚金的特殊政策，并以法律的形式固定下来。

蒙藏"三典"是神权观念和教法思想结合的产物。在阶级社会中，统治阶级往往利用宗教，借助神权的威力来统治、剥削、奴役人民。因此，平民百姓必须把领主和王公贵族在神权维护下的所作所为皆看作是替天行道，唯命是从。

在执法方面，僧人也享有特权，即神权高于一切，僧人高于俗人。在长期的政教合一制度的统治下，"天命、神权"安排的宿命思想束缚着人们的一切行动。人们认为神灵是世界万物的主宰，当事人之间在诉讼是非难辨时，都求助于神的判决。神判是人们在找不出犯罪证据或迫使犯罪嫌疑人吐出实情时所使用的一种方法；神判的使用是人们怀疑自己的智慧时被迫依赖于神的"插足"的一种方法。神判毫无科学根据，无法断定事实的真伪；神判是给信仰者心理上的一种暗示和压力。神判在藏族"三典"中尤为突出。

蒙藏"三典"作为封建（农奴制）社会的典型法典，不仅反映了它的阶级性，同时也反映了农奴主、王公贵族阶级的根本利益，以及对广大农奴和奴隶阶层的政治压迫和经济剥削。尽管制定法律的目的是维护统治阶级的利益，但是，在适应社会发展的过程中不断完善，在特定的社会环境中，客观上为维护地方的稳定、促进蒙藏族社会的发展起到了稳定社会秩序和推动社会进步的作用。[1]

法律是一定的经济基础所决定的统治阶级意志的体现。蒙藏"三典"是吐蕃、元朝统治集团先后退出历史舞台以后，各地方政权将佚失在民间的法律条文的一次还原与概括。

---

[1] 参见周润年《西藏古代"十六法典"的内容及其特点》，《中国藏学》1994年第2期，第42—50页；周润年译著：《西藏古代法典选编》，索朗班觉校，中央民族大学出版社1994年版，第17—58页。

第六章

蒙藏地区区域性法规

区域性法规是部落习惯法和由中央或地方政府认定的、具有法律效力的普遍法则。区域性法规的渊源,多出自蒙藏族传统法律文化。诸如《德格法律十三条》、《阿拉善蒙古律例》以及实施于青海、四川、蒙古等地区的《番例》、《蒙古律例》,等两大类。

一 《阿拉善蒙古律例》

《阿拉善蒙古律例》是阿拉善和硕特额鲁特蒙古第四任札萨克玛哈巴拉亲王于清道光元年（1821 年）作为定例立档留存的蒙文档案,其中有单行法规一册 21 件,札萨克谕令和批复令 44 件,民、刑案件判例 95 件,共 160 件。

《阿拉善蒙古律例》是阿拉善札萨克王爷根据清政府的《理藩院则例》、《蒙古律例》在治理本旗各类政、刑事务时,因地制宜地下达了诸多谕令、批复令和审决案例,它把这些原件抄转存档,作为定例,以示永远遵行；因此它是一部阿拉善旗的地方法规。其中单行法规 21 件。

(一)《阿拉善蒙古律例》的主要内容

第 1 件,嘉庆九年（1804 年）规定,道光元年（1821 年）四月初二抄转存档。根据卫拉特的旧俗,新郎结婚时要在岳父家外搭盖帐篷举行筵宴,多达两三次,因而多次发生争斗事故。为此,"本王（按系玛哈巴拉于嘉庆九年承袭札萨克之后规定）：禁止任何人在岳父家外边搭盖（蒙古包），多次举行筵宴之事。今以此作为定例，望永远遵行"。

第2件，嘉庆二十三年规定，道光六年四月初二日抄转。阿拉善旗曾一直严格禁止卖酒，但于嘉庆十三年，阿拉善王爷受太监庆喜的欺哄，呈禀解除酒禁，使全旗台吉、牧民们喝酒迷醉，放弃营生，负债累累，且因数年遭受旱灾，生计日益艰难。为此嘉庆二十三年又禁酒、禁赌，全旗大为臻治，王爷谕令："查知饮酒闹事之人，并详记其饮酒地点、时间报来时，除惩治不良，以儆效尤外，对好意来报之人给予嘉奖。仰我后世札萨克及公等、协理台吉等，众官员等不忘祖上金谕，永远遵行之。为此，定例立档。"

第3件，嘉庆二十五年（1820年）规定，道光元年四月二日抄转。全旗远近人民，为了谋生来定远营买卖，他们所骑乘的驼马，常被抓充乌拉。"为此，禁止在衙门城抓乌拉。并准备常用骆驼为各项公务骑用，以资应用。永为定例立档，以示遵行。"

第4件，嘉庆二十五年规定，道光元年四月初二抄转。"在我定远营经商居留的汉人，携带证件在旗内经商，欺骗众阿尔得（百姓）骗取蒙古四种牲畜（驼、马、牛、羊），致使牲畜日益减少。为杜绝此种现象，禁止出城行商，以免旗内众阿尔得陷于债务，以利民生。为此，永为定例立档，以示遵行。"

第5件，嘉庆二十五年规定，道光元年四月初二抄转。因到阿拉善经商者日益增多，杂入旗内牧场放牧，使蒙民借以营生的牲畜草场缺乏，对蒙古生计极为不利。为了永远禁止汉商任意居留在旗内放牧其所买牲畜，嘉庆二十五年五月二十三日，为永世遵行起见，制定律例，发布告示：

"乾清门行走阿拉善和硕特额鲁特札萨克加一级和硕亲王谕令。为公告严行禁止事，查本王所辖之旗，蒙民世代依赖牲畜及牧场为生。唯闻如今蒙汉杂居，进行交易，居留我定远营之汉商和蒙古人进行交易时，以高价赊销货物，以低价收取牲畜，被汉商欺骗。去年调查居留我旗放牧之人牲畜驼、马、牛、羊已达数千之多，破坏损伤境内的草场，且食苏利贺尔、陶木苏等草，以致严重影响蒙民之生计，如常此以往，蒙民之牲畜尽被汉人收买，将不成事体。本王负统辖全旗之责，亦至违背国恩。此乃皆因官员等徇情失职，沿袭旧例，发放证件，不加细查所至。除向彼等严加训饬外，今年停止发放证件和征收草头税。饬令汉商等以本年九月为限，将各该所有牲畜尽行出售或赶往关内。如汉人需要骑、驮骆驼，只限 10 峰以内不得超过。自布告日起，汉人等应即将牲畜出售，不得继续在旗内放牧。如有违犯，既经查出则将汉人等牲畜赶入关内并将该汉人等交付钦差蒙汉事务衙门严惩不贷，仰即一体遵行，切切此布。"

第 6 件，嘉庆二十五年七月十九日规定，道光元年四月初二日抄转，致广宗、福因二寺印文一件。事为各地不良的流浪人，在旗内逗留，招惹事端，有的流民投奔寺庙。为此和硕亲王谕令：

"……今后凡由各地流浪来此之查嘎沁（流浪者），如有要求投于呼图克图做沙毕纳尔者，不得收留。如有别旗喇嘛来居寺庙者，必须保证为人正派，不惹是生非，且定居于庙门。如若只在庙上挂名，实则流浪各地惹是生非、不服管教者，必须查明，开除沙毕籍逐出寺庙。再管事达喇嘛执事人等，疏于查察，收留查嘎沁做沙毕，收留不正当喇嘛住庙，致发生惹是生非，则其所招致的损失，概由达喇嘛及执事人等负担，并根据事件轻重进行处罚。望永为定例遵行。"

第 7 件，和硕亲王根据蒙古律例，凡蒙古人往围场行军会盟诸处而回时，不候次序先自归家者皆罚的规定，道光六年四月初二日，定例于蒙汉档子，谕令："今后我旗不论何人，为各种公务出差而回者；必须回到印务处。如日落后回来者，必须在印务处住宿。如有违犯，协理台吉等及官员罚一九，侍卫、哈崩①各罚五头大畜，箭丁阿尔得等根据品级处罚或鞭责。"

第 8 件，道光元年四月初二日和硕亲王公布定例告示："为布告周知事，查在我定远营城内经商的汉人，将蒙民之各种牲畜压价收买，谋取重利，对旗民非常苛刻。今后凡蒙汉人等赶来大小牲畜，不论出售人或收买人均在兰兴牧场、永泰号两处，由台吉藏布、侍卫臣普勒二人议定价格，卖给愿出高价收买之人。其手续费为每支驼 20 文、每匹马 10 文、每条牛 10 文、每只羊 4 文。买卖双方各出一半。此钱由昆都（骁骑校）拨什库（领催）钦达门、朝克苏木、那旺达雅、德尔其特等人收取后，一半交于和硕厢，一半充作台吉藏布、侍卫臣普勒二人之食费。"

―――――――

① 满语，也写作哈斑、哈板，是辅佐拜生达（管理王府家务事务的最高官员）的官员。

"对于食羊，虽有由蒙古人宰杀后出售之规定，但肉价需由印务处规定时价。又近数年来，汉人由蒙民买了许多牲畜在定远营宰杀，并用车、驴等将肉运至关内，以致宰杀牲畜过多。为此，今后一律禁止汉人、回民宰杀牲畜。由印务处派出该昆都、拨什库等人，随时查看，如有不法之徒，将牲畜在别处偷卖或压低蒙民牲畜价格，宰杀过多，或不及时付钱有意推诿搪塞而经别人告发后，除首先查处台吉藏布和侍卫臣普勒二人外，查明偷卖牲畜之人，有顶戴的革顶戴，平人责打二十五鞭，给出首之人以奖赏。为此发布定例。并记于档。"

第9件，是根据清朝政府禁止在蒙古地区持伪造印文到处化缘的规定，重申旗内众官员和喇嘛人等"如有不遵上谕，替不相识的喇嘛人等向我请示在旗内进行化缘者，将该人以违法论处，降一级罚一九。为此定例立档"。

第10件，是为防止进关内散丹召、五台、西召等朝拜者发生事端，十人以下发一张路票，十人以上不发路票的规定。

第11件，道光元年十月初一日发布的规定："查我旗众阿尔得应尽力打狼，消除狼害，以利全旗平安放牧，繁殖牲畜，维持生计。今后，凡我旗良好炮手及用铗子打狼的僧侣人等，将春夏秋冬四季及春季掏狼窝所打之狼皮，交予和硕厢以后，大狼皮一张赏银三两、狼仔皮赏银一两，以资鼓励。又对一贯努力打狼众多者，有顶戴的升顶戴，无顶戴的赏顶戴。以上规定，严饬全旗，永为定例遵行，并盖印立档。"

第12件，道光元年十二月一日规定，为全旗青年后生停止习练枪炮和打措、听寺庙喇嘛劝解放生、献枪炮于寺庙之事，发布命令："今后，严禁我旗之民向寺庙或喇嘛献枪，或用以偿还债务以及喇嘛放生野兽等事情。如有喇嘛、古尔坦等放生野兽，或制止青少年练枪或收取献枪等情发生，即将该古尔坦及喇嘛罚三九；对出首之人给予奖励和赏赐；对于向喇嘛献枪之人罚鞭笞。将此规定发布广宗、福因、延福三寺及全旗民众周知，并永为定例遵行。"

第13件，道光二年三月十九日发布的规定："查乌勒吉木伦河水，常积于德勒格尔布勒图花园形成池水。鉴于本王世居于此，自嘉庆十一年至今严禁任何人从乌勒吉木伦河引水灌田。今后如有人从乌勒吉木伦河引水灌田被发现时，将该人田地全部没收归仓，并将违者严予惩处。但种小块菜蔬园地者例外。为此，永为定例，以示遵行，记入印文档册。"

第14件，道光二年三月十九日规定："查近数年来，本王苏鲁克绵羊增多，水草感到缺乏，如能将和希格图木伦河沿，除原有仓里种的地以外，将其余我旗属下家人等所种之地永远禁止。将河水下放，以供苏鲁克绵羊饮用，在后日对绵羊及马群苏鲁克有莫大之利益。为此，规定今后禁止在该河沿耕种田地。水为定例遵行，入印文档册。"

第15件，道光二年三月十九日，关于协理官员到印务处值班、换班及缺勤值或处罚的规定。

第16件，道光二年三月十九日，关于对买卖牲畜之人查清是否有偷盗嫌疑的规定。如无证人，即以偷盗论处。

第17件，道光二年五月七日，关于各下级官员征收阿勒巴（差役）银子的规定："今后不向我旗之正职排生达（总管王府内部事务的最高官）、苏木章京（佐领）以上官员摊派阿勒巴银子；正昆都拨什库等及印务处闲散梅伦以下官、笔帖式等，服半数阿勒巴；不服印务差之闲散梅伦、札兰等照例交纳阿勒巴。遵此立印文档册。"

第18件，道光二年七月十一日，关于盐务的规定："查如将雅布赖青盐准许卖往兰州、秦州等地，则汉人数百驼交钱驮盐，距离印务处特远而难检查，且可能发生数千驼偷运之事，对仓和旗民不利，且影响两路察干保勒格盐路。为此永远禁止将雅布赖青盐卖给西方汉人，并立印文档册。"

第19件，道光九年十月十八日，发布的关于各地区官员、僧俗人等不得迟误旗印务处交办的各种事项，全旗民人不得随意进关、不许喝酒要钱、严禁妇女儿童到城郭集市行走、不得留住查嘎沁流浪喇嘛，否则按定例严惩等规定。

第20件，道光九年十月二十九日，关于打狼的规定："为严饬遵行消灭狼害之定例由。豺狼危害地方各种牲畜及兽类，乃系难以忍受之大害。为保护我境牲畜及野兽生命，前已指令打狼在案。查自道光二年至道光九年旗民打狼所交狼皮计大皮二百四十二张，仔皮四百零五张，总计六百四十七张，已由和硕厢按大皮每张三两、小皮每张一两银子，奖励了打狼人。现已明显看出对我旗四种牲畜之繁殖利益甚大。今后我旗众阿尔得，应循前例，加紧用枪或铗子等各种能以打狼之工具除害。凡打狼人，将整狼皮上交以后，每张皮仍按前例发赏，永为定例外。再，各边官等在所属区域内严行查看，如有狼窝，在春季以前严堵洞口、抹泥。如发现在某地生狼仔，即去将大狼及狼仔一律杀死上报。如不堵洞口，致使狼生仔出洞者，必以违法论处，重加惩办。为此一并示知，并为永例。"

第 21 件，道光九年十一月一日，关于围猎的规定："查蒙古律例有诸札萨克每年点验军装围猎等定例，且围猎亦系熟习军务之要事。兹为对参加围猎之公、协理、台吉等，官员、侍卫、马甲、阿尔得等，严饬遵守围猎规章事：

"一条：领队官员等，参加围猎之官员等，除不得赶前落后，不得拉长或缩短前后距离以外，也不得相集私语或大声喧嚷。

"一条：围猎的某翼之端，到达围场后，不论或先或后，均应向指挥部传送信号，如因畋猎之人疏漏至断绝信号时，立即查明该人治罪；围中发现狐狸时，要放三只狗，对脱出围场之狐狸要放五只狗，不得多放紊乱围猎。

"一条：围中进入黄羊时，不论何人，应加意围圈，不得放狗，有撒袋之人应射取之，对射杀黄羊之人，给奖励和赏赐。黄羊如突围圈，应放狗；黄羊脱圈射死无论。

"一条：围中发现狼，发现者一面向两端传递信号，一面向围底传递信号。从围底再向外翼两端传递，两翼两端均知晓后，急驰进入围场、速放众犬或者有撒袋之人射击之。谁人杀狼者，对该人及发现者，重予奖赏。如果围猎紊乱，行动缓慢，中断信号，致狼脱围者，将放脱之人及领队官员和助理人员一律查明惩处。

"一条：在围猎中，一个苏木聚集，致使围猎中断、放跑狐狸等兽类者，将该聚集苏木之领队人罚马一匹，助理官员罚牛一头，聚集民人等有顶戴的革除顶戴，无顶戴的责打二十五鞭。

"一条：围中众阿尔得等，为射杀狐狸野兽误射人者，必须严查，依法重惩，误射马、狗者，也应依法治罪。

"一条：围中阿尔得不听指挥，赶前落后，聚集相语，致使野兽逃跑者，领队之人，必须将该人查明上报。

"一条：对放跑马、驼，致使围场混乱或丢失马绊等物者，应由领队官员查明上报，将偷取之人，按军法重惩。此布。

"附规定：今后打围猎时，将围猎定例，给各苏木领队官员每人一份，在行猎时，传唤之。"①

（二）《阿拉善蒙古律例》的立法特征

《阿拉善蒙古律例》条文的形式类似于元太祖成吉思汗时期的《札撒》，主要是阿拉善和硕特额鲁特蒙古第四任札萨克玛哈巴拉亲王在不同时期，针对具体事宜，向本旗僧众宣谕的旨令，并于道光元年（1821年）以律例的形式立档保存。该律例中有单行法规21件，札萨克谕令和批复令44件，民、刑案件判例95件，共160件。其中单行法规的立法形式涉及当时阿拉善蒙古地区所出现的一些社会事项，属民法范畴，未涉及刑事诉讼。说明当时在阿拉善，甚至在全蒙古地区，普遍遵行国家法律，少有法外立法之现象。律例就事论事，并以该旗亲王对某一个案的陈述与判定，整理成文，晓谕全旗，永远遵行。

1. 承前启后，因地制宜。阿拉善和硕特额鲁特蒙古·札萨克亲王，是封建世袭制度在蒙古族地区的又一表现形式。《阿拉善蒙古律例》在继承蒙古族传统法律文化的基础上，为适应区内政教稳定、经济发展、民风向上，采取了一系列措施，改进或恢复了一些适应当时社会生产生活的律条。如为了保证属民的身心健康和个人的生命财产安全，恢复禁酒、禁赌令。

2. 注重经济发展，保护地方利益。重视商品经济的发展，减轻定远营商业营生人员的乌拉差役。同时，为保护本区蒙民的经济利益，限定汉族商人的经营范围，禁止汉族商人在旗内牧放所买牲畜，并限制养畜头数。向汉人发放营业证件，收取草头税。

3. 稳定寺庙秩序，严格僧籍管理。律例规定，不得收留不正当流浪者、不正当喇嘛为僧或入寺。若酿成损失，滋事生非，则查管事喇嘛等疏于管理之责。严格化缘活动，为防止事端发生，控制去五台等寺庙朝拜的僧人数量。

4. 平抑物价，规范市场。为防止汉人压价收取蒙民牲畜，设定专门

---

① 奇格：《古代蒙古法制史》，辽宁民族出版社1999年版，第194—203页。

的交易场所和价格评议人，并收取不等的交易税（双方各半）。

为保持一定的牲畜存栏数，控制过量宰杀，制定时价，限制汉族、回族买卖人宰杀牲畜，运至关内谋取暴利。奖励出首人。处罚偷卖者，平民罚25鞭，有顶戴者革除。

5. 保护牧业生产，消除草原狼害。围猎遵祖训，它既是生产的需要，也是强兵练武之道。打围时讲究秩序、信息传递和速度配合，放走猎物者罚。因狼害给牧业生产带来极大的危害，奖励除狼活动。

6. 保护生态平衡，调整生产结构。因草场萎缩、沙化缺水，规定沿河流域退耕还牧，将节约的浇地用水供羊饮用。

7. 免去高管差银，实施减负养廉。免除本旗内务高管、佐领的差银，以下官员免去一半。

8. 控制人口流动，保护妇女儿童。严禁旗民随意入关；严禁妇女儿童到城郭闹市行走，以免走失或被拐卖。

二　《德格法律十三条》

德格地处四川省西北部的康区，德格土司在政治、经济、法律等方面均保存着较完整的封建土司制度，且具有四川、西藏、甘肃等藏区的特点。

德格土司实行封建世袭制，历代土司在其辖区内推行一套较为完善、严密的政治制度，为强化和巩固其统治地位发挥了重要作用。

德格土司下设一系列行政机构及人员，负责管理辖区内外各种事务，执行土司意志，处理日常事务等。行政机构分土司直属和基层两大类。

土司之下设管事会议，主要负责辖区内外一切重大事情的决策和督查；外事管家，管理边疆事务、专门负责管理边远地区的征粮、上贡、派差及其他事务；古朝，巡回各地征粮催差，或解决民政司法等；征粮总管，负责征收、验收各大小头人供奉土司的贡赋、差巴份地的公粮以及土司自营地收入等；杂职人员：专门从事各种杂职，侍奉土司家族。

（一）社会等级

在德格土司辖区内，社会等级十分严格。每个人都归属一定的等级，不能违背，否则，将受到惩罚。

1. 土司：土司是本地区最高统治者，拥有至高无上的权力。土司实行世袭制，一般长子出家，管理宗教，次子继任土司。若系独子，则政教二权集于一身。土司死亡，其子尚幼，土司夫人可以摄政，但不能继承土司职。

2. 头人：头人有大小之分。大头人多系为土司开拓疆域的有功之臣或其后裔，也有原是某地的统治者，后归属土司，被土司封为头人。大头人实行世袭制，小头人多数世袭，也有少数非世袭者。大头人可以参加土司各级行政机构，掌握政权。在各自辖区内，大小头人都享有政治、经济上的某些特权。权势较大的大头人拥有武装力量。凡遇战事，大（小）头人都必须率兵出征，不得借故推脱或迟延。每年要为土司进贡纳赋，是每个大（小）头人必须承担的义务。

3. 差巴：差巴直接隶属土司，是专为土司支差服役的民户。根据占有份地与负担差役的多寡，差巴主要分为三种，马差地位较高，牛差次之，人差最低。所有差巴都必须无偿支服相应的税役。不能随便迁徙，更不准逃亡。若逃亡捉回，将以苛刑严惩，没收份地、财产，并罚往差役最重的地区当差。差巴的负担不能随意变动。按土司规定，人差如果逐渐富起来，就要升为牛差或马差。但马（牛）差不能随意降为人差，差巴的身份并非终身不变。差巴不能完全自由处理自有牲畜，否则罚款，并按原有牲畜数目责成其支差纳赋。

4. 科巴：科巴（被役使者）隶属头人和寺庙，对土司不尽任何义务。科巴来源有：世代相传的科巴，身份永远不能改变；娃子转化为科巴；流浪户被头人强迫为科巴。

科巴比差巴地位更低下，主人可以任意惩罚。科巴无人身自由，平时也不能离开头人的庄园，更不能随便探亲、迁徙。

5. 奴仆：一般从事家务劳动，很少参加农牧业生产。奴仆来源有：科巴被迫沦为奴仆；逃往他乡，由保人作保沦为奴仆；流浪汉因生活所迫，投靠大头人沦为奴仆；因欠高利贷无力偿还，被债权人强迫为奴仆；世辈奴仆；被头人强迫为奴仆等。

奴仆没有任何自由权利，主人有权赠送、转让乃至出卖，也可以随意鞭打或处以刑罚，甚至杀害。奴仆的婚姻亦操在主人手中，如果结婚必须得到主人的允许。

6. 流浪户：流浪户没有份地，也无负担，因此比较自由。流浪户来源有三：差巴破产后逃亡者；逃差或其他原因逃跑者；差巴、科巴分家而外出流浪者。

（二）法律十三条

1. 杀人罪：被杀者为盗贼或造反者，理应受到惩处，不需偿命。杀死无辜，则吊打 9 次，赔银 18 藏秤（一藏秤约 6—7 市斤），并送官方若干钱；被杀者为喇嘛、官员及重要人员，必须抵命。有能力者，则可以普通价的 10—20 赔命价；被杀一方要以命价的一部分为死人念经超度。

2. 伤害罪：伤害他人眼、耳、鼻、手、足等，致其残废，按受害者不同身份，以命价二分之一赔偿，并将其中三分之一送官方。

3. 盗窃罪：盗窃僧侣、官员的财物或寺院的法器等，按所偷价值 3—9 倍赔偿，并罚吊 1—9 次，罚鞭笞 100—900 下，刑罚轻重取决于赃物价值的多少；盗窃商人或普通人的财物，除退还原物及罚服 50 元外，另再赔钱 25 元，送官方 30 元。

4. 土地纠纷：因土地等所有权（发生）纷争，应认真调查，排除误会。若以仇视侵占他人土地，处罚则重于盗窃案。因原有争端引起纠纷，则设法和平解决，双方不能记仇。

5. 罪犯间的纠葛：罪人之间发生纠葛，对可断定为恶人和骗子的予以严惩。若审无新罪，则应谨慎安抚；至于有罪一方，必须向对方赔礼认错。

6. 百姓应守本分：普通百姓应恪守本分，不能逃离。对于不守法、不支差，或滋生盗劫事件者，将严惩不贷。

7. 罪大恶极者死：对罪大恶极者，处以死刑，并按情节轻重对其家庭予以处罚。

8. 夺人妻室：夺人妻室，按对方等级赔偿损失；已婚者，若与他人私通，并生养子女，则罚银 1—10 藏秤。

9. 还债付息：只要具有一定偿还能力的欠债者必须偿还 4 年内的本息。若时间太长，则要减轻利息。欠债者无钱，则按其实际能力还账，如借债证人、保人有钱，则由证、保人代为偿还；欠债人贫穷，则减轻其负担。

10. 公平交易：交易必须公平，若依仗权势，强行赚钱，将会受到舆论谴责。

11. 借物归还：借用他人东西，若有字据，不论时间长短，必须归还；若无字据，且时间太久，则可赔偿原价值的二分之一。

12. 秉公办理：解决因地土及私事引起的纠纷时，必须秉公办理。以私情或强权处理的一切命令、字据等必须焚毁，另行更换。

13. 官民守则：各级官员必须各尽其责，为辖区内的民众着想；民众则必须敬重上级，遵守法令。否则，将从严惩处。

德格土司所施行法律的范围，不仅是以上十三条成文条款，无形法的存在也比较普遍。如对逃亡未遂的科（差）巴，则处以笞刑，施以监禁，期满后缴清罚款（哈达一条，狗皮或牛皮、狐皮或狼皮各一张），并遣送至差役最重最苦的地方居住；凡差民抗差者，除鞭笞三十外，加倍支差，若偷盗寺庙的东西，侵犯神山、神树，则脱光衣服，施以鞭笞，并用烧红的铁器在其额上打上十字烙印，戴上纸帽，以驱鬼法逐其出境。[①]

（三）刑律及类型

1. 刑律

①侵害他人生命罪。一般杀人罪处以死刑或罚金与监禁，故意杀人罪判死刑；过失致死人命、教唆他人自杀罪则处以罚金或监禁。

②人身伤害罪：一般伤害罪、过失伤害罪、擅自拘禁、逮捕罪、伤害安全罪、强奸妇女罪，均处以罚金或监禁。

---

① 张济民主编：《青海藏区部落习惯法资料集》，青海人民出版社 1993 年版，第 134—137 页。

③掘毁坟墓及亵渎祀典罪：掘他人坟墓罪，叩头；掘他人坟墓而损坏遗弃尸体罪，叩头及赔偿。

④侵害财产及权益罪：盗窃罪，布告罪行或赔偿，单纯强盗罪，赔偿或罚金；强盗杀人罪，死刑或罚金。凡未遂者不成罪。

⑤侵占罪：一般侵占罪，赔偿；业务上之侵占罪，赔偿；毁弃公文罪，死刑或监禁；毁弃私人文书罪，罚金或赔偿；损坏公物建筑物罪，赔偿。

⑥诈欺罪：一般诈欺罪，赔偿罚金；窝藏赃物罪，罚金。

⑦侵害公共利益罪/妨害社会秩序罪：公然煽动蛊惑罪，监禁；妨害农、工、商业罪，罚金或监禁；聚众强暴胁迫罪，监禁。

⑧放火决水罪：纵火伤害他人或造成财物损失罪，赔偿；故意决水伤害他人或造成财物损失罪，赔偿。

⑨对寺庙不敬罪，罚金监禁或死刑。

⑩侵害部落利益罪：内乱罪，死刑；策划内乱预谋罪，死刑；协助内乱罪，死刑。（凡谋害、亵渎土司、千、百户等，均照阴谋罪处刑。）

⑪外患罪：通敌与本部落交战罪，死刑；利于敌方而危害本部落罪，死刑；预谋通敌罪，死刑。

⑫血亲复仇：凡同村中有人被他村人所杀，则全村人皆须为之报仇；他村之人皆为仇杀对象。和解的办法，由第三村寨（部落）头人或有威望者出面，邀集当事双方头人，择一适当地方设帐调解，确定令被告一方赔命价若干。命价分上下中三等。

2. 刑罚

①牛皮包：为死刑之一种，用新鲜牛皮将犯人包缝于内，置日中暴晒，干皮收缩，令其窒息而死。或包缝之后，投于河水之中，令其葬身鱼腹。

②挖眼：将犯人之一眼或两眼挖去。

③砍手足（刖足）：将犯人之手足剁去其一部或全部。

④抽脚筋：将犯人脚部之经络割去一部而致残废。

⑤劓鼻：割去犯人的鼻峰。

⑥黥刑：在罪犯面部黥以火印。

以上各项，多为惩治盗窃之法。凡犯盗窃之人，初次案，照例科以数倍的罚金，并抽皮鞭若干。若能如数缴纳，承认悔改，即将释放；若无款（物）缴纳，则羁押于黑房之内，待其设法缴足后方可获释；若再犯加倍处罚，除责以皮鞭外，并黥其面而逐于境外；倘若犯者怙恶不悛，仍回本境行窃，一经察觉，即处以上列之刑罚。

⑦黑房子：类似监狱，黑暗无光。犯人入内，脚手均钉镣铐；而罪情重大者，且将其两脚绾于地板之下。

⑧抄没：为处置叛逆或负债犯法而逃亡者之刑罚。

⑨驱逐：似流刑，将罪犯驱逐出境。

⑩拷打、鞭笞、浇油（以沸油浇胸或灌指甲之内）、浇水（用布覆其面，浇以沸水，然后禁于黑室）。

⑪死刑：剥皮、枪毙、投河。

⑫经济处罚：少者数十元，多者数上百不等。其罚款多入土司千户、百户等之私囊。处罚与赔偿两种，有金钱、实物之分，视罪恶的轻重定罚赔的多少。

（四）《德格法律十三条》的立法特征

德格土司以其较为完备的组织系统和健全的制度体系，为《德格法律十三条》的立法和实施提供了强有力的政治保障。

1. 地方武装。重视地方武备经略，实行"寓兵与民"的兵备制度，凡土司属民必须自备乘马匹、枪支、弹药、粮秣。若遇战事则上马为兵，平时下马为民。

2. 乡规民约。农牧业生产约法三章，农耕文化特征鲜明。当每年春播之后，所有牲畜，一律禁止敞放。执行乡规民约者每年轮流，专司田间管理及其任期内的求雨、禳灾等宗教活动。若见地内有牲畜进入，即行扣留，对牲畜之主给予一定的处罚，即将其畜归还；若抵赖即将其牲畜没收以充公用。

3. 家庭婚姻。家庭结构比较简单，财产承继无男女之分。婚姻制度一般为一夫一妻制。有女赘佳婿，子做喇嘛，或女婿承继，亲子他从之习。婚姻由男女同意而生效力。婚姻破裂则视情节撤销婚约。妻子对丈夫产生不满，当丈夫同意离异时，三个月之内妻子得无条件接受并宣告离婚。丈夫不满意于妻而欲离婚者，须补偿妻子一定数量的生活补贴并提供三月至一年的劳动补偿。[①]

4. 财产继承。家庭财产的继承，不分亲疏、老幼、男女均可。牧区尤以女性继承为合法。一般儿子多出家入寺为僧，或过继，或入赘他乡。反以招赘女婿承继家业者最多。若无子女及宗亲之人，其死后遗产，则全数归所属寺院或土司受理。

5. 等级特权。极力维护土司和喇嘛、头人的利益。在当时当地，寺院的高层僧侣权势最大，部落头人、土司、千户、百户次之。至于平民，虽然占总人口的大多数，但位卑势单，除耕牧以外，只有唯命是从。草场、土地，大多数为土司、千百户、活佛所有，百姓只有承领份地或耕或牧的义务，而无所有权。因此，除领主、部落之间的土地、草场纠纷外，个体之间因田土、草场而引起的诉讼则较少。即使有物权担保、土地抵押、土地债务占有等权，如得不到土司的同意，即不生效力。[②]

6. 诉讼程序。诉讼无诉状，亦无诉讼费，但须纳手续费。至于由土司审判的案件，于判决后，如不服判则无权申诉。

7. 立法依据。多为数百年来形成并被公众所默认的传统规范和土司、头人的意志。

8. 法权范围。充分体现统治阶级的意志，维护统治阶级的利益。有权行使法律职权者为土司、千、百户长，之下有小头人及部落头人等阶层。罪大恶极者，由土司、千、百户长处分；轻者即由当地头人等裁判。土司、千、百户长、部落头人等用刑较为残酷，且往往意气用事，轻罪重罚的情况也不少见。[③]

9. 案件审理。在案件受理中，头人与有钱者可以找人顶替出庭，一般案件权势与金钱能左右裁定结果。审讯案件时，先将诉讼双方隔离，分

---

① 翁之藏：《西康之实况》，上海民智书局 1930 年版，第 180—198 页。

② 杨仲华：《西康纪要》（下），商务印书馆 1937 年版；钱召棠：《巴唐志略》；甘肃民族研究所编：《甘肃省甘南藏区社会调查资料汇编》，油印本，1964 年。

③ 翁之藏：《西康之实况》，上海民智书局 1930 年版，第 180—198 页；甘肃省民族研究所主编：《甘肃省甘南藏区社会调查资料汇编》，油印本，1964 年。

别审问。案情复杂时，则需复审及对质。对一般性疑难案件多用发誓赌咒、掷骰子等方式审判；情节特别严重的疑难案件，则用"钻神索"定案。审讯案件常用严刑逼供，如双方都不招认，则用发誓（赌咒）方式结案。严刑逼供一般只限于百姓之间，而不用于头人身上。

三 《蒙古律例》、《西宁青海番夷成例》

清朝中央政府为了蒙古和西藏地区的稳定、发展，在政治措施、管理体制、地方政权机构、军队建制、宗教、文化等方面制定了一系列方略与法规，构成了比较完备的法规体系。这些法规具有中央政府的法律效力，是蒙藏法制史研究所要涉及的内容。这些虽然不属于习惯法研究的范畴，但它对习惯法的文明、进步、发展、规范所产生的影响则不可低估。因此，将清朝时期制定乃至民国仍然施行的区域性法规作为研究这一时期蒙藏地区习惯法的参照系，有着重大的历史与现实意义。

法律并非全是国家立法者"立"出来的，不少法律都是在归纳、总结人们日常生活中的习惯规范的基础上而加以承认的。习惯一经国家承认并赋予强制力，它就代表着国家或某一地方政权的意志，成了官方的法律。

清朝是中国历史上建立的统一的、多民族的国家政权之一，在继承中国传统法律文化的同时，吸收了历史上统治阶级对民族地区进行羁縻的方略和立法经验，因地制宜地将一部分民族习惯法上升为国家法律，加强了对蒙藏地区的立法力度和法律效力。清政府对蒙藏地区的立法包括三个方面。一是政府立法；二是清政府尊重蒙藏地区长期以来形成的习惯与规范，确认各种具有法律效力的部落习惯法，且由政府认定其在国家法律主导下的合法性；三是由地方政权机构组织、调查、整理，经中央政府确认并载于地方志书的，具有普遍法律意义和法律效力的习惯法则。

（一）《蒙古律例》

清朝统治蒙古地区的最高权力机构是理藩院，它成立于1638年6月。在它之前，1636年在漠南蒙古归顺清朝时设立了"蒙古衙门"，1638年6

月改"蒙古衙门"为理藩院。1662 年将理藩院升格，与吏、户、礼、兵、刑、工六部同等。其中理刑司承办蒙古、番及回部的刑罚，制定蒙古律条，审决重大案件。此外，理藩院在各地有派出机构和司员，主管蒙古诉讼之事。

1. 在蒙古地区设盟旗建制

清朝为有效地统治蒙古地区，建立了盟旗制度。清朝把整个蒙古地区划分为外藩蒙古和内属蒙古两个部分。外藩蒙古又分外札萨克蒙古和内札萨克蒙古。他们的主要区别是，内札萨克盟有兵权，直属理藩院；外札萨克盟无兵权，受当地将军、办事大臣或参赞大臣节制。

2. 盟旗机构、职权及各级官吏

清朝在蒙古地区设立的盟、旗，打破和取消了蒙古各部的传统体制和领属关系，是一种统治蒙古地区分而治之的新体制。札萨克旗，是清朝政府设在蒙古地区的行政、军事单位，又是清廷赐予蒙古各级封建主的世袭领地。

为控制、监督蒙古各旗，清朝在各地又设置了将军、办事大臣、参赞大臣、领队大臣、都统和副都统。①

3. 清朝的对蒙政策及其立法

清朝政府利用蒙古信仰藏传佛教的特点，进一步提倡和推行黄教，把它当作统治蒙古族人民的主要政策之一。并笼络和利用黄教上层，指任和确立呼图克图、活佛，扩大黄教的影响和吸引力，兴建寺庙，鼓励人们出家当喇嘛，免除喇嘛的兵役、徭役和赋税，鼓励广大平民弃俗从僧，念经修佛。

清朝统治者从创业开始，就十分注重与蒙古封建贵族的联姻，用以笼络和争取各部封建主，使他们成为清朝统治者夺取政权、巩固政权的可靠力量，因此，满蒙联姻成了清朝统治者长期奉行的对蒙政策。

清朝征服蒙古各部后，在蒙古地区建立盟旗制度的同时，施行封禁政策，各盟之间的阿勒巴图被禁止越界往来，禁止蒙古牧民与内地汉民进行经济文化交流，目的是强化对蒙地的统治，防止蒙汉人民的联合反抗，与

---

① 本节对内蒙古社科院历史所《蒙古族通史》的材料作了缩写，欲知详细内容，请看此书，特此说明。

此同时，禁止蒙古人学习和接触汉文化，禁止内地人出关经商和种地。

在清朝对蒙政策的指导下，一方面对蒙古牧民施行封禁，另一方面对蒙古封建贵族在政治、经济上给予各种特权和优厚待遇。政治上，对归顺者授予亲王、郡王、贝勒、贝子、镇国公、辅国公等不同爵位。对建国贡献不大的贵族，授以一、二、三、四等台吉的世爵。经济上，赐以岁俸、俸银、俸缎。与此同时，在法律上予以保护，蒙古王公误杀或故意杀害平民，只罚牲畜，而平民只要诽谤或恶语中伤王公，就要罚牲畜。

清朝对蒙古实行分而治之的策略，利用和封禁并举，给王公贵族一定的自主权，在中央法规范围内，允许他们自立地方法。

清朝政府对蒙古地区的立法，一是《蒙古律例》；二是《理藩院则例》。

4. 《蒙古律例》的颁布时间及主要内容

《蒙古律例》是清朝政府专用于治理蒙古的法规。它第一次正式颁发是在崇德八年（1634年），乾隆六年（1741年）又作了修订，乾隆五十四年（1789年）再次系统编纂，1795年再次重新颁行。《蒙古律例》共12卷，209条，分"官衔"等12门，是清朝开国以来体系最大、内容最多的一部法规。

（1）官衔门：规定了蒙古王公的职衔、承袭、品秩、仪制、恩赏等内容。

（2）户口差徭门：规定了蒙古地区的户口管理、基层组织、差役徭役、婚姻继承等内容。对蒙古地区的灾年赈济、牛马管理、人口禁买等事也作了规定。在婚姻条目中，特别规定"内地民人不许娶蒙古妇女"，体现了清政府的封禁政策。

（3）朝贡门：对蒙古王公的年礼庆祝、年礼来朝、朝贺定限、九白贡制、进贡注意事项等作了规定。其中"九白，贡制"是专门对喀尔喀蒙古的土谢图汗、车臣汗和哲布尊丹巴呼图克图所作的规定。

（4）会盟行军门：规定各盟会盟的时间、纪律、行军纪律、王公败阵和军器管理等内容。

（5）边境哨"卡门"：对侵入地界、贸易往来、偷捕猎物、买卖军器、坐哨人职责等事作了规定。

（6）盗贼门：规定了强劫、抢夺、偷窃和对贼罪的处理等内容。

（7）人命门：对杀人、伤人之罪作了规定。其中对故意杀人和过失杀人作了区别。对伤人耳目、眼、手、肢体者，继承蒙古族历来习惯法条文，予以保护和顶立。

（8）首目门：规定以诉讼的限制条款和诉讼程序等内容提出控告限于当事者本人，旁人不得代为诉控。如越诉呈控，不论是非都要受到惩罚。

（9）捕亡门：对捕捉逃亡人、隐匿逃亡人、拿获贼人、隐藏贼人、疏脱斩刑犯人等作了规定。

（10）杂犯门：规定了违用禁物、诽谤王公、失火放火、发冢犯奸、诱卖人口等内容。

（11）喇嘛例：专例为一门，对喇嘛服饰、各级喇嘛、寺庙的管理以及喇嘛犯罪的处理等内容作了规定。

（12）断狱门：规定了罚畜的数目、罪罚案件的发誓、王公犯罪的议处、死罪人犯的审决和收赎、抄没贼人的畜产和妻子、查验蒙古命案等内容。①

5.《蒙古律例》的特点

（1）《蒙古律例》的始制、增修和定型，是清朝统治者对边疆少数民族立法走向系统化、定型化的典范和标志。因而它的内容为嘉庆、道光时期编纂的《理藩院则例》所吸收。

（2）清朝政府在大量保留蒙古族法制习惯法的基础上，在蒙古地区施行旗制管理，旗的官员由政府控制批准，其王公身亡后，其官衔依次递减，渐致不能承受国恩。而且这种官衔、名号又只是一种空衔，具体政务要由管旗章京、副章京管理。

（3）清朝政府在蒙古地区施行会盟制度，三年一比丁，这样既对蒙古施行了兵役制度，又可控制蒙古的人口和征调差役。

（4）在诉讼程序方面，《蒙古律例》完全采用了清朝政府施行于全中国的同样的法则。对罪犯的诉讼审判程序采用三审制，一审在札萨克旗，

---

① 《蒙古律例》的内容及意义，撰写时参考了张晋藩主编的《清朝法制史》，法律出版社 1994 年版，第 478—479 页；又参考了刘广安的《清代民族立法研究》，中国政法大学出版社 1993 年版，第 5—6 页。

二审在盟，三审即终审在理藩院。

（5）通过喇嘛律例一改过去保护僧人特权的做法，取消了僧人特权，仅保留教权以影响蒙古社会和人民。[①]

（6）有关"盗财"、"人命"等刑事案件，及"婚姻"、"继承"、"贸易"等民事案件处理，以至"出首"、"捕亡"、"断狱"等诉讼程序的规定，与蒙古民族地方联盟自治法规的内容所差无几。同时，亦特别保留了若干蒙古民族的地方风俗、习惯。

（7）《蒙古律例》规定了"三年一次比丁"，作为控制人口和征调差徭的基础。其"隐瞒人丁"者应受到处分，下层佐、参领还要革职除名。"比丁"的一个重要目的，即"三丁披甲一副。凡遇出兵，遣二留一"。对外藩蒙古的这种兵役制度，是清朝政府军队力量的一个重要支柱。蒙古人口不仅要登录上报，并且不允许越旗转移，违者从重治罪。该管札萨克、协理台吉等也要负"失察"罪名，分别罚俸、罚牲畜。《蒙古律例》更进一步规定："应将所牧马匹……将孳缺、现存实数查明汇总奏闻。"牲畜是蒙古民族生活所系的重要财富；《律例》严格规定"汇报"及奖惩办法，运用法制手段控制、束缚蒙古民族的生命财产。[②]

总体看来，清代蒙古的法律制度正从古代的较为粗疏向近代日趋严密的方向过渡。

（二）《西宁青海番夷成例》

清朝政府为了青海藏区社会的有序发展和有效统治，于雍正十二年（1734 年）颁布了《西宁青海番夷成例》（68 条），为行文方便，简称《番例》。

1. 《番例》的主要内容

（1）防御出兵：派定出兵不去；敌人犯界不齐集剿杀；出兵被盗马匹；擅动兵器；出兵越次先回；对敌败绩及行军纪律。

（2）逃逸追捕：部落人逃走；聚众携械同逃；追赶逃人；不拿逃人；

---

① 奇格：《古代蒙古法制史》，辽宁民族出版社 2005 年版，第 169—171 页。

② 蔡志纯：《蒙古族文化》，中国社会科学出版社 1993 年版，第 456—465 页。

给逃人马匹；拿获逃人；获逃解送；杀死逃人，头目不报；拿送逃奴；解送逃人。

（3）盟誓纳罚：凡会盟不到；无力纳罚立誓。

（4）越界放牧：越界住牧；越界头目罚服。

（5）奸污离异：奸人妇女；谋娶人妻；出妻。

（6）缴纳税赋：少纳牲畜计数折鞭。

（7）偷窃抢夺：被窃牲畜；头目窝盗；隐匿盗贼；搜查贼赃；偷猪狗等畜；偷金银皮张等物；偷杀牲畜；偷窃喇嘛牲畜；偷窃四项牲畜；讨贼不与；头目庇贼，发觉不认；夺回盗窃牲畜；获贼交头目看守；行窃殴死追赶之人；抢夺罪犯。

（8）挟仇报复：挟仇出首人罪；告言人罪；挟仇放火；毁谤头目。

（9）杀人纵火：斗殴伤人；戏误杀人；头目抢劫杀人；打伤奴仆；家奴弑主；番民自相殴杀；纵火熏洞；破杀牲畜。

（10）隐瞒冒领：移放遗留踪迹；私报失牲；恶病传染；收取遗失牲畜；失去牲畜，报知邻近头目找寻；冒认马匹；重犯不招认。

（11）过失犯罪：看守斩犯疏脱。

（12）私了私索：犯罪私完；私索乌拉秣索；私进内地。

（13）提供住宿：过往之人，不令歇宿者。

（14）贸易限定：唐古特人不许远处番回贸易。

（15）处罚标准：罚服牛马定数。

（16）有法不依：不设十户头目。①

2.《番例》的立法理念

（1）行政法规

①极力维护部落会议、部落首领的威信、权力与利益。"凡会盟已经传知，如有推故不到者，千户等罚犏牛十五条，百户等罚犏牛十条，管束部落之百长等罚犏牛五条；如过期不到者，计日罚犏牛。"

如遇部落会议或部落头人指令出兵，"若有千户等不去者，罚犏牛五十条，百户等罚犏牛四十条，管束部落之百长等罚犏牛三十条。凡管束部落之头目等带领全寨部落不去者，以军法治罪。指定前往地方，违限一日

① 周希武：《玉树调查记》，青海人民出版社 1986 年版，第 186—207 页。

不到者，千户等罚犏牛七条，百户等罚犏牛五条，管束部落之百长等罚犏牛三条，违限数日者，计日递加罚牛"。

保护部落利益不受外力侵夺，遇与敌人侵犯或部落所有成员的利益、安全受到威胁时，"所有寨落凡头目等即带领所属兵丁，速行前往所犯地方齐集……"若抗命不集结者，按等级处罚有差。

②强化基层组织，在部落内部除设有千户、百户、管束部落之百长等职外，还将其权限直接延伸到民户之中，以达到完全巩固属民的目的而实行一种类似于"保甲制"的基层建制，法定每十户人家必设一头人。"如不设立者，千户等罚犏牛七条，百户等罚犏牛五条，管束部落之百长等罚犏牛三条。"

③部落头人与其属民之间存在着很强的人身依附关系，贫民没有人身自由，奴仆像头人的财产一样，若犯案，可与财物一起赔偿给对方。在《番例》中类似"不拿逃人"、"给逃人马匹"、"获解逃人"等反映人身依附关系的内容有十余条。部落或部落头人为了维护其阶级利益，则通过种种奖惩措施防止部落成员反叛、出逃。

如见逃人不行追拿，任其逃去者，按等级处罚。若追拿逃人，格斗致死者，如有所掳之人，给死者之家一名，加罚三九牲畜，若无所掳之人，则从该逃人的头目处追取三九牲畜作为死者抚恤；凡给逃人提供马匹者，不分管束不管束之头目，革去等级；若小百长及小头目，则罚没家产；如系平民，则处以斩刑，并罚没所有家产。

若捕获在逃奴仆，逃人之主赏捕获者二岁牛一头，将逃人鞭一百；若容隐逃人者，罚一九牲畜，给予逃人之主；其容隐逃人之十家长，罚一九牲畜，给予逃人之十家长。

④有关各地台站的义务与职责，《番例》规定：官吏、差人到各领地办理公务，沿途驿站等接待及办事部门要按有关规定提供口粮、夫马。如误口粮、夫马，听凭差人处罚；或故意隐藏夫马并推诿不予提供者，查出罚一九东西；或冒充官吏、差人，私自索要夫马口粮者，查出的实，即拿解西宁究治。

官吏、差人决定处罚犯事者东西之多少，不得瞻徇情面。如有徇私舞弊者，若查出，则按其身份、等级处罚。

凡有重要事情，务须召集大小头人、本管差人共同协商定夺。如

"差人一日不到，务必伺候四岁牛一头，以作口粮"。

官吏、差人处断事情，如差人迟到一日，要为头人提供各种服务。事毕，差人的所有差役、口粮，一并由被告负担。

官吏、差人决断诉讼，如十日内没有结果，责罚原被告双方数量不等的牲畜。若有不服，一并解报本官。

官吏、差人、狱头、看守等因渎职疏纵，致使死刑要犯逃脱，则按等级处以不同的罚服并革职；是百姓则鞭责八十。若轻罪逃脱者，处罚有差；若有人将逃犯擒获并解送到官者，将对渎职者的罚服一并奖给捕获者领受。

⑤法人之间的等级差别：《番例》将法人分为千户、百户、管束部落之百户长、小百户长、小头目、十家长、平人等七个等级。

⑥处罚牲畜时，重罚按上、中、下三等均在五十、四十、三十头（匹、只）之间；一般罚服在十五、十、五头（匹、只）之间；盗窃犯罪按被盗牲畜、财物数量的三九、二九、一九之倍数处罚。

（2）民事法规

①草场和牲畜是大部分藏区赖以生存和发展的主要生产资料。因此，把保护部落的整体利益和生产资料——草场、牲畜不受侵犯，以及维护正常的生产生活秩序等内容，作为畜牧业这一生产类型的主要立法内容和特征。同时强调部落之间应建立互相信任和谐的良好关系。驻牧不得越界，转场须按季节划分之范围，不得提前入内放牧。严禁纵火焚烧草场，违者则视为破坏生产资料和生产秩序案，按情节轻重处以不等的罚服；保护个人财产免受损失，对偷盗马、驼、牛、羊等之犯罪，首恶者斩。

②婚姻重媒妁之言、父母之命、婚前协约。无论平人或是头目，若谋娶已与他人有婚约之妇，主婚和谋娶之人，按不同等级受到相应的处罚。

严惩淫乱犯罪，有其维护家庭稳定及夫妻关系的表象，同时也反映出男女犯奸在处罚上存在着不平等。妇女社会地位低下，妻子是丈夫的私有财产，若丈夫犯事，妻子受累，并可随其财物一起罚没。

由于婚姻破裂而需要离异时，男方先提出了妻者，"其妻陪嫁物件，全行给回；除夫妻和睦时花费物件不偿外，现有物件，悉行还给"。

在婚姻家庭中，除了财产的分割外，对婚外性行为的处罚，则表现出"同态复仇"这种原始法律的特征。如："奸人妻室，犯者将奸夫之妻，并配与奸妇之夫为妻。"

③提倡社会公德，维护社会秩序，在主客之间建立一定的法律责任。不仅要为过往差异、信使、商贾及其他外来人员提供食宿，还要保护他们的人身及财产安全。

但是，被留宿之外来人员中有患恶性疾病者，隐其病情，若传染给东家，造成主人死亡者，"罚三九；治愈者，罚一九，未传染者罚牲畜一件"。

④为维护统治阶级的利益与声誉，专门设有诽谤罪。不论在公开场合或在背地里议论诽谤头目者，按被诽谤对象等级之别，处罚不等。

（3）刑事法规

①鼓励举报具有犯罪行为的人和事，判案重证据。如牲畜越界与否要视踪迹；打击栽赃诬陷和谎报走失、被盗牲畜数目，冒充认领等。《番例》重视发咒立誓这种审判形式，对疑难案件采取以立誓发愿的方式，并扩大了连带责任和立誓范围，除犯罪嫌疑人自己立誓外，其叔伯辈作为监护人，均在立誓的范围之内。除此，"凡称无力完纳罚服牲畜者，令小头目于该部落内，选有颜面之人立誓，具保无力。立誓之后，若被查出者，将查出牲畜罚服外，向立誓之人，罚一九牲畜"。有些案件如"被窃牲畜，失主认着，若指称有他人所给者，即令其人质；如其人不行承认，仍令本人立誓；失主只将牲畜收回，免其罚服"。

②盗窃犯罪是过去部分藏区较为普遍的犯罪形式。为保护个人或部落的公私财产不受损失，在《番例》中有关严惩偷杀牲畜、偷盗、抢劫牲畜、财物的条例共15条。其中，关于盗窃喇嘛牲畜、贼盗行窃殴死追赶之人、盗窃马、骆驼、牛、羊、猪、狗、鸡、鸭、鹅等家禽、家畜及金、银、皮张的处罚占七条；关于头目抢劫杀人、窝藏贼盗、庇护贼盗，败露不认；匿贼不报等犯罪的处罚占四条；关于搜查贼赃、捉纳贼盗、奖励惩罚以及连带法律责任等条律占四条。以上各条，除了对抢劫、盗窃案的正常处罚外，尤为突出的是对过失犯罪的连带处罚。强化了部落成员之间的监督与制约的功能。如搜查被偷财物，被查者要主动接受，否则，与贼连坐；若发现窃贼，然在捉拿过程中致使贼人逃脱者，对千户、百户、管束部落之百长处以五九、四九、三九不等；对夺回被盗牲畜者，按不同情况由失主予以答谢。如果失主否认牲畜被盗，这时部落的小头人，不仅有管

束部落属民的义务，还要承担连带的法律责任，必须责令其立誓，定夺是否准确无疑。假如所获牲畜并非被盗，而谎报在某地发现者，与贼同罪。当时，在青海或西康藏区，十户为部落的基层单位，设小头目一名。在十户内有盗窃他人东西者，罚小头目牛一头。或十户内被他人偷窃者，罚贼人牛一头，给该头人收领。

③严惩挟仇放火、纵火烧毁他人之房屋及财产的犯罪。"凡头目及平人有挟仇陷害，放火烧死人者，放火之头目绞……"

为了维护比较稳定的社会秩序和社会安全，打击团伙犯罪，对结伙劫掠、偷盗人之财物、聚众殴人致死等恶性犯罪之首犯处以绞刑，并罚没家产。

致使军营失火，造成给养短缺，军心波动、贻误战机或人员伤亡的案件，虽然属于军事法规的范畴，但是对于此类案件，一般作为特殊个案来处理。"凡失火者斩"。

④互相殴杀械斗，"追九九罚服"，且没有明确的等级标准，也没有明确的"命价"概念。而家奴弑主则作为特殊的案例，以凌迟处死。

（4）军事法规

军事法规在《番例》中所占条目虽然不多，但所占篇幅最大。

①遇到战事，需要出兵，拒绝不从者，按等级处罚犏牛五十、四十、三十头不等；凡部落头目举众不服调遣者，以军法治罪；到指定集结地迟到一日者，按等级罚犏牛七、五、三有别，违限数日，加罚。

②为了维护地方稳定，防止部落成员、部落之间凭借武器寻衅挑衅、械斗仇杀而严格武器管制。千户等擅自动用兵器，不论是否造成严重后果或不良影响，罚二九，百户等罚一九，管束部落之百长等罚牲畜七件，小百长等罚牲畜五件，小头目以及平人罚牲畜三件。

③重视军备，严肃军容、军纪。无论出兵狩猎或出阵作战，倘有越前缩后，在队列中不得交错行走。军中严禁酗酒，若被查知，违者交于该管头人。倘若疏于管制令其逃走，将该管头人律以死罪；严惩临阵脱逃；军前士兵有盗窃行为者，以盗论处鞭刑；夜间行兵，不得违误吹号；严禁窃掠百姓财物，或扰民伤人，乱杀无辜；尊重宗教信仰，不许毁坏庙宇；不许兵丁践踏百姓，强调军队与地方搞好关系的重要性。

④严惩作战失败，若千户、百户、百长等率众对敌战败，若将所管之

人全部撤出，如系平民百姓，斩决，并将家产牲畜、妻子抄没。

⑤崇尚英雄，奖赏奋勇破敌、战时能积极救援者。并将部落属民和各类职衔作为奖惩的标志。如从战败头目之奴部内拨出五十户人，赏给打仗之人。若几个部落联合作战，其中有一个部落头目等作战失利败回，则革去职衔为平民，将其所属人等全行撤出，赏给作战取胜之头领。

奉派出兵，上中下三等人中有退缩不前者，将其所留财物一并捐官；无论头人、百姓，能一马当先、奋勇作战、历战有功者，赏百姓五十户；有苟且偷安者，查出名姓，革去职衔视为平民百姓，将其奴部财物赏给作战有功之兵丁。如部落首领这一阶层，有能率先出马战败敌方，记头等军功，重赏。

⑥重赏投顺之人，并保护投顺者的个人财产与社会地位不受侵犯。若夫妇双双前来投诚，不得擅自拆离其家庭，亦不可贬为奴辈，不可劫掠投顺者的财物。不可令投顺者牧畜。①

（5）处罚形式及刑法类型

①处罚形式：有以罚代刑、以刑折罚、以保代罚，按犯罪的轻重责罚牲畜、实物，或由保人担保获免刑罚。罚服的多少，除诽谤上等人、千户、头人，盗窃喇嘛寺院财物者，等级越低罚服越高外，多依等级而定，等级低则罚服重，反之则反。

②刑罚类型：有死刑（绞刑）、监禁——永远、暂时监禁，鞭笞（杖笞）、充苦役——暂时或无定期，罚服（财物、牲畜、奴户）、革职、降级——削弱职权、降为奴户、没收（反叛之家）等。西康、安多藏区的法律除一些较有影响的部落习惯法和国家及地方政府赋予法律效力的《番例》、《夷律》之外，非有专书著述，所有立法和执法行为，全为数百年来被一般公众和土司、头人默认的惯规。又因法律公布与宣传范围之所限，加各地风俗之异同，所采取的法律条文亦各自有异。如有些地方仍然沿用斩手刖足、割耳挖鼻一类的野蛮刑罚。

③等级差别：《番例》将法人分为千户、百户、管束部落之百户长、小百户长、小头目、十家长、平人等七个等级。

④处罚标准：重罚按上、中、下三等，均在五十、四十、三十头

---

① 何峰：《番例——分析》，《中国藏学》1998 年第 2 期。

（匹、只）之间；一般罚服在十五、十、五头（匹、只）之间；盗窃犯罪按被盗牲畜、财物数量的三九、二九、一九之倍数处罚。

（6）罪名

根据《番例》的内容，一般可归纳为侵害个人权益、危害政府利益、破坏社会秩序等。

①侵害个人生命和财产权益罪：侵害生命罪、危害生命罪、妨害秘密罪、妨害安全罪；盗窃罪、侵占罪、毁弃损坏罪。

②侵害社会利益、妨害社会治安罪：煽惑罪、渎职神灵罪、内乱罪、外患罪、官吏渎职罪、妨害公务罪、伪证诬告罪。

四 蒙藏地区区域性法规比较

研究中蒙藏地区区域性法规的比较也显得颇有特色，这种区域性法规主要是蒙藏各个部落习惯法和由中央或地方政府认定颁布，在蒙藏各自管辖的特定区域具有法律效力的普遍性规章制度。这种区域性法规的渊源，多出自蒙藏传统法律文化、伦理道德、风俗习惯以及宗教信仰的特定模式或理念，诸如藏区最具代表性的有《德格法律十三条》和《红本法》，蒙古族的《阿拉善蒙古律例》，以及实施于青海、四川、蒙古等地区的《番例》、《蒙古律例》中规定的各种地域性法规，这些区域性法规各有特点。

（一）蒙藏地区区域性法规产生的具体时间和立法背景不同

《阿拉善蒙古律例》是在公元 1821 年道光元年阿拉善和硕特额鲁特蒙古第四任札萨克玛哈巴拉亲王为了治理蒙古本旗各部落以及服从清政府统一领导的大背景下，把因地制宜的各类行政、刑事等方面下达的诸多谕令、批复令和审决案例作为定例立档留存的地方性法规。而《德格法律十三条》产生的具体时间虽然不详，但它所涉及的地域比较广泛，涵盖了当时地处四川省西北部的康区，在政治、经济、法律、宗教仪式等方面均保存着德格土司为主的西藏、甘肃、青海等藏区较完整的藏族封建土司制度。它是以德格土司为代表的藏族土司在其管辖区内推行的一套较为完善严密的地方性法规。《蒙古律例》和《西宁青海番夷成例》，分别是 17

世纪中叶到 18 世纪末清中央政府为了蒙古和藏族地区的稳定、发展，在政治措施、管理体制、地方政权机构、军队建制、宗教、文化等方面不断巩固和完善的背景下，因俗以治，多次颁布制定的法规。

（二）蒙藏地区区域性法规所涉及的主要内容不同

《阿拉善蒙古律例》主要涉及可以作为和不能作为的规范性单行法规的内容，属于蒙古地方部落组织规定的札萨克谕令和批复令，涉及民事和刑事案件的判例等存档文件。而《德格法律十三条》所涉及的具体内容有刑事、民事、行政、司法程序、土司制度、官民守则等实体法和程序比较发达的十三种法律条文。《蒙古律例》的主要内容是以蒙古王公的职衔、承袭、品秩、仪制恩赏等行政法规为主的喇嘛例和盗窃等少部分刑事方面的内容。《西宁青海番夷成例》是针对广大藏区各个部落及青海海西等地蒙古族的行政法规、民事法规、刑事法规、军事法规、处罚形式及刑法类型不同的私法与公法交织在一起的、内容庞杂的 18 条法规。

（三）蒙藏地区区域性法规的立法特征与历史意义不同

《阿拉善蒙古律例》和《蒙古律例》的立法特征主要表现为承前启后，因地制宜；注重经济发展，保护地方利益；稳定寺庙秩序，严格僧籍管理；平抑物价，规范市场；保护农牧业生产，保护生态平衡，调整生产结构；免去高管差银，实施减负养廉；控制人口流动，保护妇女儿童等诸多方面，它的主要历史意义在于促进了蒙古社会的发展，推动了清中央政府颁发的各项政策措施在蒙古地方的有效实施。相比之下，《德格法律十三条》、《红本法》和《西宁青海番夷成例》的立法依据比较科学，具有法律性；条文内容详细而丰富，在地方武装与乡规民约、家庭婚姻与财产继承、等级特权与诉讼程序、立法依据与法权范围、案件审理与综合法律精神、中央与地方法规的合理配套等方面相得益彰，具有实体法与程序法比较发达的立法特征。这些地方性法规不仅对藏区社会的稳定发展发挥了重要作用，而且对清中央政府的各种政策法规在藏区社会的有效实施产生了积极的历史意义。

1. 蒙藏亲王土司之立法特征

（1）蒙古地方重视立法的承前启后，因地制宜；注重经济发展，保护地方利益；稳定寺庙秩序，严格僧籍管理，并在僧人入寺等方面有严格的责任连带制度；关注民生，平抑物价，规范市场；保护牧业生产，调整生产结构，保护生态平衡；免去高管差银，实施减负养廉；控制人口流动，保护妇女儿童。

（2）藏族地方重视武备，实行"寓兵与民"的兵备制度；农牧业生产约法三章，农耕文化特征鲜明；家庭结构比较简单，家庭财产继承不分亲疏、老幼、男女；极力维护土司和喇嘛、头人的阶级利益；立法依据多为数百年来形成的并被公众所默认的传统规范和土司、头人的意志，先例审判之特征明显，充分体现统治阶级的意志。

2. 《蒙古律例》、《西宁青海番夷成例》

（1）《蒙古律例》的始制、增修和定型，是清朝统治者对边疆少数民族立法走向系统化的典范和标志；清朝政府在大量保留蒙古族法制习惯法的基础上，在蒙古地区实行旗制管理，并施行会盟制度及有效的兵役制度。《蒙古律例》在诉讼程序方面完全采用了清朝政府施行与全国相同的法则。对罪犯的诉讼审判程序采用三审制；《蒙古律例》取消了僧人特权；有关"盗财"、"人命"等刑事案件，及"婚姻"、"继承"、"贸易"等民事案件的处理，与蒙古传统习惯法的内容基本雷同；《蒙古律例》规定了"三年一次比丁"，作为控制人口和征调差税徭役的基础，"比丁"的一个重要目的，是为清朝政府兵源提供较大的补充。

（2）《番例》极力维护部落会议、部落首领的威信、权力与利益，强化基层组织，将权限直接延伸到民户之中，贫民没有人身自由。明确规定官吏、差人的特权；法人之间存在七个等级差别；处罚按上、中、下三等，数量分三九、二九、一九之倍数。

草场和牲畜是大部分藏区赖以生存和发展的主要生产资料。因此，把保护部落的整体利益以及维护正常的生产生活秩序作为立法的主要内容。妇女社会地位低下，对婚外性行为的处罚，则表现出"同态复仇"的原始特征。为维护统治阶级的利益与声誉，专门设有诽谤罪。判案重证据，对疑难案件采取神判方式，并扩大了连带责任和立誓范围。

军事法规在《番例》中所占条目虽然不多，但所占篇幅最大，涉及内容最广。

处罚形式及刑法类型多样。有以罚代刑、以刑折罚、以保代罚，按罪行轻重折罚牲畜、实物或由保人担保获免刑罚。罚服的多少，多依社会等级而定；刑罚有死刑（绞刑）、监禁、鞭笞（杖笞）、充苦役等，罚服（财物、牲畜、奴户）、革职、降级——削弱职权、降为奴户、没收（反叛之家）等。

第七章

蒙藏习惯法的特征及其文化内涵

一 习惯法的特点

前面对蒙藏传统法律文化形成的历史文化背景、立法理念、法律特点等内容分类作了较为全面的介绍，仔细分析这些法律法规，并拿它与现代法律作对比，从中我们可以总结出以下特点。

(一) 传承形式

蒙藏民族在长期的法律实践中，重视"先例审判"，讲究法律文化的传承。其形式主要有两种，一种属"记忆法"的范畴，主要通过祖辈口承，智者、长老的口头传授，每一届部落会议的接替，以及谚语、格言、寓意故事、长篇史诗等人们喜闻乐见的文学形式来传承；另一种则无疑是用文字记载的"有形法"。关于法律的传承，日本学者穗积陈重在《法律进化论》一书中有这样的论述："西刹尔于其《科尔战记》，载有布列顿人及科尔人中，其司宗教、道德、法律之僧徒，能谙记一切法律而口传之之事实，由是观之，英法两国，于西历纪元之顷，已行记忆法，布莱克斯通于其《英国法注释》第一卷，论英国不成文法之起源，谓往昔蒙昧之西世界，一切法律，为口唱的，且引用前揭西刹尔之记事而附记之。并谓撒克逊人之祖先及在大陆之同胞，仅依记忆及惯行而保存其法律；又同书之第四卷，谓口授不成文法之观念之起因，缘于僧徒不戴其教法于记录之惯例之所致也。"①

1. 格言：就格言的形式而言，它是一种流传在口头或书面的文学形式；更主要的是格言以其简洁明快的形式，富有哲理的内容告诫人们怎样学习、做人、待人接物、识别真伪、分清是非等许多做人的伦理标准和道德规范。当法律的社会效力严重消减或无章可寻时，格言虽然没有法律的强制效力，但是，由于它的群众性、广泛性，人们会自觉地将格言中所倡导的作为约束自己的行为规范。藏民族是一个富有理性思维的民族，在漫长的历史长河中，除了我们在本书的第三章中已作了详细介绍的《世俗精要蔓珠》《萨迦格言》外，还留下了诸如《格丹格言》《水树格言》《铁喻格言》《火喻格言》等非常丰富的格言宝库。在此不复赘述。

2. 谚语、俗语、成语：不论在藏民族的口头文学或者在书面文学中，谚语、成语、俗语均有着比较重要的文学地位和社会价值。它不仅是一种简捷而明快的文学形式，而且也是最便于以口承的方式记忆、记录、传承民族民俗、伦理道德、习惯法律的重要载体之一。谚语、俗语、成语所反映的内容涉及的范围较广，可归纳为以下几个方面：

(1) 道德规范。

亲情关系：暖不过天上的太阳，亲不过自己的父母。过了河不忘记桥梁，成了人不忘记父母。饮食先敬父母，行路先让长辈。人有老来难，子女须体谅。父子同心敌人怕，母女同心邻里慕。兄弟无隙，女眷和睦。

友邻关系：对亲友柔和似蚕丝，对敌人仇恨似荆棘。邻里家里死了牛，哀怜之心有三日。百个朋友嫌少，一个敌人嫌多。朋友缺时帮一把，自己缺时有帮手。敌至一起拔刀，友至一起端碗。

主客关系：有客有理是人，无客无理是鬼。有食不让客，好比进狼窝。客人聚，财气集。

人格评价：扰乱乡里是刁徒，毁坏农田是老鼠。有仇不报是狐狸，问话不答是哑巴。以善报善，以恶报恶。一回做贼，终身不净。恶行施于人，恶果转回来。粗暴能害己，温柔能克人。似狐狸拖着尾巴逃，不如那

---

① [日] 穗积陈重：《法律进化论》，黄尊三译，中国政法大学出版社 1997 年版，第 81 页。

斑斓死虎美。

（2）法律规范。

人与法：坏人不受惩，好人不得安。不可放任有罪者，不可冤枉无辜人。公食不可撒私盐。国王杀人不偿命，豺狼吃肉不出钱。人无不在法律下，马无不在鞍桥下。真理似山谷深而远，谎言似鼠尾细而短。法律与准绳求证，装饰与图案求美。为官在上不正直，为民在下不善良。不怕大官依法者，就怕小官滥法者。买卖反悔，四角切一。穿皮袄律师说定者，穿绸缎的绅士不许拆。宗教法度丝绸之结有松紧，国王法度金制牛轭有轻重。金子的真假由试金石，事理的真假由法院辨。极恶者长官无法护，罪恶者喇嘛无法渡。遭到仇敌践踏时，是女子也应持刀枪。

人与神：呼无名的神不算誓，端无味的肺不算肉。死处病处诉讼处，阎王之刑齐全。人不吞誓，狗不吃铁。佛法讲因果，俗法讲公道。你心地纯洁无邪念，护法神不会有指责。

（3）法律地位：善治的首领有一要，有谋的辅臣不可少；散乱的部落有一要，严明的法度不可少。①

3. 寓言故事

蒙藏族有非常丰富，非常优美的寓言故事，并常常采用寓言故事这种含蓄、幽默、犀利且贴近生活的文学形式在讽刺、揭露、抨击社会阴黑暗面的同时，又起到宣扬真理、提倡正义、追求和平、传播道德规范的社会功效。其中，如藏族的《猴鸟的故事》就是一篇优秀而典型的寓言故事。

《猴鸟的故事》为了回避社会矛盾和避免冲撞统治阶级的利益，把人间世故和部落之间的矛盾与纠纷动物化，反以动物人格化的手法，生动地描述了居住在扎西则噶地方滚桑山顶上的白狮群，草地上的各种飞禽，山脚森林中的虎、豹、熊、黑，森林一角的一群猴子等四大种落之间的利益冲突以及解决矛盾的有效途径。通过种群会议，排除众议，统一意见，对矛盾的焦点达成共识；冲突双方互派使者，积极寻求和平解决问题的途径；邀请第三方作为调停纠纷、明确是非曲直的监视人，从而实现各种群之间，井水不犯河水，相安无事，和平共处的目的。

---

① 张济民：《寻根理枝——藏族部落习惯法通论》，青海人民出版社 2002 年版，第 15—16 页。

《猴鸟的故事》以人事动物化，客观地反映了历史上藏族地区部落之间因草山、资源等引起冲突与纠纷的实际，是一部解决部落之间草山、资源纠纷的习惯法范本。[①]

4. 史诗

有学者说，在蒙藏民族中广为流传的英雄史诗《格萨（斯）尔》是研究蒙藏族社会及历史文化的百科全书。《格萨（斯）尔》是一部多卷本的历史长诗，它既有口头流行的传唱本，也有弥足珍贵的书面文本，其中对部落之间、部落内部的矛盾和冲突以及解决的途径与方法，从部落习惯法的角度作了比较详尽的记述。

部落是构成蒙藏社会的基本单元，各部落之间以及部落内部发生的矛盾与冲突，按范围可分为部落之间的纠纷、部落内部的违法行为以及个人和家庭纠纷三类。

诗史《格萨（斯）尔》中描述的各部落之间的冲突起因主要有财产继承、争夺财产、资源、婚姻、复仇、征服等多种因素。蒙藏民族在长期处理、协调众多部落冲突与纠纷的过程中，形成了一整套行之有效的处理部落之间纠纷的法律规范。

《格萨（斯）尔》中各部落对其内外冲突的态度是极力主张和平解决，并通过委派使者、聘请调停人、谈判等途径寻求和解。

（1）委派使者。为了争取和平解决争端，双方对互派使者十分重视，选择那些不畏艰险、机智灵活、能言善辩、内刚外柔者出任使者，去完成部落赋予的使命。

（2）出面调解：发生纠纷的部落，双方和解的另一途径是请求第三方出面。以第三者的身份在当事双方之间斡旋、迂回，达到公平、公正的调停目的。

（3）谈判协商：当双方使者交涉或第三方出面调停和解有望时，涉及具体的问题则需要通过谈判来解决。《格萨（斯）尔》中用较多的篇幅记述了部落之间互派使者，聘请第三方调停以及双方谈判等方式解决部落纠纷的内容。在复杂的矛盾中，采取以上任何一种方式不一定有完美的结

① 王沂暖译：《猴鸟的故事》，作家出版社 1956 年版，第 1—70 页。

果，但从另一个侧面，反映出部落习惯法存在的事实。

（4）内部裁决：从诗史所反映的内容来看，对部落内部违法人员的处置大致可分为起诉、查实和宣判三个环节。

《格萨（斯）尔》中的禁猎并不禁止所有的狩猎活动，其中多次写到军民在战争间隙或和平时期的集体狩猎活动，这不但不构成犯罪，反而被大加颂扬。但只允许有组织、有计划的狩猎活动，坚决制止个人的滥杀乱捕行为。

（5）刑罚类型：《格萨（斯）尔》中关于刑罚之内容涉及的不多，见不到有关监狱、法庭的描述。惩治罪犯最常见的手段有水刑和流刑。

（二）诸法合体

蒙藏的传统习惯法采取诸法合体的立法形式，审视各地的法规特征，既含有刑事规范，又有民事规范；既有诉讼法的雏形，又有家庭婚姻法的萌芽；既有调整世俗社会与宗教集团之间关系的法规，也有调整统治阶级与广大农牧民之间行为的规定，又有调整部落头人、牧主等统治阶级内部关系的法规。

在旧时代，蒙藏地区司法与行政的权限也像其法律一样没有明确的划分。蒙藏地区各地的土司衙门（王府）以及实行"政教合一"制度的寺院，不仅有管理地方土务的行政职责，也拥有兵权和司法权，在土司衙门（王府或僧纲衙门）或寺院内设立公堂，备有刑具、监牢，审理民事和刑事案件。在较为偏远的地区，则由部落头人升堂断案，行使司法权。蒙藏各地的审判制度似乎都是一审终审制，断案后不准上诉或申诉，特别是经由"神明裁判"的案件，一律不许翻案。

（三）等级制度

由于藏族社会受封建农奴制的长期影响，历来十分看重人们的社会地位和等级。各等级之间界限分明，不能逾越。这种等级制度，反映在传统习惯法方面，其表现为在法律面前并非人人平等，而是有着十分明显的等级差别。严格区分贵贱，极力维护等级制度，则成为藏区传统习惯法的一个重要特点。等级差别在《十五法典》、《十六法典》、《十三法典》等成文法及诸多部落习惯法中均有严格规定，将人分为上、中、下三等，在每个等次中又分为上、中、下三级。不同等级的人，有着不同的命价标准。法律不仅按等级规定命价，而且按等级来量刑。

然而，等级制度在蒙古族传统法律文化中的表现则若隐若现，并不突出，似乎仅限于行政或僧职地位的高低，并非个人在法律中所表现的社会地位或价值取向。

（四）原始残余

在蒙藏传统习惯法中保留了大量的原始氏族社会的残余，体现在血亲复仇、同态复仇、盟誓等方面。

1. 血亲复仇：原始人认为，如果某一氏族成员被非同一血缘关系的个人或部族杀害以及对部族利益造成损失的，本氏族的其他成员甚至祖先及鬼神，也要求加害方赔偿对被害者个人或部族利益造成的损失，由此便发生血亲复仇。血亲复仇是氏族、部落集团"集体责任"或"集体利益"的表现。不一定有明确的复仇个体，只要加害于凶手所属部族的任何一个人或对其部族的整体利益造成损失，便达到了复仇的目的。因此，便引发诸如部落与部落之间的"草山纠纷"等纠缠不清的类似"血亲复仇"的械斗事件。

2. 同态复仇：在蒙藏习惯法中，还残存着"同态复仇"的一些遗迹，即死者若被敌方割去头颅，则需赔偿"头银子"；伤者若被挖去眼球，则需赔偿"眼银子"；伤者若被砍去手，则需赔偿"手银子"。这种对等报仇的原则可以归结为《圣经》中的一句话："以眼还眼，以牙还牙。"总之，死伤者身上缺什么则要用相应的金钱来赔偿。至近代，由于社会的发展，同态复仇中各种赔偿物已经用折算成牛羊或货币的方式来进行支付。

3. 会盟：在原始氏族社会，青藏高原和蒙古高原上，相互邻近的部落为了联合起来以保护自己的利益或联合攻击其他部落，常常以聚会、会盟的形式建立缔约关系。吐蕃王朝建立后，仍保留着这种会盟的习惯，如几次著名的唐蕃会盟，属两个国家政权之间的协约，可称之为国际法；部落之间的盟誓属社区协约；部落内部的盟誓内容则是所有部落成员所要遵从的法律规范。同时，把盟誓作为加强和巩固君臣关系的一种手段。后来，将会盟制度上升到法定地位，使盟约的内容成为习惯法的有机组成部分，并用来羁縻各部落的上层，保障部落联盟内部社会秩序的相对稳定。到清代，清廷又利用这种会盟方式来约束蒙藏地区的所有部落，用以加强中央政权与蒙藏地区各地方政权之间的关系。会盟这种原本没有多大法律效力的活动内容，以契约的形式成文化，就具备了法律的约束力。

（五）人治特色

蒙藏传统习惯法，由于诸法合体，而且各独立法之间没有明确界限；又由于保留了大量的原始残余，使法律、法规仍处在一种富有弹性而显得并不精致的状态下。这样会给统治阶级和主持审判者造成可乘之机，他们利用实体法、诉讼法不分，伦理道德与习惯法（主要指不成文法）、成文法相混的特点，在判案中往往以自己的意志来代替法律的裁决。

在藏区的部落制社会中，由于没有专门的司法机构，遇有诉讼案件，往往以政代法，由部落头人或实行"政教合一"统治的寺院僧官主持诉讼与判决，他们常常利用这种弹性很大的法律规范进行裁决，不难想象其中的随意性有多大，甚至在收受贿赂的情况下，主持审判者还要打着神灵的幌子操作"神判"，完全按自己的意图来判断是非曲直。因此，藏区传统习惯法带有浓厚的人治特点。

而在蒙古习惯法中似乎看不到"神判"的信息，司法活动中也少有宗教人员的参与和干扰。说明在法律演进的过程中，蒙古族法律文化已艰辛地迈出了司法文明、公正的第一步。

（六）物质赔偿

在蒙藏地区，人们受佛教思想的长期影响，主张利益众生，反对杀戮和残害生灵。因此，在处罚杀人犯时，反对将其处死，而改以财物赔偿代替实刑。这样，特别在藏区就出现了杀人赔偿命价和伤人赔偿活人命价（身价）的有关法律条文。但在蒙古族传统法律文献中则没有"命价"的内容。

民主改革以前，大部分藏区仍然处于部落制这样一个社会阶段，生产力水平低下，物质财富相对匮乏；又由于各地宗教盛行，出家僧人众多，而人口数量的增长则受自然及其他条件的制约和影响，又显得相对缓慢。因此，整个藏族社会非常重视劳动力保护和人们的生命财产安全。在这种背景之下，凡发生杀人、伤人乃至一般的民事纠纷，均习惯于用财物进行赔偿，这样既可以增加财产收入，也可以避免失去更多的劳动力。受这种观念的影响，人们在处理纠纷时则注重物质赔偿，以金钱来弥补损失，从而形成藏族传统习惯法的一个重要特点。

（七）妇女地位

在蒙古族传统习惯法中，出于本民族自身生产和生产力发展的要求，在蒙古社会中，妇女享有较高的社会地位，并受法律的保护。而在藏族传统习惯法中，妇女的地位虽然与其他社会人一样，但总的看来，仍处于被支配、受歧视的地位。只有作为母亲，并有子女奉养时才受人尊重。在同一个社会等级中，妇女的法律地位和社会地位又低于男子，特别是自己的丈夫。藏族成文法和部落传统习惯法规定，妇女的命价仅为同等级男子命价的一半，这进一步限制了妇女的法律地位和社会地位。由此可见，妇女不论在社会上还是家庭中都处在夫权的绝对权威之下，无平等可言。在藏族传统习惯法中有歧视妇女、限制妇女从事社会或政治活动的明文记载，妇女在法律中往往处于被支配的地位。

（八）诉讼特点

在蒙藏部落制社会中，由于法律采取诸法混合的形式，因此，其传统的诉讼程序也显得较为原始、单一，并存在着许多独有的特点。

1. 用起誓举证：证人可以在庭审中作出被告是否有罪的证明。起誓举证和证人在诉讼中的这种重要地位和重要作用，被藏区后世形成的成文法或部落习惯法所承袭、认同并予以重视。

2. 审判重证据：在蒙古族传统习惯法规定的诉讼过程中，另一重要特点是重视客观事实，并将其作为判决能否成立的法律依据。在诉讼过程中，非常重视对证词、证据的审查，以便甄别真伪，正确断案。

3. "神判" 裁决："神判" 是藏族习惯法的一大特色。审判人在办案过程中无法搜集犯罪证据，或辨明诉讼双方之是与非时，所采取的依靠神灵来断案的方式。"神判" 的方式有 "捞油锅——沸油锅中抓黑白石子"、"浑水摸石——浊水中摸黑白石子"、"吃咒发誓"、"卜卦" 等多种形式。"神判" 是一种最高裁判，一经判决，不准翻案上诉。"神判" 是反映原始氏族社会里的人们受 "敬神畏鬼" 思想的影响，依靠神灵来澄清人间是非的一种原始的裁决形式。后来随着佛教势力在藏区的壮大和 "政教合一" 制度的建立，"神判" 又与佛教的有关教规、教义相结合，使藏族习惯法中融入了大量的宗教思想。因此，在藏族传统习惯法中存在的 "神判" 现象具有原始法规和宗教法规的双重特征。

(九) 刑事特点

1. 轻罪重罚，刑罚严酷：综观曾经在广大蒙藏地区流行过的各种法律法规，我们可以看到所实施的刑罚之严酷，轻罪重罚现象比较严重，不仅推行财产处罚，而且采用严刑惩治。刑罚手段中，对于罪大恶极的罪犯则处以绞刑、绝嗣、砍头、乱石砸死、推下悬崖、用湿牛皮包裹投河（江）、挖眼、剥皮、斫足等。较为常见的刑罚有在面部烙火印、戴生牛皮帽、用生牛皮裹手足、将罪犯用脚镣手铐捆绑押入洞穴禁闭、流放、驱逐，等等。不但对凶犯要处以残酷的刑罚，且株连子孙。

此外，传统习惯法中还有对妄语之罪的惩治措施，说明被统治者的思想和行动都要受到法律的严格约束，稍有不慎就会受到严刑惩罚。

2. 故意犯罪与过失犯罪、首犯与从犯有别：曾经在蒙藏地区实施的各种习惯法中规定，在认定案件性质时要有 "有意" 和 "无意" 之分，然后按故意犯罪或过失犯罪两种不同性质的界定标准来量刑，处以或重或轻的刑罚。在审理团伙犯罪或多人犯罪的案件时，亦区分首犯和从犯，分别处以不同的刑罚，并将严惩故意犯罪和严惩首犯的内容写进了法律条文。说明蒙藏传统习惯法在流变的过程中，对于犯罪性质问题的研究与立法实践已较为深刻而成熟。

（十）民事法规

蒙藏传统习惯法民事法规的特点主要体现在契约的订立等方面。契约订立采取两种形式。一种是书面契约，首先由双方当事人经过协商达成共识后写下书面文字，征得当事双方的认可并画押，再由证人盖章作证，该契约才生效。另一种是口头契约，一般价值较小的物品的借贷和当面成交的买卖契约都采用这种形式。订立契约是民间互通有无的主要方式，它的订立受到法律的保护，若因纠纷引起的诉讼即以契约为基本依据。

在民事法规中十分重视维护债权人的利益。法律对租赁、借贷的种类、利息及偿还期限等都有十分明细的规定，以确保债权人的利益不受损失。如果债务人在约定的限期内不能偿还债务，就要受到民事制裁。此外，为了使债务人履行契约中规定的义务，当时已建立了担保制度，如果债务人不按时按规定数额履行义务，则由担保人履行。

（十一）地方武装

藏族传统习惯法中的有些内容与蒙古族有着一定的差异，明显地表现在具有部落制社会的区域性特点上。首先体现在民兵兵源和兵备制度方面。部落制社会内部的武装力量则属于自卫武装，仅仅起到保护本部落利益和民众安全的作用，凡是跨地区的军事行动或征讨都由中央政府的军事机关统一部署。

因此，在部落中实行"亦兵亦民"或"兵民合一"的兵役制度，所有15—60岁的男子均为本部落的兵员。每位成年男子必备马、枪、刀、弹药等装备，遇有战事则自带口粮和军事装备出征。

另外，在蒙藏传统习惯法的军事法规中，有着严格的奖惩制度。规定，对于作战勇敢、立有战功的士兵进行重奖，对于英勇战死的阵亡家属给予抚恤和免税的优厚待遇。而对于战败逃亡的士兵则给予没收财产并驱逐出本部落的处罚，对于泄露军事机密和临阵脱逃者处以死刑并罚没财产、妻子。

（十二）结构与功能

根据蒙藏习惯法流传的时空特点及结构与功能特征，我们可以归纳出以下几点：

1. 多元性：以蒙藏民间的传统习俗、规范、禁忌为基础，以佛教"十善法"为理论依据，在吸纳了古印度法文化、中原儒家文化法制思想精华的同时，受到中原法律文化的影响。特别是自元朝以后，藏族地区的法律程式又出现了新的情况，在国家法律的大前提下，构成了藏族习惯法的主体框架。

2. 稳定性：松赞干布、成吉思汗、忽必烈在完成统一大业之后，积极着手于政治体制和法制体系的建立，先后制定了《神教十善法》、《人教十六净法》、《法律二十条》、《吐蕃三律》（不止三条，目前仅能见到者）、《扎撒》、《十善福经教正典》等一系列法规。元末明清，蒙藏社会又处于部落或部落联盟的同一起跑线上，蒙藏地方政府在继承传统的基础上，相继修订、颁布了蒙藏"三典"，比较完整地反映了蒙藏法律文化的基本面貌，并对近代蒙藏地区的地方法制建设产生过较为深远的影响。

根据以上特点，我们不难看出，在蒙藏习惯法的形成与发展过程中，反映出历代相沿、前后相袭以及相对稳定的显明特征。

3. 群众性：研究习惯法形成与发展的过程，不难看出它的存在及其对现代社会的影响有着广泛的群众基础和良好的人文环境。其一，形成习惯法的源头及文化背景，是根植于广大蒙藏民众之中的禁忌、习惯、规范、乡规民约及宗教信仰等；其二，赋予部分习惯、规范以法律效力的主体是部落组织及其全体成员，而部落组织又是构成蒙藏社会的基本单元，有其广泛的群众基础和较强的社会凝聚力。因此，有些习惯或规范在社会发展过程中逐渐得到部落组织或全体成员的认同，并赋予一定的法律效力，遂上升为习惯法；有些则始终处于习惯与规范的低层次阶段，作为习惯法的一种补充，但也有它存在的合理性。

二 习惯法的文化内涵

（一）道德与法律

蒙藏民族自古以来，就非常看重伦理道德的规范，尤其笃信对道德规范的身体力行而引出的因果关系。"这些观念熔铸成千古不朽的文化意识，抽象作一个'善'字，渗入血液，凝作风骨、升华为民族精神。"①蒙藏传统习惯法的另一个重要特点是以佛教的道德观念作为思想基础，把道德和法紧紧地糅合在一起，使法律规范和道德规范统一起来，以法的强制力来确认和推行道德规范，并且以道德的精神力量来加强法律的权威性。如在吐蕃时期制定的《法律二十条》中，就有大量引人向善的伦理规范，如"要孝顺父母，孝敬侍养"，"敦睦亲族、敬事长上"，"要帮助邻里"，"要出言忠信"，"要酬德报恩"，"要不生嫉妒，与众和谐"，等等。随着佛教的发展和各大小部落的出现，即有了"敬重活佛，尊崇僧人、侍奉领主、土司，听命于部落头人"的行为规范。将这些内容以法律的形式公布出来，约束人们加以遵守，就由道德规范上升为法律了。从法律进化的普遍规律来看，在法律产生之初，法律、道德和宗教的区分界线是不明显的，随着社会的发展和文化的进步，它们才逐渐由混合走向分化。法律逐渐成为上层建筑的一部分，道德和宗教则成为意识形态的有机组成。蒙藏习惯法将传统的道德规范吸收为法律内容，就反映了这种分化尚不完全的状况。

（二）宗教与法律

宗教和法律乃是人类社会发展的产物，它蕴涵了人类对共同目的的意识以及关于社会秩序和社会正义的概念。宗教和法律之信仰的幻灭，便是法律与宗教的截然对立。一方面，我们未能恰如其分地认识传统法律与宗教体系之间的联系；另一方面，我们也不曾提供前面提到过的基本的法律

---

① 伊丹才让：《雪域藏人的思辨之花》，当代中国出版社 1999 年版，第 15 页。

价值与宗教价值。应该说"宗教为社会群体提供了一种必需的道德和法律的机制，各种宗教意识也因此表现了当时的某种社会结构和组织制度"。①

宗教和法律的一般界定，把法仅仅看作是由政治当局制定的各种规则的体系或"实体"，同样，把宗教仅仅视为一种关于超自然的信仰和实践的制度，那么宗教和法律就好像相互无干，或者只有极少数极有限的关联。

法律不只是一整套规则，它是在进行立法、判决、执法和立约的活生生的人；它是分配权利与义务，并据以解决纷争，创造合作关系的活生生的程序。宗教也不只是一套信条和仪式，它是对人生的终极意义和目标表现出共同关切的活生生的人；它是对各种超验价值之共有的直觉与献身。这就是法律与宗教的社会价值。

法律与宗教的社会功效，法律以其稳定性制约着未来；宗教则以它的神圣观念向所有既存社会结构挑战，然而它们又互相渗透。

在有的社会形态中，法律便是宗教。但是，即便是在那些严格区分法律与宗教的社会，它们也是相辅相成的——法律赋予宗教以其社会性，宗教则将其精神、方向和法律赖以获得的尊敬的神圣性给予法律。在法律和宗教彼此分离的地方，法律很容易退化成为僵死的教条，宗教则易于变为狂热的信仰。

研究证实，在所有的文化中，法律都具有与宗教共享的四种要素：仪式、传统、权威和普遍性。这四种要素赋予法律价值以神圣性，并且因此而强化了民众的法律情感：权利与义务的观念，公平审判的要求，对适用法律前后矛盾的反感，受平等待遇的愿望，忠实与法律及其相关事物的强烈情感，对于非法行为的痛恨等。这种对于任何法律秩序都是必不可少的情感。

法律主要是推行统治者政策的手段，如果不曾对法律中的宗教要素予以充分注意，就会消减它执行正义的职能，甚至使它丧失生存能力。如今，每个人都知道，没有任何警察可以夸耀的力量能够制止城市的犯罪。总之，真正能阻止犯罪的乃是守法的传统，这种传统又根植于一种深切而

---

① 孟慧英：《彝族毕摩文化研究》，民族出版社 2003 年版，第 55 页。

热烈的信念中，那就是法律不仅是世俗政策的工具，而且还是生活终极目的和意义的一部分。

法律和宗教所共享的四要素，普遍存在于所有法律体系中，一如它们存在于所有宗教里面一样。法律还与宗教一样同样重视传统权威，具有延续性。法律本身也体现道德情感，法律还具有普遍性。没有一个社会能够容忍群体内部的随意撒谎、偷窃，或者暴力。如《摩西十诫》中的后六条，要尊敬父母，禁止杀人、通奸、偷窃、作伪证和欺诈等戒条，在所有已知文化中都有某种印迹。

法律与宗教情感等于"必得服从"，以宗教情感来规范个人的法律行为。在法律中，仪式的滥用，如"神判"是法律程序上的形式主义，是法律无奈的表现。当法律习惯和调解归于无效的时候，巫术便是终局的解决办法。

法律与宗教的互相作用，是人类社会生活中两个辩证地互相依赖的方面——也许是两个主要的方面。任何一种法律制度都与宗教共享某种要素；同样任何一种宗教内部也都具有法律的要素，二者互为条件。

宗教和法律是人类记忆中对社会生活经验的积淀。人类有着多种不同的宗教和许多各不相同的法律，每一种宗教都带有特定信仰集团的印记，每一种法律也都具有特定社会秩序的印记。[①]

藏传佛教的仪轨、戒律、寺规与西方的教会法有其类似之处，它支配着寺院内部大批僧侣生活的各个方面，也用于调整俗人生活的大多数领域。教法的成熟，促进了世俗法的形成与完善，出版专业法律文献，改造部族的、地方的和封建的习惯，建立它们自己的相应法律制度，以调整生产关系、暴力犯罪、商业交易和其他事务。

宗教既要使道德法律化，又要使法律道德化；它对于各种罪孽有法定的管辖权，而且它影响了世俗法律，便与道德原则相一致。信仰藏传佛教的僧俗民众不仅受到教法的制约，而且也受制于各种世俗的法律制度。

法律具有文化上的多元性和多样性。佛教先后传入青藏高原和蒙古高原以后，在蒙藏地区得到了广泛传播。随着藏传佛教的确立，宗教给整个蒙藏社会，包括政治、经济、教育等各方面以极大影响，在法律制度方面

---

① ［美］哈罗德·J. 伯尔曼：《法律与宗教》，梁治平译，三联书店 1991 年版。

也是如此。

我们在前文已经提到，佛教教义是蒙藏法律文化的一个重要渊源和立法的理论基础，在蒙藏法律条文中浸透了神权观念和教法思想。

（三）禁忌与法律

蒙藏民族在日常生活中所讲究的禁忌，则是以佛教主张弘扬的"十善法"和佛教所摒弃的"十恶"为取舍的理论基础。禁忌所强调的内涵如孔子倡导的"非礼勿视，非礼勿听、非礼勿言，非礼勿动"的行为准则一样。禁忌顾名思义，"禁"就是禁止、勿为，有外力或社会力量强制的含义，"忌"就是讳避自身心理上不愿发生或不愿做的一些事情的出现，有自责和蒙冥罚的含义。当然不可避免地存在着对神灵的敬畏，这样禁忌才有社会效力。禁忌也是一个民族在共同社会生活中的相同的心理反应，及衡量真、善、美的标准。信仰规范是人们对超自然力敬畏的结果，由习惯规范、德意规范演进之法规"皆出礼入刑"。于是禁忌的一部分，既成为信仰规范，同时又成为习惯规范和德意规范。[1] 禁忌也就是说，教人哪些事不可以做的规则，就是禁忌勿为之意。它表明原始人群集体对内部成员所作出的禁止做某些事的强制性要求。禁忌从字面意义上讲，其基本含义包括两个方面，即绝对禁止和相对忌讳某种行为的发生。而从禁忌产生的历史渊源上去考察，禁忌始产生于对神权的维护，是早期人类为解决内忧外患而建立的一些行为规范。因此，在远古时期没有法律的情况下，禁忌就成了原始人的"法律"。这些禁忌表明了本群体的一致要求，并得到该群体大多数成员的遵守。久而久之，成为人们恪守的一种行为规范。如《礼记·曲礼上》告诫人们："入境而问禁，入国而问俗，入门而问讳。"随着社会的发展，禁忌的分类越来越细，范围越来越广，如食物禁忌是强制性的，性禁忌、图腾禁忌逐渐演义出禁止族内婚的内容。其中图腾禁忌的种类繁多，还有行为、语音、婚姻禁忌等。无论是哪一种禁忌都不过是简单的社会规则。虽然禁忌和法律一样都是社会的规范，但禁忌

---

① ［日］穗积陈重：《法律进化论》，黄尊三译，中国政法大学出版社1997年版，第310—316页。

并非法律。禁忌从冥罚到现罚的转化既成为法规，有外力和自身心理上的强制性。禁忌所发挥的社会效力主要表现为人们处于因果报应思想的影响，表现于心理上的自责或公众舆论、伦理、道德的要求。若犯禁忌，法律也拿它没有办法。法律是随着国家而出现的，那么，至今仍然保留于民间的古老禁忌，可以说它是人类法律的源头。

蒙古族、藏族在社会生活中有着较多的禁忌内容，其范围之广泛，内涵之丰富，涉及社会生活和生产的各个方面，包括僧人和俗人两大社会集团。如佛教教义提倡的"十善"法则，它既是蒙藏法律文化的源头之一，也是广大僧俗民众禁忌触犯的行为规范。作为俗人它是一种行为规矩，作为僧人则是戒律的一部分。所以，禁忌不但约束着人们的言行，也影响、暗示着人们的思维理念、行为方式、审美情趣的变化与价值趋向。

(1) 禁忌与等级

新中国成立前，蒙藏地区的禁忌与等级之分非常繁杂。既表现出阶级的不平等，也反映出男尊女卑的社会现象。一般情况下，俗人不能坐在僧人的上位，牧民不能坐在头人的上位，妇女不能坐在男子的上位。在举行盛大宴席（会）或逢年过节请客时，按客人社会地位的高低排列座次，安排入席和离席的次序；不能仰视喇嘛、头人。妇女遇见土司、头人要下跪；新婚妇女不论回娘家或到婆家，须在村前佛塔或嘛尼堆前下马、脱帽；妇女背空桶取水，遇见喇嘛头人或出门远行者要回避，且未装东西的空背篼不得让头人看见；妇女不得跨过牛马的鞍杖、格杠；赛马会上，先由头人骑马射击。属民对头人不能直呼其名。男人不能参与打酥油、背水、磨炒面、做饭等劳作。妇女不能当着土司、头人的面露出膀臂；妇女不能跨越男子的衣物。在农区，妇女的内裤不得在阳光下曝晒；忌讳女人摸男子的头和左肩，女人唾男人则视为大忌；寡妇不能去办喜事的地方。

(2) 禁忌与环保

禁忌与环保，首先涉及的恐怕是人类生存环境中的山山水水，并将这些自然物视为圣物。圣物禁忌的范围比较宽泛，大凡一些神秘莫测的自然现象以及附着了神秘色彩的一些自然物均在圣物禁忌的范畴。

蒙古族、藏族受原始宗教的影响，认为万物都具有生命且有灵性。所以，非常热爱自然，珍惜生命。禁忌与环保是蒙藏先民有效协调人与自然关系的一种保护措施。其中有不能随意挖泉水、开渠破坏水源，以免得罪龙王，致使得病，家破人亡的禁忌；忌讳在人行道路或泉水旁大小便。更不得在泉水中洗涤妇女的秽物，以免污染水源和环境。蒙藏先民很早就懂得青藏高原、蒙古高原的自然生态和植被比较脆弱，一旦破坏则很难恢复。所以，比较重视对生存环境的保护。对山川河流、草木禽兽等均附以神格化的特色，不得在"神山"伐木、挖药材、打猎放枪，以免山神降下灾祸，其深层含义是怕大自然的报应；懂得优胜劣汰的自然法则，禁忌拾柴伐幼苗、伐木刨树根等"断子绝孙"的掠夺式行为。若生产、生活中需要伐木或索取其他自然资源时，则先由苯教师或萨满祭祀有关神灵，祈求神灵准予，方可获取所需之物。

因蒙藏先民的原始宗教崇拜自然，信奉万物有灵的缘故，在其生活居住的青藏、蒙古高原上留下了数不胜数的神山、神湖。因此，构成了众多的神山体系和多如繁星的神水、神湖体系。对神山神水的敬仰，从层面上观照，所凸显的则似乎完全出于某种信仰，借大自然的美丽，坚定了对现实生活理想的追求，拓展对未来美好憧憬的空间。而长期以来被人们忽视的另一面，则是对自然界那些神秘而不可抗拒力的恐怖，且具有敬和畏的两重性。因此，敬畏使人与自然拉大了距离，而对自然力神秘莫测的猜测则更进一步地营造了神秘的氛围。所以，对自然圣物的敬仰，其实质是在行为方面的不敢冒犯而形成的禁忌。从表象上看，将山川河流、海子、湖泊作为自然神崇拜，其实质也是圣物崇拜的一种类型，究其实质则是怕人类自身一些不检点的行为激怒自然神而带来惩罚，故将恐惧心理的本质隐藏于敬畏和禁忌之中。蒙藏民族自从有了敬畏自然力的概念以来，对那些由山川、河流、湖泊等自然神构成的生物链中之所有动植物，甚至一草一木都赋予了神的灵性。严禁乱采、乱伐、乱开挖，忌伐幼木嫩草，忌讳射猎有孕及幼小猎物。甚至在佛教提倡的放生期内，哪怕是一只小小的蚂蚁也忌讳将它踩死。实际上是禁忌对所有的自然物进行人为的破坏，从而达到人与自然和谐共存的目的。这种在佛教轮回思想影响下的生态观念，长期以来为维护青藏高原、蒙古高原的生态平衡、环境保护起到了积极的作用。

（3）禁忌与宗教

在蒙藏人民的心目中，凡是与宗教信仰、社会地位有关的，均视为神圣而不可侵犯。如喇嘛、活佛，上至皇帝（国王），下至地方政府的官员、大小领主、土司、千百户、部落头人等的一些用品均被视为神圣的东西，忌讳一切渎职行为和大不敬；忌讳将脚伸向供佛的方位；忌讳动用寺院的一草一木，一砖一瓦；进寺院要脱帽，若随意触摸或用手指着佛像说三道四为大不敬；一般群众见到活佛、喇嘛、头人要低头施礼；不能毁坏寺院的佛殿、佛像、佛塔；忌讳将经卷或有文字的纸张垫在屁股下作为铺垫；忌讳所有污秽不洁的东西接近敬神的供品、器皿、喇嘛、活佛。还有被统治阶级及宗教教派所崇尚之颜色也在违禁之列，如一般僧俗的着装忌讳用黄色。圣物禁忌有两个方面。其一，对大自然的禁忌，表现了人与自然和谐共生的平衡心态和心愿；其二，是维护寺院财产、僧侣地位、宗教神权和统治阶层利益的一种法律补充。除了禁忌与宗教之外，还存在着诸多禁忌与迷信的观念。然而，这种观念并不具有任何法律效力。

（4）禁忌与婚姻

蒙藏人民长期受自然环境的制约，深深地懂得"物竞天择，适者生存"的道理。在这些道理中除了对物质的要求外，对人自身繁衍的考虑也是一个方面。蒙古族、藏族对婚姻家庭的重视程度与其他民族一样。在阶级社会里，当然不可避免地要提到"门当户对"这一历史的话题。正如恩格斯所言："结婚是一种政治行为，是一种借新的婚姻来扩大自己势力的机会，起决定作用的是家族的利益，而绝不是个人的意愿。"① 然而，在注重"门当户对"的同时，更看重优生优育，重视婚姻与遗传这一问题。严禁族内婚，禁止在同一血缘关系的近亲之间联姻；讲究骨头的洁净，骨头并非指门第的高低贵贱，而是看对方家族在遗传方面有无疾病，否则禁忌成婚。除此，还讲究男女在属相上的相生相克，如"鸡见猴一世愁"，"猛虎见蛇如刀铰"，意为属鸡和属猴的、属虎和属蛇的男女相属相克，忌讳论嫁；又如"鸡飞马诧"，意为属鸡属马的男女不宜相配，等等。不知这些理念是受五行学说相生相克的影响，还是出于对婚配双方个性的考虑，值得探讨。

（5）禁忌与生产

在大部分蒙藏地区，为了生产、生活的有序发展，牧区的四季转场，

---

① ［德］恩格斯：《家庭私有制与国家的起源》，人民出版社1972年版，第58页。

农区的春播、新粮尝新、夏收、上场，都要事先占卜，在选定吉日良辰之后方可进行。在日常生活中，忌讳让生人打酥油，炸油馍时忌讳生人入内，怕耗油；别人送来酥油和酸奶的器皿不必清洗，以免冲掉他人的"福气"而引起对方的忌讳；刚挤的鲜奶、出桶的酥油、宰杀的牛、羊肉，要先行祭神，之后食用；藏历每月初八、十五不能宰牲。甘肃文县的白马藏族地区，在每年出蜂蜜时，铲蜜的当日早晨不跟别人借火，早饭后除忌，否则怕蜜蜂飞失。在放生期或各种动物的繁殖期内，一般禁止狩猎，违者没收猎物及猎具，并处以鞭笞与罚款；在日常生产活动中，男不背粪，女不犁地；出门狩猎不跟女人说话，狩猎时不给过路翻山的人送肉；分配猎物或其他家畜的肉时不能说不要；每年正、四、七、十一月辰时，三、六、九、十二月丑时，为打猎放狗的吉日，他日则不获；庚申两个寅，壬辰与戌辰，要问破穷日，己卯并庚申，在此期间忌讳分家卖牲畜；寅午戌，出粪期。

（6）禁忌与饮食

生活在青藏、蒙古高原的蒙藏民族，长期以来受生存环境、宗教信仰、饮食结构、生产类型及其物产的影响，在这样的人文和自然环境中，生命对大自然的抗争能力本来就显得很脆弱。因此，蒙藏民族在佛教禁止杀生思想的影响下，不仅珍惜人类自身，也非常珍惜和尊重世间所有生灵的生存权利。诚然，"民以食为天"是人类对生存权利的基本要求，但是，蒙藏民族的人们在日常生活中，则显得有些刻薄与挑剔。如忌讳因贪吃而造孽于生灵，忌食马及狗肉，不杀幼犊幼羔，这一禁忌在某种程度上保护和促进了生产力的发展；忌讳食鱼，怕因小失大。鱼虽然小，但其生命价值与一头牛完全一样（尤其是产子期的雌鱼，一条雌鱼腹内的鱼子，多至千儿八百，若杀一条雌鱼，就间接地伤害了千余条生命），并以"害母鱼造千孽"的成语警示人们①。在艰苦的生存环境中，为防止病从口入，忌讳食用各类因病死亡的家禽家畜的血肉；忌讳食用奇蹄类、爪类（包括飞禽）、爬行类动物的血肉，是否与人的手指、脚趾均为单数，或在渊源上与图腾崇拜、原始信仰方面有什么情结，则不得而知。另外，在

---

① 张济民主编：《寻根理枝——藏族部落习惯法通论》，青海人民出版社2002年版，第18页。

信仰藏传佛教的僧侣中，那些修习境界较高的喇嘛，忌食荤腥和葱蒜，这是否与修行养性而怕动摇心旌有关。另外，蒙藏民族在注意优生优育的同时，对孕妇饮食的要求也很讲究。如"孕妇忌食兔肉，怕生兔唇婴儿"，类似这样的禁忌虽无科学道理可言，但是从另一个方面说明，已经意识到孕妇饮食对胎儿健康发育的影响。

（7）禁忌与卫生

蒙藏民族长期生活在艰苦的自然环境中，非常重视人与自然的关系，充分认识到环保与卫生、环保与健康的利害关系。一切从源头做起，忌讳在泉水中洗污物，忌讳在河流、水源、道路等处随地大小便，随地吐痰。认为在河流、泉水中大小便，身上会长恶疮，在路上大便会出眼角。死于恶病（传染病）者的尸体须深埋，不得天葬或火化，以免污染空气，传播疾病；严格防范疾病的接触传染，不穿别人穿过的衣服，不用别人使用过的餐具。在大型宗教活动中，敬佛的僧人要戴传统的三角形口罩，防止浊气冲了神佛。一些有德行的僧人，甚至将照明的油灯也视为神圣的有灵之物，在熄灯时，认为人口中呼出的气是浊气，不用口吹而忍着灯火的灼热用手指捏灭。旧时代的人们，出门远行时，一般自带银碗（包银木碗）、象牙筷，既可防止食物中毒，又讲究饮食卫生；忌讳用勺子或碗在水桶、水缸中直接取水饮用；忌讳将骨头扔在火塘、锅灶里；忌讳将脚伸向火塘、锅灶烘烤臭鞋烂袜。在农区，妇女分娩，忌讳男子或外人进入产房（暗房）；家有病人在门前煨火，以谢绝外人造访等。正因为蒙藏民族有热爱自然、珍惜生命、重视环保、与大自然和谐共处的优秀文化传统，所以，才不畏艰险地为人类守护着地球上这块没有被污染的净土。

（8）禁忌与礼仪

禁忌与礼仪，从行为规范的意义上来讲，实际上也是一种行为禁忌，强调对人对事该怎么做，不该怎么做。蒙藏民族是具有悠久历史文化的民族，讲道德、尊礼仪、守诚信是他们的优秀传统。在长期的发展过程中，形成了人与人、男与女、长与幼、僧与俗、官与民之间有机的人际链条，讲究"长幼之序，官仆之分，主奴之别"。长期以来形成了有关尊老爱幼、待人接物、婚丧嫁娶等方面一整套的道德规范和伦理概念。其内容的核心是强调"爱人以仁，保境为信，畏天为智，事礼为礼"。① 以此作为制定法律的宗旨，将法律的约束和礼仪的劝导结合起来。早在吐蕃时期，就出现了以兄弟对话、互相问答的形式生动而详细的论述如何处理和协调人与人之间各种关系及如何待人接物的礼仪、礼节等。在敦煌本古藏文 P. t. 1283 号《礼仪问答卷》中明确提出了做人的标准。认为："做人之道为公正、孝敬、和蔼、温顺、怜悯、不怒、报恩、知耻、谨慎。即'十大道德规范'；认为：非做人之道是偏袒、暴戾、轻浮、无耻、忘恩、无同情心、易怒、骄傲、懒惰。即'九大非道德规范'。道德规范和非道德规范从两个方面告诫人们'应该怎么做'和'不应该怎么做'。充分反映了吐蕃社会道德发展的价值趋向标准和非价值趋向标准。另外，在人伦关系上强调'长幼之序，官仆之分，主奴之别'。主张孝敬父母。"② 在蒙藏社会的发展与协调、人伦道德规范的建构过程中，很早就重视并着眼于对社会最小单元——家庭和家庭成员的关注，倡导以"礼"来规范个人或群体的言行，将伦理道德作为法律的一种补充来整合社会的有序发展。蒙藏民族历来提倡尊老爱幼、抑强扶弱，视赡养老人、扶贫济弱为美德；用懂得礼仪的多少来衡量一个人的修养或一个部落、一个族群的整体素质。蒙藏民族在礼仪方面的讲究很多。如父母去世，三天以内不能到别家去串门，并守孝三年，其间，不着艳装，不参加娱乐活动；忌讳叫亡人的名字，邻近有与死者同名的人要改名，给死了人的家庭献"哈达"要折叠起来送交，忌讳将送葬时所用衣物的领子搭在乘骑的右手；重视长幼有序，男左女右，活佛、长辈、头人则高高在上；牧民见了活佛、头人都要远远下马，站立或跪拜路旁，伸出双手，掌心向上，脱帽躬腰。留辫子的还要把辫子拉到胸前，表示礼貌；见头人、活佛上下马，都得有人牵马坠镫，活佛下马时，地上铺白、红毡或红布；活佛和活佛见了面行碰头礼。牧民群众见了活佛，用头触其衣物或马镫以示顶礼。寺院的小僧见了活佛、管家、领经头要回避。

主人迎送客人须在大门（牲畜圈）外。遇到节庆或久别重逢时，互献"哈达"表示敬意和祝贺。献"哈达"时，地位相等者，双手献、双

---

① 王尧、陈践：《敦煌吐蕃文书论文集》，四川民族出版社 1988 年版，第59 页。

② 徐晓光：《藏族法制史研究》，法律出版社 2001 年版，第 103 页。

手接，以自己的哈达回献对方。一般人向活佛、头人献哈达时双手把哈达举起，放在炕桌上或放在受礼者面前；朝寺院、拜活佛要行脱帽礼；添茶斟酒须双手敬上，忌讳反手；不背对长辈、宾客，不在长辈、宾客座前来回走动；骑马的青年男女见到长辈或同村老人要施下马礼，新婚女子不论到娘家或去婆家不得骑马进村；家中、帐内不能打口哨；忌讳在寺院、佛堂、帐篷内吐痰放屁；在农区，还有小辈不得直呼长辈名字的忌讳，等等。否则，被视为不懂礼仪，没有教养、素质低下等。①

（四）习惯与法律

蒙藏民族是历史悠久、文化底蕴非常丰厚的民族。在丰富多彩的民族文化之中，习惯作为维持社会秩序的一种规则和社会文明的一种标志，它是蒙藏民族法律文化的宝贵财富。习惯是法律的前身，当法律形成以后，一些不具备法律效力的习惯则成为法律的补充，还有一些习惯成为优化社会的道德风尚。习惯一般是由古老的禁忌演变而来的更为复杂的社会规则，但习惯又别于禁忌，禁忌只告诉人们"不可以做什么"，而习惯在告诉人们"不可以做什么"的同时又提示人们"可以做什么"的相对观念。一些法学专家引用现代法理学概念，认为禁忌是"义务性规范"，而习惯则是"权利义务复合型规范"。但是蒙藏民族的一些习惯和禁忌，有时也确实难以分清彼此。我们在观瞻丰富多彩的蒙藏传统习惯法时发现"禁忌"是反映在人们心理上的"自我谴责、怕社会舆论、怕冥罚"的一种社会道德、社会规范，具有民族性，是共同文化在民族共同心理素质上的反映。它与"习惯"一样具有规范社会的共性，但不受或很少受到社会组织的制约，只会受到社会公众的议论、嘲笑、诅咒、谴责，甚至怕遭受来世的报应。而"习惯"则具有对某种社会群体统一规范的特征，即具有民族性又具有地方性。其丰富的内涵近似于"习俗"，它是原始社会后期形成的较禁忌规则更为复杂的规范人们行为的规则。更确切点讲，是人们在社会生活中接人待物，为人处世时所遵循的习惯性规则。"习惯是在

---

① 张济民主编：《青海藏区部落习惯法资料集》，青海人民出版社 1993 年版，第 63—65 页。

漫长的历史过程中逐渐形成的，不是由某些个人设想或制定出来的。当然，法律并非全部是由国家立法者'立'出来的，有好些法律都是对生活中的习惯规则加以承认而来。习惯一经国家承认并赋予强制力，它就成了官方的法律。"① 这些靠国家强制力量来推行、保证的习惯规则就演变成了法律——习惯法。而法律却不能仅仅由习惯法自然演变而成，法律的形成必须有国家政权力量的有意识的塑造和执行才能实现。蒙藏习惯法的形成与演变正是遵循这一规则发展而来的。蒙藏习惯法在其传承、发展过程中出现两种情况，一种是人们的口头传承，另一种是由文字传承。口头传承的在法学概念中称其"记忆法"或"不成文法"。其传承形式主要通过格言、谚语、史诗、寓意故事等载体和部落中的世故老人来代代相传。用文字记下来的在法学概念中叫"成文法"或"有形法"，认为它并非习惯法。但是，随着早期蒙藏社会政治的变迁，除一些必须由政权机构强制性执行的法律失去法律效力而自然消失外，余者则回归到习惯法之中，散见于民间。由于社会历史发展的需要，由地方政府、部落头人出面组织一些文人贤达，通过在民间的广泛调查、整理形成法律文本。如蒙藏"三典"均属于这一类型。形似"成文法"，而并非"成文法"。"因为它并非由国家政权力量的有意识的塑造和执行才实现的"。仍然具有群众性、长期性、广泛性和稳定性的特点，并深深地根植于丰厚的蒙藏文化之中。习惯是法律的前身，当法律形成以后，不服礼治，则用法来治之。一些不具备法律效力的习惯则成为法律的补充，成为优化社会的道德风尚。

藏区在历史上，处理因草山纠纷、部落间械斗所引起的杀人、伤人案件，往往采取赔偿命价和赔礼道歉的方式来代替刑罚的处罚。这既符合藏族传统法律中有关赔偿命价和身价（活人命价）的规定，也能使受害者的家庭或部落获得一定的物质补偿。对凶犯的家庭或部落处以一定数量的罚款，使受害者的家庭或部落既可获得一定数量的物质赔偿，也可以此来弥补心灵的创伤而求得心理上的平衡，将命价（身价）作为化解怨仇的物质媒介和释放敌对情绪的出气口。这种观念的流行与影响，有悖于社会主义法律的有关条文。按照现代法律，一般是故意杀人者偿命，过失杀人

---

① 宋小海、苏德柱：《人类文明史》，湖南人民出版社 2001 年版，第 14—19、17 页。

或严重伤人者处以无期或有期徒刑，而藏区的普通百姓则不完全去这样理解。他们认为，即使将凶手伏法或判重刑，也不能对已失去了亲人的家庭或部落有所补偿。因此，怨恨则无从消解。这样，在部落色彩较浓的牧区社会的牧民心目中，认为自己部落的成员若被他部落的人无故杀害，而对方又不作出赔偿，该仇则没有了结。这样，势必要造成新的"血亲复仇"和部落间械斗的事件，给社区安定和牧区社会生产造成极大的危害。

（五）乡规与法律

乡规民约是一个群体或局部性的公约，有其制定和执行的组织，具有一定的法律效力。习惯在习惯法研究中占有非常重要的地位，它虽然是习惯法的一种补充，但介乎习惯与法律之间，具有习惯和法规的双重特征。习惯法具有鲜明的民族性、广泛性、继承性、强制性、阶级性等特征。而乡规民约则仅限于某一地区、部落或更小的范围，是每一个部落、社区成员权益的总和及共同遵守的约法。凸显群众性、地方性，有较强的社会适应性。乡规民约的执行主体是部落、社区的全体成员。

（1）维护生产秩序：为了组织生产的有序进行，牧区在春夏秋冬四季转场（草场），农区在春播秋收、上场打碾，需依时令，由部落会议或青苗会择吉日而定，开犁下镰超前拖后则要受到处罚。各类农作物在田间生长期间，不得随意乱砍乱挖。贫困户因缺粮而欲提前收割，要征得村长或青苗会（田间管理）的同意；当年的粮食尝新，要在司祭人员敬神烧青稞穗头后方可。在农区，一般从农历二月二前后下种至收割上场前，各类牲畜由专人或轮流放牧，谁家的牲畜进别人的庄稼地践食农田，"前踢五升（粮食），后踢一斗"，或于田边渠旁割草砍柴也要处罚粮食。

（2）维护集体利益：严禁在神林里拾烧柴，如果被管理森林者发现，则没收斧头、绳子等砍柴工具。经调解后，拾柴者要拿一定数量的钱物赎回被没收的物件。除严禁盗伐林木外，还禁止在神山、草场上盗挖药材等。对这种破坏植被的活动，不论其挖多少、是否挖到，也不管在自己的地里或他人的地里挖，都要罚款，其余类推。有些地区规定不能打猎，不准伤害有生命的东西，否则罚款。

（3）维护社会秩序：在蒙古族、藏族群众中，普遍认为若本民族人做了贼，给本族人丢了面子，经众人协商可严惩；刺探他人隐私或偷鸡摸狗者若被捉拿，要向山神赌咒发誓，以示不得再犯。遇贼人抵赖，则由众人主持抓油锅，若不烧手则说明清白，否则就是贼。女人若有外遇，捉其奸而一并处死，娘家不得过问。过失伤人或牲畜伤人要赔血价，多少由双方商定。各类农作物在田间生长期间，家庭、夫妻、邻里之间不得吵架，否则要罚羊一只（甘肃甘南卓尼）。

农牧业生产比较繁忙时，邻里亲朋，自愿结合换工、帮工，一般不记报酬或一工抵一工。对孤儿寡母多为无偿帮助，无须还工。

雇工时先讲好工钱，约好期限，然后再去上工。期满后不愿被继续雇用者，可另择主人。但在期限内不能中途毁约。[1]

三　习惯法的历史地位与社会功能

流行在蒙藏地区的各种法律规范，对稳定当地的社会秩序、维护地方统治曾经起到过重要的作用，并曾对蒙藏地区社会的发展起到过重要的影响。

首先，曾在蒙藏地区实行的传统习惯法中，明确规定了部落头人、牧主及上层僧侣在政治上、经济上的统治地位，以及广大部落属民、小生产者的被统治地位。以法律的形式肯定了用酷刑镇压被统治者，保护部落头人、牧主和上层僧侣利益的合法性。凡扰乱社会秩序、煽动百姓犯上作乱的人，都被确认为犯有"十恶不赦"的重罪，要遭受酷刑的折磨，然后被处死。对侵犯统治阶级财产的人，则处以巨额罚款，并施以肉刑。传统习惯法带有鲜明的阶级性，并对强化社会秩序和维护等级制度起到过直接的作用。

此外，由于传统习惯法（部落习惯法）在蒙藏民族的法律规范中占有很大的比重，因此给人们的日常生活及生产活动带来了很大的影响。在不断完善蒙藏族传统法律规范的漫长过程中，为了使法律法规与社会现实更加贴近，往往以传统习惯法（部落习惯法）为基础，作为创制成文法

---

[1]　张济民主编：《青海藏区部落习惯法资料集》，青海人民出版社 1993 年版，第 155—158 页。

的重要依据和内容。

四　习惯法对当今蒙藏社会的影响

蒙藏民族均在历史上建立过国家政权。但由于吐蕃政权的崩溃及地方势力的长期割据，没有完成向封建制的彻底过渡，而滞留在封建农奴制社会阶段；蒙古族则在蒙古汗国的基础上，继承了中华民族传统的国家政体，建立了元朝，实现了全中国的统一，顺利地进入封建社会。因此，二者在传统法律文化的遗存方面存在着差异。前者能够不断适应法文化之演进，后者则对法制文明的进程带来制约和影响。

在现代史上，蒙古族又是在共产党领导下第一个实行民族区域自治的民族。所以，在广大蒙古地区的社会主义法制建设中，则以国家法律为准绳，积极维护民族政治、经济、宗教、文化的健康发展。而西藏在民主改革前还拖着封建农奴制的尾巴，没有完成封建化的过程。因此，与之相适应的传统习惯法仍然对藏族社会的生产、生活带来重大的影响。直至今天，这种影响仍有一定的社会惯性和反弹力。反映在现实社会生活中，则是传统习惯法与藏区社会主义法制建设之间所发生的冲撞与不协调。主要表现在草山纠纷、部落间械斗、资源开发、民主选举、司法行政、宗教教育、宗族势力、家庭婚姻、偷盗抢劫等事件的调解处理中。

我们试图通过对在两种不同文化背景下形成的习惯法的立法理念、立法特色、法律效力及其影响进行比较研究，寻求传统与现代、国法与习惯法产生冲突的真正原因，进而探讨少数民族法律文化与民族地区社会主义法制建设相适应的有效途径。

第八章

传统与现实的冲突

一 农村牧区部落组织的复兴

新中国成立以后，藏区的社会制度发生了质的变化和空前的飞跃。但是，几十年来，由于以往过分强调以"运动"等手段从表面改造和控制社会，对农村牧区的社会部落组织只限于从表面上加以废除，而对部落组织赖以滋生的社会土壤并没有本质上的触动，广大农牧民的文化价值观并没有改变。尤其是在十一届三中全会以后，农村牧区实行土地（草场）家庭联产承包制以来，原来的公社、大队、生产队三级基层组织对发生新变化的农牧区社会的整合、控制还处于未找到适合的切入点的过渡阶段，其间对社会的控制力一时处于苍白、无力、无序的状态，血缘关系的义务和便利，很容易使农牧民把一向寄予行政领导的信任转移到同宗、同族、部落及具有号召力的人士身上，这是部落组织近二十年来在农牧区兴起并成为基层社会控制力量的根源。部落组织的复兴，在某种意义上再造了传统社会家族对于个人予以控制的环境，使社会成员将家族、部落利益放在首位，而不是将正义和公理作为决定个人态度与行为的首要因素，对国家、地区、民族具有潜在的危险；国家若要动员社会来实现那些与家族、部落利益不一致的社会目标，或进行资源的开发配置触及部落利益时，会出现很多的阻力和障碍。

作为具有农牧业文明的社会，农牧业文化一直影响着藏族社会的发展进程，它所淤积的所有历史文化特征，从几个主要方面提示了藏族社会在现代化进程中还面临着难以解决的非现代化问题。

在一些经济、文化、教育发展滞后和社会主义集体化弱势地区，削弱甚至取代原基层组织的不是完全代表党和国家及该社区群众利益的团体，而是部落组织。藏区部落组织复兴的社会因素比较复杂，也比较多。

1949 年以前，部落一直是藏族社会最基本的基层单元组织，部落权力也一直是国家和地方政权的延伸和补充，处于一种相对重要的地位。

1949 年以后，随着人民政权的建立，在全国范围内大力推行国有化、集体化运动，力图打破一切带有旧社会痕迹的社会组织，铲除以财产和地方联盟势力为基础的权威。在广大农村牧区，则依靠原来处于社会底层的贫苦农牧民打破了原来的权威平衡，并利用人民公社这种新型社会组织形式，组建新的基层人民政权，旧的组织被摧毁，部落活动基本停止。

但是要真正消除部落组织这种旧的社会基层组织的历史烙印，唯有通过加快现代化的进程来实现铲除旧有土壤的目的。而当时的广大藏区在实现社会主义的历史进程中似乎忽视了这一点，过分强调集体经济和反封建等"运动"手段，从表面上改造和控制社会。所以，从藏区的实际情况来看，仅限于从形式上消灭了实体性的部落组织，对部落组织滋生的社会土壤却没有从根本上触动。

1983 年后，广大藏区同全国其他地方一样逐渐推行了土地（草场）联产承包责任制，继之而来的是部落组织的负面影响迅速在广大农村牧区滋长蔓延。

所谓部落组织负面影响滋生的社会土壤，可以从两个方面加以考察。一方面是部落组织赖以植根的人文地理条件依然如故。在现代化过程中，人力资源的配置方式和人们定居类型的改变是至关重要的因素。但是在这方面，1949 年以后，行政区域划分仍然没有摆脱原来部落的范围或是几个部落的组合；仍然没有摆脱传统区划的历史沿革。有些措施的实施，制约了人口流动、物资流通所产生的社会功效，致使一些地方仍然长期处于保守和闭塞的状态。从根本上阻断农牧区通向城乡一体化的现代化道路。由于上述原因，政府在农村牧区推行的一系列旨在改造农牧区社会的运动，只是使社会产生了剧烈的震荡，并没有将农村牧区社会纳入循序渐进的现代化发展进程。现实表明，部落或亲族聚居这种人口分布特征，必然在同部落之间自发地产生基于共同利益的相互保护、支援及联合的要求，促使人们加强部落联系。所以，即使在人民公社期间，部落关系仍然以一种潜势或隐蔽的形式发生作用。不少农村牧区的集体所有制实际上形同部落所有制，基层权力组织的成员也多由部落成员担任。在一些地方，基层组织实际上变相为部落或家族会议。

另一方面，是从前现代化时期延续下来，并已深深融入民族灵魂中的文化价值观没有得到改变。千百年来，源于血缘、社会地位、宗教、伦理以及习惯法规等自成体系的社会价值早已成为民族精神，成为人们根深蒂固的宗法思想，要变革这种源远流长的文化价值观，并非容易之事。长期以来，藏民族早已形成的维系社会的部落组织，被人民公社取代以后，改变了群众对群体的依附形式，但并没有彻底消除群众对权势的依附心理。1983 年随着在全国范围内改革"三级所有，队为基础"的人民公社制度后，藏族地区也不例外。一直在依附状态中生活惯了的人民骤然失去对集体所有制和行政领导的依赖感之后，顿时感到无所适从，这种由无所适从造成的心理困惑并不能用家庭联产承包所得的物质收入来补偿，因为大多数人已经习惯了在"领导"管理下的那种生活方式。在农村牧区社会体制改革的转轨时期，一种新的体制尚未完全形成或完善，社会中间处于空当的状态下，血缘关系的义务和便利，很容易使民众把一向寄予集体和行政领导的信任转移到同一部落的能人身上，指望这些人能保护自己，给社区及部落带来安全感和某些经济利益。

从 20 世纪 80 年代起，在藏区的广大农村牧区，一些有号召力的头面人物尽显其才，借振奋族威、维护本族利益的名义表象，来抬高自己的社会地位，目的是便于掌握恢复中的部落组织的权力。这种活动在一些牧区尤为突出。

部落活动的恢复大致有两方面的内容。一方面是重新营造和恢复各种部落活动所需要的带有血缘性质的宗教、文化氛围；另一方面则是恢复早已失去法律效力的部落法规或乡规民约，恢复部落会议制度。在广大藏区的农村牧区，自实行土地、草场承包及改革开放以来就陆续出现了以自然村或部落为单元的组织活动。这些活动一般都是先成立类似"部落理事会"的组织，并恢复制定本部落的习惯法则和部落成员的权利与义务。其职能为处理部落内外的大小事务，选举部落内部各类头面人物，构成了一定组织网络，在年节或在某一宗教节日期间，定期举行各类具有实体性内容的活动。大量调查材料显示，这些宗法性组织已日渐在部分藏区的农牧区社会中形成一股无形的暗流或潜能，左右着当地的稳定与发展，成为和政府基层组织相抗衡的一种不可低估的社会力量。这些组织在协调农牧民生产与生活的能力上较政府现行的基层组织村民委员会更贴近民众，发挥着较大的作用。

（一）部落组织对农村牧区的控制与干预

大量的法庭审理与调查材料显示，近二十多年，部落组织的活动已渗透到藏族社会农村牧区人们生活的各个方面，部分农牧民群众的行为已逐渐受到部落组织的控制。

首先是部落组织对宗教活动的管理和对婚丧嫁娶活动的监管。近年来在藏区的一些地方，观察一个部落或一个族群宗教信仰的场所——寺庙的修复或兴建，乃至寺庙的建制、大小活佛地位的排序、宗教活动的时间及参与人员的组成和序列、经费的筹措等运行系统，在不少地方已经形成。与此同时，部落对其成员的婚丧、嫁娶、兴修土木等事宜也有了成规且必须执行，在执行过程中必须符合宗教仪轨、婚丧礼仪和部落旧习，并在部落头人或族内长者的监理下，不得自行更改规矩。

（1）部落组织对社会生产经营活动的干预

在农村牧区实行家庭联产承包责任制以后，不论中央政府在政策上是如何规定土地（草场）所有权和使用权的差别，从理论上讲一切资源包括草场在内均属国家和集体所有，但在事实上广大农牧区已回到了以前那种以部落、家庭为中心拥有土地、草场资源的状态，对土地、草场的所有制问题从认识上仍然没有得到很好的解决。因此，草山纠纷的不稳定因素必然存在。

从农牧区在非组织化过程中所反映的现象看来，填补组织空白的只能是部落或同一宗族的经济联合体。这些经济联合体的头面人物，在某些方面掌握着非组织化过程之初仍有效力的某种行政权力；另一方面，这些人具有较强的组织能力和较广泛的社会联系。随着部落势力的兴起，他们积极参与部落活动的策划和组织工作，成为部落经济联合体的领导者，对内负责资源的分配和部落成员的分工与协调，对外则负责处理一切经济纠纷和冲突。这种狭义的部落经济联合体的出现，与我国政府建立社会主义市场经济的目标难以相容。因为市场经济所赖以建立的经济结构较部落经济要复杂得多，内涵也广泛得多。

（2）一些部落组织在事实上已对其成员行使司法权力

从遗存至今的很多部落习惯法来看，不少部落组织已经具备对其成员进行控制、管理和支配的相当完整的法规体系。几乎在每个部落习惯法中都可以看到，当部落成员违犯部落法规时，将受到从规劝、罚款直到肉体惩罚的内容。据调查，许多农村牧区的部落组织依据部落法规对其成员进行惩罚时，往往有悖于国家的政策法令及社会公德。如对偷盗抢劫、血亲复仇、赔偿命价、草山纠纷等案件的处理，在某些地区，明显地反映出部落权力实际上已成为与国家行政、司法权力相抗衡的一种隐性权力，而且往往成为形成地方黑恶势力的有机土壤。近几年来这方面的情况较为严重，部落组织对地方事务的把持已"规范化"和"程序化"。在个别地方，部落组织的势力已凌驾于政府的基层组织村委会之上。有些地方则是原有基层组织与现在的部落组织一体化，由类似"部落会议"的组织代替了村委会的工作。有的则与原来的基层组织分庭抗礼，严重地干扰着政府政令在该地区的执行。一些地方出现的违法犯罪问题及婚姻、家庭纠纷等，直接由部落头人按"部落习惯法"处理，干扰政府司法行政的案件时有发生。我们在 G 省 X 县 S 乡调查发现，该乡在历史上有七个部落。1998 年以来逐渐恢复了部落会议及部分乡规民约。由乡政府和部落会议决定，并召集每户家长到 L 寺的"赞康"（咒房），在僧人监督下，赌咒发誓。如十年内不偷不抢（也有赌三至五年咒的，说时间太久怕坚持不了），其间若发生偷抢，案犯由乡镇府传唤，迟到一天罚款一百；到案后由七部落"格松"（三老）各抽打一百皮鞭，并处罚现金若干，将赃物归还失主。发誓时监誓人有"格松"及乡镇、自然村的干部。在婚姻方面，像偷婚、男女私奔等引起纠纷者，则找合适的中间人说和。

另外，对于农村牧区经常出现的盗窃、抢劫牲畜的案件，则不通过或很少通过政府的公安、司法机关去处理，而是由类似于民间侦探这样的角色去跟踪私访。即使找到，民间侦探还要与窃贼协商赎钱的多少，加上在跟踪、寻访过程中的一些费用以及对侦探的酬谢，留给物主的就没有多少了。还有一种现象，就是捉到了窃贼或强盗，也不及时移交给公安机关处治，通常采取吃咒或神判的形式来定清白。鉴于宗教信仰的威慑或约束效力在窃贼心目中的流失，往往表现出"背着牛头不认赃"的抗拒心态，使罪犯既逃脱了国家法律的惩罚，也逃脱了习惯法的打击。那么，留给社会的则仍然是隐患。究其原因，是当地的基层干部（村、队干部）对经济改革以后的形势难以适应，整体素质、执政能力以及政治觉悟有待提高；他们在农牧区社会变革的大潮中难以为发展当地的经济找出一条致富之路，因而丧失了行政权力赋予他们的声望与威信，最终导致基层权力的变相移位。

（3）部落组织已成为调整农村牧区社会秩序的重要势力

近年来，由于农村牧区又恢复到集体化以前那种以自然村落为中心，拥有山水林木资源的自然经济状态，因经济利益驱动而产生的诸如争草山、争水源、争林地、争矿产的纠纷与事件时有发生，并往往由此而引起大规模的械斗，甚至导致涉枪案件的屡屡发生。据调查，目前部分农牧区的部落、自然村之间的械斗具有组织严密、规模较大、武器先进、冲突激烈、旷时日久等特点。往往由部落头目担任械斗总指挥，不少人被裹挟到纠纷之中参与策划、组织。一般都有严密的行动计划，如械斗的人力、物力的征集按家庭人口和拥有土地、牲畜的数量确定；由所谓见多识广的能人、长者出谋划策，青壮年冲锋陷阵，妇孺、老弱提供后勤服务等，无故不参与者，则按部落法规处以罚款或罚没牛羊。对械斗中的伤亡者，规定了治疗、丧葬、命价、抚恤的标准，所有费用在本部落内部按户分摊，并分别规定了奖惩措施。二十余年来在农村牧区由经济利益引起的纠纷、冲突和械斗比较频繁，呈现出以下几种类型：村与村、乡与乡、县与县、州与州乃至跨省的多层面的资源纠纷。如甘肃省玛曲县尼玛乡与青海省河南蒙古族自治县柯生乡的边界争议，就是一个非常典型的跨省区的资源纠纷个案。甘肃省玛曲县尼玛乡与青海省河南蒙古族自治县柯生乡的边界争议由来已久。从 1912 年双方发生草山纠纷起，至 1991 年 10 月，双方共发生大小纠纷 9 起。近年来，特别是从 1988 年以来，柯生、尼玛二乡为争夺草场，先后 4 次发生群众械斗伤亡事件，双方死亡群众共 7 人，给双方造成了生命财产的重大损失。① 在有些牧区，每年夏秋季节则是草山纠纷、械斗事件频频发案的高峰期，严重地影响着当地农牧业生产的正常进

———————

① 甘肃省边界工作办公室一处编：《甘肃省与邻省区边界争议情况》（内部资料），1988 年，第 60 页。

行。长此以往，将对地方的政治稳定、经济发展造成极大的影响和严重的损失。在20世纪50年代，随着社会主义民主改革在广大藏区的不断深入，当地的民主人士、活佛、高僧大德等各界知名人士，对历史遗留的部落之间的各种纠纷做了大量的协调工作，求得了短期的稳定；而到了六七十年代，由于受当时极"左"路线和高压政策的影响，部落之间的各类纠纷与历史积怨虽有复发的情况，但是，由于当时经济成分的相对单一，人们的一切社会活动及利益关系都被框限在社会主义集体所有制这个范围之内，基本能摆正国家、集体、个人三者的利益关系和实行土地的"全民所有制和劳动群众集体所有制"的关系，在客观上减少了冲突的概率，因此，发案率及造成的负面影响应该说是历史上最低和最小的时期。十一届三中全会以后，随着土地联产承包制在广大农村牧区的实施，对土地、草场、森林、矿产资源的使用形式与利益配置发生了变化。《中华人民共和国土地管理法》第二章第九条规定：国有土地和农民集体所有的土地，可以依法确定给单位或个人使用。使用土地的单位和个人。有保护管理和合理利用土地的义务；第十条规定：农民集体所有的土地依法属于村农民集体所有的，由村集体经济组织或者村民委员会经营、管理；已经分别属于村内两个以上农村集体经济组织的农民集体所有的，由村内各该农村集体经济组织或者村民小组经营、管理；已属于乡（镇）农民集体所有的，由乡（镇）农村集体经济组织经营、管理。① 土地法规定得很清楚。但是，如"农民集体所有"、"农村集体经济组织"、"村民委员会"等使用仅仅50多年的新概念，与延续千百年的部落组织相对而言，在农牧民心目中的影响并不深刻。改革开放以来，在农村牧区实行了土地、草场联产承包，在新的经济体制和社会环境中，给"休克"了近五十来年的部落制度注入了新的活力，而且泥沙俱下，对藏区的发展与稳定带来了一定的负面影响。如草山纠纷明显增多，规模越来越大，范围越来越广，矛盾越积越深。起初，活佛及民主上层人士还能利用他们在当地的威信，进行斡旋和调解，并取得了很好的效果。而今，与20世纪50年代和七八十年代所不同的是，经济利益至上，民主人士、活佛的名人效应在一些比较大的事件中也显得很无奈，甚至发案的一些部落会委婉地谢绝他们对事件的关

---

① 《中华人民共和国土地管理法》，中国法制出版社1997年版，第5页。

注、过问和调解。因此，我们不得不思考这样一些问题：有关部门对农村牧区社会结构、社区变化所带来的新情况新问题是否重视不够；对人们适应新形势，解决新问题的心态和方式的体察、关心是否显得比较迟钝和麻木，甚至听之任之，出现大规模械斗的情况下则手足无措。因为由草山纠纷及其他资源配置所引起的部落械斗具有为共同利益而战、参与者众、组织严密等特点，在部落势力的掩护下，关键性证据往往被人为毁灭，知情人拒绝作证或作伪证的情况突出，使真相难以弄清，法不责众，即使对部落中的个别组织策划者也很难进行惩罚。在个别地方，当地政府对那些因经济利益引发的纠纷与冲突的控制力显得过于弱势无力，在司法行政过程中往往受到部落势力的暴力抵制与干扰。少数地方甚至拒交案犯，以地方习惯法替代国法。如90年代初发生在某自治州某县的一件执法个案，某乡发生杀人案，在公安局、法院派员前往案发地抓捕杀人嫌疑犯时，办案人员及警员被村民围困，警车被推翻。围困的理由是本部落已按当地的乡规民约作了处理，杀人凶手已给被害人家属赔偿了命价，并给罪犯及其家属处以驱除出村、十年不得上庄的类似流刑的惩罚。像此类事件的发生，充分说明在一些农村牧区法制建设还处于盲区。而地方政府在社会治安管理方面的疲软则使部分农牧民产生了一种误解，错误地认为部落法等同于国法，这就更加强化了部落组织的凝聚力，使部落组织的勃兴难以遏止。

（二）部落组织对藏区现代化进程的影响

在农村牧区实现现代化的关键是要有一个健全的基层政权组织和一支素质较高的干部队伍，彻底消除部落组织的消极影响。从部落组织的形式及其功能来看，它具有旧文化的历史关联性。"1949年以后，我国政府参照前苏联模式，部分地解决了现代化所必需的组织要求，但不少政策却是限制真正利益团体的发展。在很长一段时间内，一切社团组织都被视为异端加以打击。那些在政府领导下的群众团体，事实上缺乏联结个人、家庭和政府的能力，所以在个人、家庭、国家之间始终缺乏一种各方面共同认同的、能统一双方利益的组织联系。这种将一切都纳入控制下，并以严厉的法律手段禁止人们有任何形式的志愿组合的手段，确实非常有效地根除了中间组织崛起的可能性。但从其后果来看，虽然满足了政治集权的需要，但却丧失了一次现代化进程所必需的社会中间组织整合、改良的时机。"① 对在新形势下农村牧区社会生活中出现的这种组织上的缺憾，部落组织多少是个填补。因为部落把家族及家庭利益置于首位，在一定程度上满足了广大农牧民的实际生活需要，在这种情况下，想在短时间内依靠法律和行政手段来削弱部落组织是不可能的，我们只能以积极的态度消除它的消极影响。

上述事实说明，从 20 世纪 80 年代开始，党和政府在农村牧区的基层组织存在着不适应藏区经济发展与现代化建设的严重缺陷。由于部落文化根植于旧时代整个社会关系的基础之上，部落组织的特点对于现代化进程所起的作用是消极的。除了已经明显存在的政府对部分资源失控、司法行政受阻的情况以外，其消极影响至少将在以下几方面显现出来：

部落组织的重新出现，在某种意义上是再造了传统社会家族对其成员予以控制的环境。部落法规的出现，无异于在国家权力之外，还存在对个人进行更直接控制的非国家权力。放任这种与政府行政、司法权力不相容的部落势力的发展，势必导致权力移位、社会组织结构退化。"因为社会中间组织如以家族为本位，就意味着个人直接向社会负责的'个人—国家'模式，退化为由家族向社会负责的'个人—家族—社会'模式。而推进现代化进程的社会动力必须以个人为本位。作为现代文明主要推动力的近代个人主义，既植根于坚实而复杂的市场经济体制之上，也植根于现代化的社会中间组织之上"，② 它的精神实质和部落组织对人的要求无疑是不相容的。部落组织的复兴又一次提醒人们一个古老的话题：藏区现代化进程中所发生的问题很多源于传统的民族文化和人们的世界观。如藏族传统的法律文化有很多被承袭下来，部落势力如再度发展，藏区的现代化和社会主义法治建设则举步维艰。

复兴的部落组织对藏族内部的团结稳定和藏区经济的发展具有潜在的危害性。如果部落意识强于民族意识而且置国家利益于不顾，社会成员都将部落、家族利益放在首位，那么党和政府要动员社会全体成员来实现与那些部落利益不相一致的社会目标时，将会困难重重。

---

① 何清涟：《现代化的陷阱》，今日中国出版社 1998 年版。
② 同上。

可以说，部落组织在部分藏区农牧区的复兴，无论从哪个角度观察，都是一次文化的退步，必将导致社会的冲突。对此问题如果引不起足够的重视，将意味着藏区的法制建设和现代化的早日实现还要走一段艰难而漫长的道路。

二　农村牧区部落习惯法的反弹

藏区部落习惯法内容丰富，形式多样；一般为无形法，属自然法的范畴，随意性强、地域特色突出。其内容涉及教法与俗法以及各种社会规范和乡规民约。部落习惯法是藏族社会历史发展的产物，长期以来作为区域性法规的法文化渊源和补充，形成维护统治阶级利益和部落成员行为规范的一种调和力，对藏族社会的稳定与发展有着广泛而深远的影响。然而，法律既然为社会力之一种，则社会不断发展进步，法律现象也不能不与之俱变。法律之所以成为社会力，一经具有成形法规的体制之后，无论是习惯法或成文法，则具有一定的稳定性，而社会形态则发生着不断变化。所以部落习惯法与社会现实之间不免要产生间隙和矛盾。二者发生背离的原因，不外乎社会的变迁。究其主要的矛盾与背离因素，一为政治体制的变革，民主法制思想之发达；二为部落制度的衰败，社会主义生产力之进步；三为社会主义先进文化、先进思想及精神文明之传播；四为物质文化的不断丰富。所以法必须适应社会的发展。

新中国成立以后，随着社会主义制度的建立，一切旧有的封建典章制度被彻底废除，包括藏族在内的各少数民族走上了社会主义法制建设的轨道。20 世纪 80 年代以后，在邓小平具有中国特色社会主义理论的指导下，党和国家在政治、经济领域实施了一系列的体制改革，随着以经济建设为中心的社会主义市场经济体制的建立，为区域之间、民族之间、社会团体之间、个人与个人之间的物质交流与文化对话提供了广泛的机遇和市场，随之也出现了不同程度的矛盾与冲突。加之因民族地区法制建设相对滞后等因素，为早已抛弃了的部落制度及其习惯法规之复苏提供了空间与滋生的土壤，进而影响和制约着民族地区的政治稳定、经济发展及开发、投资环境的建设。

（一）部落习惯法有损国家法律的尊严

在部分藏区，若发生斗殴致人死亡案件，无论是被害人的亲属还是致害人及其家属，最关心的是命价问题。被害人一方高额索取，致害人一方主动付赔，这一过程全在部落组织的协调和监控下进行。偿还命价之后，在法院、人民检察院还没有介入本案之前，诉讼双方则联手向公安机关施加压力，采取说情、请愿等手段，达到"刑转民"而不追究犯罪嫌疑人刑事责任的目的。如青海省海南藏族自治州兴海县河卡乡灯塔达香牧民才合杰奸淫幼女故意杀人案，经海南藏族自治州中级人民法院审理，认定被告人的行为构成了奸淫幼女、故意杀人罪，判处才合杰死刑立即执行，并报请青海省高级人民法院核准。此案在审查起诉阶段，海南藏族自治州政法单位收到被告人才合杰原部落群众 200 余人联名信，说"在部落里没有杀人偿命先例，要求对才合杰不判死刑"等。此间村干部群众还给被害人家里作了调解，赔损失 1000 多元现金后，被害人家也要求不要杀掉才合杰。大队还直接派代表到县政法机关面谈了他们的意见，希望不要杀掉才合杰，要求给他一条活路。① 达不到目的者，犯罪分子受到法律的惩罚，其亲属则要承受人财两空的双重损失。近年来，这种以索赔命价、"刑转民"的现象在个别地区还较为突出。赔命价现象不仅严重损害国家法制的尊严和统一，干扰司法机关的正常工作，而且严重侵犯了他人的合法权益，削弱了对犯罪分子的打击力度，对社会的长治久安带来潜在的影响。

（二）部落习惯法侵犯了他人的合法权益

由于赔偿命价的数额很高，对于尚未脱贫或刚刚摆脱贫困的农牧民来说，无疑是一副很重的经济负担。赔偿命价的结果，不仅使致害人之家庭倾家荡产、债台高筑，而且要株连其宗族或部落成员等无辜，使他们的经

---

① 张济民主编：《渊源流近——藏族部落习惯法法规及案例辑录》，青海人民出版社 2002 年版，第 156—158 页。

济利益受到损失。在许多索赔命价的纠纷案件中，家庭、亲属或部落的无辜成员则成为罪犯的监护人角色，替其筹措款项予以赔付。如 1985 年 3 月 13 日，发生在青海省海南藏族自治州同德县的兰夸加故意伤害（致人死亡）案，经同德县公安局将此案侦结后，移送同德县人民检察院审查起诉。经同德县人民检察院起诉，该县人民检察院以被告人兰夸加犯故意伤害（致人死亡）罪，判处有期徒刑 13 年。被告人判刑以后，被害人家没有消除仇恨。这个村庄的群众为了今后的和睦，大家集资 6000 元赔偿被害人的命价损失，但被告人家还不满意。当地群众反映，以前这个地区发生过罪犯刑满释放后，被害人家又报复杀人，本来一个命案，没处理好，变成两个命案。①

赔命价不仅使致害人的亲属、部落的经济利益受到严重侵害，也使他们的人身权利受到践踏。按照部落习惯法，致害人致人死亡后，不仅要赔偿命价，而且要连带其家庭成员受到驱逐出原居村落、若干年不得上庄的处罚。1973 年 10 月 4 日，在青海省黄南藏族自治州同仁县加吾公社吉仓大队卡秀生产队，发生肉旦加斗殴致人死亡案（案情略）。此案经同仁县公安机关侦查终结，同仁县人民法院审理，认为被告肉旦加斗殴致死亡。命案虽然是为了集体利益，但后果严重。案发后被告能主动投案自首，坦白交代罪行，故判处有期徒刑 3 年。1976 年肉旦加刑满释放回来后，被害方不让其居住原地，被迫移住他乡。肉旦加的哥哥先巴加与该案毫无关系，也被迫迁出原地，一直住在牧业点，口粮、生产用品均由亲朋好友接送。1981 年经过同仁县宗教人士次正木活佛会同大队党支部、老农出面调解，让肉旦加拿了 4000 元，给被害人家赔偿命价，但被害人家仍不让其回原村居住。②

（三）利益纠纷影响着藏族地区经济建设的发展

有些地方，因草山等资源纠纷引起的打架斗殴致人死亡的事件发生

① 张济民主编：《渊源流近——藏族部落习惯法法规及案例辑录》，青海人民出版社 2002 年版，第 192—193 页。

② 同上书，第 183—184 页。

后，为了防止更大的恶性事件的发生，各级政府不得不投入大量的人力、物力、财力进行调解和善后处理。特别是涉及跨地区的人命案件，双方党政部门的主要领导不得不将很大的精力投入到复杂的纠纷处理当中。不仅劳民伤财，而且耗费时间，严重地影响着本地区的经济建设。如某省某自治州某县的 N、J 两村世代为邻，一衣带水。两村在历史上曾经因争草山发生过纠纷，到 20 世纪 80 年代初，随着农牧业生产格局的变化，两村开始因草山发生一些摩擦。1995 年 10 月 6 日晚，N 村两户牧民家中的 10 头牛和两匹马在牧场被盗。经县公安局艰苦细致的调查，J 村 4 组的 D 某的儿子 C 某和女婿 ZH 某为这起重大盗窃案件的犯罪嫌疑人。10 月 15 日，D 某之子 C 某和女婿组织同村牧民 CC 等 11 人乘车去于 N 村有争议的某地砍伐柏木时，与前来制止的 N 村十几名群众发生冲突。10 月 18 日，两村发生了第一次大规模的武装械斗，造成 J 村 3 人死亡，8 人受伤，N 村 1 人死亡，9 人重伤的重大事件。10 月 19 日，N 村的 40 余人分两路偷袭了 J 村牧场，造成了放火烧毁十余顶帐篷，抢走 20 余匹马，开枪打死 2 人，打伤 3 人，绑架 1 人，制造了又一起流血事件。从此引发了长达六年之久的恶性事件。

"六年来，两村的基层人民政权和基层党组织基本上处于形同虚设的景况，不能发挥正常的作用。村内一些重大事情的处理与决策，多由'老人会'、'查监'（非法军事组织）、'措哇'（部落组织）等非法组织决定。为了武装械斗，'查监'、'措哇'要求每家每户至少必备枪支，至少一支，多者甚至几支。因此，迫使两村大多数群众不得不倾其家产，购置枪支弹药和对讲机、迷彩服等装备，给大多数群众的正常生活带来了极大的负面影响，个别家庭出现生活极度困难的状况。事件虽然经过不长不短的六年时间，但是，它不仅影响了当地的社会稳定，经济发展，也给国家造成了较大的经济损失，更主要的是在两村牧民群众的心灵上造成了难以弥补的巨大创伤。N、J 两村的涉枪械斗事件引起了各级组织的高度重视，并在省州的正确指导和县乡的密切配合下，于 2001 年 10 月 22 日，将持续六年的社会治安、枪患等严重问题圆满解决。据事件平息后的统计显示：六年中两村共发生 41 起持枪械斗和盗抢牲畜的案件，造成死亡 21 人，伤残 58 人的严重流血事件。其中抢劫牲畜、财产案 23 起，盗抢各类牲畜 932 匹（头只）；J 村原有 195 户 1261 人，其中 8 户 50 人为了躲避械斗迁往他乡，现有 187 户 1211 人，贫困户有 151 户 831 人，贫困面占全村总户数的 77.4%，占总人口的 68.6%；N 村现有 279 户 1827 人，其中贫困户有 116 户 683 人，贫困面占全村总户数的 41.6%，占总人口的 35%。截至 2001 年 10 月 22 日，工作组在两村共收缴和获缴非法持有的各类枪支 358 支，子弹 7616 发，手雷弹 5 枚，子弹袋 44 条。不计其他损失，两村仅用于购置枪支的费用就高达 600 多万元。①

（四）赔偿命价有助旧势力的抬头

在部分藏区，打架斗殴致人死亡之后，被害方往往不是依靠人民政府或运用合法的法律手段来解决问题，而是纠集其亲族、部落成员进行"血亲复仇"，打砸抢烧。这时致害人方面就得请宗族、部落组织中的头面人物出面调停，赔礼道歉。因此，每一次斗殴事件的发生及处理，均为旧势力的抬头提供了可乘之空间。

如 1978 年 10 月 16 日，发生在青海省果洛藏族自治州甘德县青珍公社隆尔尔大队第一生产队的闹者故意伤害（致人死亡）案（案情略），经甘德县公安局侦查，人民检察院审查起诉，人民法院审理，判被告人闹者有期徒刑 7 年。后发现此案被告人是为生产队看草山，在遭毒打的情况下，为进行自卫致人死亡，且自动投案，能坦白交代，认罪态度好。故经再审，撤销原判，改判闹者犯故意伤害罪（致人死亡）处有期徒刑 3 年。

1981 年 2 月 25 日闹者被假释回家，被害人的三个亲属得知信息后，携带藏刀来县城找闹者。当闹者从公安局走到民贸公司门口时，被害人亲属持藏刀追杀闹者，闹者无奈又跑回公安局看守所要求再蹲监狱，不敢出去。次日，闹者的母亲拿 100 元现金到被害人家说情，后又请宗教人士和原部落头人的后裔出面调解，赔偿命价 6000 元，被害人的亲属才罢休。② 有的被害人以及部落为了索得高额命价，往往出其不意，抓住致害人家属或亲属、部落的人充当人质，以勒索命价，从而又触犯国家刑法，侵犯公

---

① 王刚、蒋春林：《漫卷尼江恶云》，《兰州晨报》2001 年 11 月 20 日第 1、7、9 版。

② 见《兰州晨报》2001 年 11 月 20 日第 1、7、9 版。

民的人身权利。

致害人在刑满释放后由于不能回原址居住，只得迁到他处定居，但在其他地方又没有土地、草场，无法从事生产，埋下了社会的隐患。为了糊口，有些人铤而走险，再次走上盗窃、抢劫甚至杀人的犯罪道路。

赔偿命价作为藏族历史上习惯法的重要内容，显然与国家现行法律规定相违背。中华人民共和国成立以后，特别是 1957 年国家在广大藏区进行了民主改革，废除了旧的法律制度，建立了社会主义法律在藏族地区的权威，赔命价的现象也一度销声匿迹。然而，近几年来，赔命价的现象又死灰复燃，重新泛滥起来，其原因何在？应当采取什么样的对策问题，值得认真研究和分析。

第九章

习惯法与民主法制建设

加强社会主义民主与法制建设是建设有中国特色社会主义民主政治的重要内容。民族地区的法制建设，是我国社会主义制度建设的重要组成，搞好民族地区的法制建设，对巩固民族团结、发展社会主义民族关系、维护祖国的统一、促进各民族的共同繁荣进步具有重大的意义。尤其在改革开放和经济建设不断取得重大成就的现实社会中，各种社会经济矛盾日趋复杂，传统文化和现代文明的冲突比较凸显，自民主改革之后，曾一度消失或在形式上比较隐蔽的部落习惯法又逐渐露出头角，民间运用习惯法诉讼私了、处理纠纷、调解矛盾的现象已公开化，甚至成为私下处理"人命案"、"伤害案"所遵循的法外之法，严重干扰着国家法律的贯彻执行。

因此，必须重视传统文化与现代文明之间的协调，重视习惯法与国家法律之间的冲突，全面科学地分析研究习惯法，吸收和借鉴其合理的成分，丰富我国法制建设的理论和实践。①

藏族地区地处西部边远贫困地区，由于历史的原因，经济、文化、科学技术以及交通运输都相对落后。如何进一步发展生产力，赶上其他发达地区，这是全国藏区人民的一项艰巨任务，也是 21 世纪藏区法制建设根本方向。藏区大部分地处民族自治地方。我国宪法、民族区域自治法及其他有关法律赋予民族区域自治地方以充分的民族自治权。宪法和民族区域自治法明确规定，民族区域自治地方有权"根据本地方实际情况，贯彻执行国家的法律、政策，有权依照当地民族的政治、经济和文化的特点，

---

① 张济民主编：《诸说求真——藏族部落习惯法专论》，青海人民出版社 2002 年版，第 65—66 页。

制定自治条例"；国家根据各少数民族的特点和需要，帮助各少数民族地区加速经济和文化的发展。这就充分说明，少数民族在发展本地区的经济、文化及其他各项建设事业中，拥有自治权、自主权、主动性、灵活性等有利条件。在现阶段，藏区法制建设的一个中心任务就是正确、全面地贯彻宪法、民族区域自治法，进一步完善民族区域自治的各项自治制度和法律规范，充分而又正确地行使民族区域自治权。这样才能更好地利用民族区域自治制度为藏区各项建设事业的迅猛发展提供有利条件。

藏区的法制建设应进一步解放思想，充分利用民族区域自治制度所提供的有利条件，发挥主动性、灵活性。根据本地区实际和经济建设的需要，及时科学地制定有关补充、变通的法律、法规、单行条例和政策措施，以良好的法制环境来保证藏区各项事业的稳步发展。

新的时期，面对新形势。我们必须清楚地认识到国际环境和国内形势已经发生了巨大变化。以经济建设为中心，在西部大开发的历史机遇中，加快发展藏区经济等各项事业的任务，已成为摆在我们面前的不能质疑的历史选择。如果无视当前面临的新形势、新环境，就必然会延缓藏区发展的步伐，带来不可弥补的损失。这就要求我们在体现党的民族宗教政策、体现"三个代表"的精神、代表藏族人民群众根本利益的前提下，从藏区实际出发，本着有利于经济发展、有利于奔小康目标的早日实现，制定一套行之有效的制度和策略。因此，当前藏区法制建设一定要高度重视和妥善处理好新时期出现的群体性矛盾与冲突，消除影响地区社会稳定、经济发展的不利因素，寻求解决各种矛盾的最佳途径，科学有效地处理好各类不同性质的矛盾。

在社会主义市场经济不断完善的同时，认真贯彻民族区域自治法，充分行使民族区域自治的立法权力，把民族区域自治法作为推动和加快藏区经济发展的法律保证，为西部大开发和藏区的经济建设服务。

在分析研究新时期藏区出现的新情况、新问题时，我们不能脱离民族地区的实际，不得抛开民族历史文化的背景，只有这样才能找到解决民族地区各类问题和矛盾的正确答案。

研究新时期藏区的法制建设，首先要清楚地认识到藏区习惯法是历史的产物，是藏族传统文化的有机组成部分，它集中反映了藏族传统的法律思想和法制观念，且具有长期性、群众性、复杂性的基本特征。

　　习惯法是藏区各部落加以确认或制定，并通过部落组织所赋予的强制力，保证在本部落实施并靠盟誓约定方式调节内外关系的具有法律效力的社会规范。习惯法中既有宗教信仰、伦理道德、乡规民约、风俗习惯的诸多成分，又有吐蕃和西藏地方政权时期所颁行的法律政令的遗存和影子。所以，要正确认识习惯法在藏族社会存在的文化背景和必然性。

　　藏族是一个具有悠久历史和灿烂文化的民族，它的许多道德崇尚、宗教习俗、文化观念等构成了每个社会成员共同遵守的行为准则和法律观念，并以习惯法为载体传承下来，从而形成了特征鲜明的习惯法体系。

　　目前我国的法制建设尚处在发展和不断完善的阶段，民族法制建设则显得滞后而薄弱。现有的法律、法规既不能与民族地区政治、经济、文化发展的水平、民主法制建设的实际相适应，也不能满足民族地区特殊的法律要求。因此，习惯法便成了群众在协调各类矛盾冲突时的首选。

　　藏族人民长期以来生活在交通不便、信息闭塞这样一种社会环境中，现代文明的冲击显得比较弱势，传统文化一直处于主流态势；逐草放牧业的生产方式、封闭落后的小农经济等，为习惯法的勃兴提供了条件和土壤。

　　习惯法与藏族的传统文化、共同心理素质、宗教信仰、伦理道德、价值观念、行为规范等交织在一起；习惯法作为一种文化现象，从不同的侧面反映了藏族传统的人生观、道德观、价值观和法律观；习惯法中有关生产性的内容较多，对维护部落正常的生产秩序、保护集体和个人的经济利益仍然发挥着不可低估的作用。所以，在制定民族区域自治法时有必要进行研究、借鉴和参考。

　　习惯法是藏族历史、文化的产物，它形成的地域特点、民族特点及时空差异，在参与整治和协调现今社会秩序的过程中引发与国家法律之间的诸多矛盾，对民族地区的法制建设增加了新的困难。因此，在正确分析习惯法赖以存在的文化背景以及藏族人民对传统文化难以割舍的自恋心态的前提下，既要看到习惯法落后的一面，也要承认其中有合理成分的客观存在。去其糟粕，批判继承，积极引导那些与社会主义法制相适应的内容，丰富民主法制理论，为推进和完善藏族地区的社会主义法制建设服务。

　　如习惯法规定，重要的生产资料归集体所有，每个成员只有保护的义务，没有转让的权利。看重生产秩序，要求行动统一，提倡互相帮扶的传统美德。这些，对协调生产、维护部落内外的团结以及增强群体抵御自然灾害的能力有一定的积极意义。

习惯法中的禁猎规定，其主观本意出自佛教禁止杀生的教义，但在客观上起到了保护野生动物，保护自然环境，维护生态平衡，以达到人与自然和谐共处的社会效果。

习惯法中有关婚姻家庭、财产继承、财产分割、夫妻离异、子女抚养等民事规范，体现了实行族外婚的科学性和财产继承、财产分割的平等原则。具有与现代法律思想和国家法律相一致的特点。[①]

改革开放以来，藏区和全国各地一样，在农村牧区普遍实行了家庭联产承包制（责任制），有效地促进了当地经济的长足发展。这种生产形式和结构上的组合，对在地广人稀、生产力水平低下、自然灾害频繁、抗御能力有限的农牧区居民来说，除了生产单位之间的联合，以共同利益为纽带的生产协作活动则越来越多，为传统部落组织的复苏提供了相应的气候条件，为习惯法再度粉墨登场提供了条件，由此引出了传统文化与现代文明的冲突、国家大法与民族习惯法的诸多矛盾。因此，对我们提出了如何解决、应对这一对矛盾的深刻思考。

1. 通过发展解决矛盾

大量的调查材料可以说明一个问题，部分藏族地区的群体性矛盾与冲突比较突出，严重地影响着当地的社会稳定与经济发展。而且大多数矛盾是因双方发展的差异或资源配置、利益分配的不均衡而引起的利益纠纷。因此，要坚持"发展是硬道理"的原则，抓住西部大开发的机遇，在加快藏区改革与发展、提高地区经济实力的基础上，以正确的政策导向，充分发挥、合理配置当地的资源优势，利用国家对民族地区的倾斜政策和物力支持，去平衡和改善矛盾双方的利益关系。提倡"手心手背都是肉，共同发展"的全局观念；加强精神文明建设，努力营造一个和睦共处的社会氛围。促进广大农牧民整体素质的提高和生活水平的不断改善，使矛盾在共同发展中得以化解。

---

① 张济民主编：《诸说求真——藏族部落习惯法专论》，青海人民出版社 2002年版，第66—70页。

2. 通过民主的渠道解决问题

对于那些因经济利益引发的矛盾，要认真分析矛盾的性质，研究矛盾形成的长期性、复杂性、地域性和群众性。在矛盾发生的初期阶段，要紧紧依靠党的基层组织、基层干部和广大群众，从下到上广泛听取各方面的意见，尽量把矛盾解决在萌芽状态。尤其要妥善处理好那些与宗教、民族习惯、民族意识相关的矛盾与冲突。

3. 政策是处理问题的依据

群体性矛盾的主要特征势必要涉及双方群众的切身利益，运用政策的偏颇都会导致处理的失败。只有正确把握政策的度，把政策作为处理矛盾、解决问题的天平，在尊重民族传统和地方习惯的同时，必须维护国家法律和政策的尊严。畅通民主渠道，重视调查研究，允许保留有争议的问题或意见，给矛盾双方一个缓冲的空间，这样才能达到双方满意的效果。

4. 法律是处理问题的准绳

对于发生在单一民族内部的群体性矛盾与冲突，首先要明确它的性质。肯定地说，它既不是民族问题，也不是宗教问题。只有在明确性质的前提下，才便于解决。如草山纠纷，争夺矿产水源，利用群众矛盾聚众闹事，扰乱社会秩序，影响经济发展的，要依法严肃处理或严惩，以保护和发展广大藏区在改革开放以来取得的成果；为抓住西部大开发的历史机遇，创造一个稳定的社会氛围和良好的法制环境。

5. 不断完善民族区域自治制度

宪法是国家的根本大法。民族区域自治地方可以依照宪法、民族区域自治法和其他法律规定的权限，结合本地区的实际情况，根据当地民族政治、经济、文化的特点制定自治条例和单行条例，来充分行使和实现自治的权力。要进一步加强藏区的立法工作，则必须区别不同情况，对国家制定的有关法律、法规作出相应的补充或变通，制定一些既体现法律的严肃性，又不失灵活性的单行条例和法规。如关于处理草山纠纷、惩治盗窃犯罪、普及义务教育、重视环保及矿产资源的开发和合理利用的具体法规等。为此，藏族地区的法制建设应本着"从实际出发，尊重传统，解决问题"的原则，在妥善处理群体性冲突、严厉惩治各类刑事犯罪的同时，吸收借鉴、积极引导习惯法中与社会主义法制思想相一致的合理成分，加强民族自治地方立法，进一步完善民主法制体系，促进藏区的法制建设。

这样，既维护了国法的尊严，又合于传统习惯；既解决了矛盾纠纷，又提高了政府的威信，使当事双方乐于接受处理的结果。因此，要进一步了解和研究藏区习惯法的内容及社会功效，从中探索出一条传统文化适应现代法律文明的有效途径。

民族区域自治制度是我国处理民族问题的基本国策，是各少数民族人民当家做主、参与管理本民族事务的最好形式。民族区域自治法规定了民族区域自治的一系列原则问题。民族区域自治法和自治条例在不断完善的过程中，始终把各民族人民在政治、经济、宗教、文化教育等方面享有的政治权力和法律地位放在首位。在制定民族区域自治法或自治条例时，必须坚持国家宪法和民族区域自治法的立法原则。但是，在注重政治权力和立法原则的同时，似乎又忽视了法律的务实。缺乏对民族自治地方在民法、刑事诉讼等方面能否自治这一话题的关照。所以，现行法律与习惯法的法律观念在价值观等方面存在着较大的差异和矛盾，对民族地区的法制建设和法制环境带来一定的影响。

另外，民族区域自治法受计划经济的影响仍然存在。民族地区在社会主义市场经济体系还未形成之前，有关民族区域自治的内容和形式还待进一步充实、发展。在总结新中国成立以来实施民族区域自治经验的基础上，根据现阶段对经济建设、开发环境、社会稳定的需要，制定符合藏区实际和特点的区域自治法细则或条例，使民族区域自治法和民族区域自治制度更加完善。

6. 加强地方最高权力机关

民族自治地方的人民代表大会，是各少数民族人民参政议政、行使民主权利的最高权力机关。各级民族自治地方最高权力机关活动的加强，标志着我国民主政治的进一步发展和完善。藏区是一个多民族地区，对于巩固民族团结、更好地实行民族区域自治具有重要意义。为此，要建立健全人民代表大会制度，加强执法力度，提高立法水平，以适应藏区经济发展和建设民主政治的需要；制定民族自治地方人民代表大会实施权力细则和有关民法的单行条例，以切实保证各族人民议政参政的民主权利，进一步提高最高权力机关在国家生活、社会生活中的决策作用。只有这样，才能使民族自治地方的最高权力机关在西部大开发和经济建设中发挥作用。

7. 制定符合新时期藏区实际的宗教管理法规

宗教信仰自由是我们党的一项长期政策，也是宪法和民族区域自治法明文规定的一项公民自由权利。但是由于历史的原因，在藏区，宗教信仰已经与某些宗教文化和风俗习惯互为渗透，融为一体。有些地方宗教活动已影响到国民教育与群众的日常生产和生活，这便使藏区宗教活动出现了许多复杂的情况，如得不到正确引导，必将与现行的政策和法律发生矛盾。历史上藏传佛教各教派也曾制定过不同的寺规，自明朝以来，中央政府也曾不断完善和规范有关对藏传佛教的施政方略。为此，在现阶段，必须制定出一个具有社会主义特色的宗教活动管理法规，使宗教活动走上法制化、规范化的轨道，既保障正常的宗教活动，又防止负面影响的产生。同时要站在"代表先进文化方向"的高度，提倡宗教也要"与时俱进"，与社会主义的政治、经济、文化、教育相适应的问题。这对于巩固新时期安定团结的局面，具有重要意义。

8. 深入持久地开展普法教育

开展全民普法教育，是提高公民法律意识的有效途径。藏区地域辽阔，经济、文化的发展相对滞后。传统法律文化的积淀很厚，负面影响仍然很严重。因此，加强法制教育显得更为必要和迫切。必须根据藏区的实际和特点，有计划有步骤地使普法教育深入到农村、牧区。继承和发扬优秀的法律文化，用民族语言文字编写通俗易懂的法制教材，进行法制教育，并通过报纸、广播、电视等各种新闻媒体进行法制教育。以此来提高公民的法律意识，促进社会的稳定与发展。

9. 大力培养少数民族司法干部

司法机关是执行法律、维护人民民主专政和公民权利的专门机关。大力培养和吸收少数民族干部参加司法工作，是贯彻执行民族区域自治政策的一个重要方面。然而应当看到，由于司法工作的特点，对专业知识的要求很高。在藏区的司法干部队伍中，少数民族出身的司法干部，无论从数量或业务素质上讲，还远不能适应和满足客观实际的需要。因而，大力培养少数民族司法干部，是藏区法制建设的一项重要任务。为此，要有计划地培养一大批少数民族司法工作的高精尖人才，作为对法制建设的人力支持，充实到公安、检察、法院、司法等各条战线上去，加强藏区司法队伍的战斗力，使之适应经济建设和民主法治建设的需要。

10. 加强民族法学研究

藏区习惯法对藏族社会影响之深之大，还未曾作过系统的研究，法学研究与法制教育工作也较薄弱。为适应新时期经济建设的需要，必须进一步加强藏区习惯法究与法律教育工作。要结合实际，立足藏区，面向全国。既要重视对习惯法的理论研究，又要重视为藏区经济建设服务这一主题；既重视科研的成果，又重视人才的培养，为藏区的改革开放、经济发展和法制建设提供智力支持。

参考文献

1. 《后汉书·刑法志》。

2. 黄颢译：《贤者喜宴》，《西藏民族学院学报》1982年第1—4期。

3. 李用兵：《中国古代法制史话》，中共中央党校出版社1991年版。

4. 周止礼：《西藏社会经济研究蠡测》，中国社会经济丛刊（内部参考），1997年。

5. ［法］迭朗善译，马香雪转译：《摩奴法典》，商务印书馆1996年版。

6. 李钟声：《中华法系》（上、下），华欣文化事业中心1937年版。

7. 贾春增：《民族社会学》，中央民族大学出版社1996年版。

8. 丹珠昂奔：《藏族文化发展史》，甘肃人民出版社2000年版。

9. 西藏社会科学院、中国社会科学院民族研究所、中央民族学院、中国第二历史档案馆：《西藏地方是中国不可分割的一部分》，西藏人民出版社1986年版。

10. 黄奋生：《藏族史略》，民族出版社1985年版。

11. 恰贝·次旦平措：《西藏历代法规选编》（藏文版），西藏人民出版社1989年版。

12. 周润年译注，索郎班觉校：《西藏古代法典选编》，中央民族大学出版社1994年版。

13. 《十三法典》（藏文手抄本）。

14. 五洲传播出版社编：《中国西藏社会历史资料》，五洲传播出版社1994年版。

15. 王尧、陈践：《敦煌本〈吐蕃法制文献〉》，《甘肃民族研究》1983年第 3 期。

16. 周润年:《西藏古代〈十六法典〉的内容及特点》,《中国藏学》1994 年第 2 期。

17. 内蒙古典章法学与社会学研究所编:《〈成吉思汗法典〉及原论》,商务印书馆 2007 年版。

18. 奇格:《古代蒙古法制史》,辽宁民族出版社 1999 年版。

19. 黄华均:《蒙古族草原法文化的阐释》,中央民族大学出版社 2006 年版。

20. 瞿同祖:《中国法律与中国社会》,中华书局 2008 年版。